JESÚS
o el gran secreto de la Iglesia

Ramón Hervás

JESÚS
o el gran secreto de la Iglesia

JESÚS O EL GRAN SECRETO
DE LA IGLESIA
©2004 Ramón Hervás
© D.R. 2004 Editorial Lectorum,
S.A. de C.V., de acuerdo con
Ediciones Robin Book S.A.
ISBN 970-732-078-8
Diseño: Cifra, s.l.

EDICIONES ROBIN BOOK S.L.
Industria, 11 (Pol. Ind. Buvisa)
08329 Teià (Barcelona)
e-mail: info@robinbook.com
www.robinbook.com

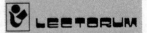

EDITORIAL LECTORUM
Centeno 79, 09810,
México, D.F.
ventas@lectorum.com.mx
www.lectorum.com.mx

Cristo es el alma del hombre occidental.

CARL G. JUNG

1. Cielos e infiernos del héroe

Los arcanos en el simbolismo religioso

La psicología moderna describe los arquetipos como expresión del subsconciente colectivo, conceptos que son a la vez imágenes y emociones. La imagen, ya sea oral o visual, carece de significado apreciable si no tiene además un valor añadido. Esto lo vemos perfectamente en el mundo contemporáneo, con su «cultura de la imagen», desprovista absolutamente de la numinosidad que le aportaría, por ejemplo, un elemento como el mito o lo sagrado. Nuestro mundo actual, sin mitos ni dioses, se ha empobrecido notablemente respecto al mundo antiguo. Hoy se trata de «vender» –un producto comercial, una idea política, una orientación social– y no de «salvar» o «redimir» como antaño. La iniciación religiosa con la admisión del neófito en la secta o en el clan, la plática desde el púlpito, han dado paso a la laizante televisión y a su avalancha de imágenes hueras y lujosas, ninguna de las cuales, por cierto, corresponde con el mundo cotidiano.

En las antiguas religiones, la palabra y la imagen estaban cargadas de numinosidad, es decir, representaban algo más para el hombre de lo que comúnmente puede representar la palabra, la imagen o el anagrama comercial. Y aunque normalmente ese contenido trascendente llegara sólo a un grupo reducido de escogidos iniciados, todos los demás percibían el numen de ese arcano o de ese símbolo pese a que su verdadera significación se les escapara. Era suficiente con que los arquetipos encontraran un eco en sus espíritus, es decir, que unas imágenes míticas, simbólicas, resonaran en su interior, que despertaran un reflejo en lo más profundo de su psique o, lo que es lo mismo, en su inconsciente colectivo.

La palabra banal, la imagen, significaba muy poco por sí misma. Lo verdaderamente importante era el símbolo, la palabra trascendente o el nombre, pues éste sí expresaba toda la carga emocional que el mismo transportaba al vincular al hombre con el cosmos. Sólo el jefe del clan o el sacerdote conocía el verdadero nombre de las cosas: el *verbo*. Conociendo la palabra, el hombre enuncia lo que esa cosa significa. Pero para que nadie pueda embrujarle debe restringir el uso de ese nombre o disimularlo herméticamente. En el esoterismo judío, por ejemplo, el cabalista que conocía el verdadero nombre de Dios, poseía los poderes mágicos más absolutos.

Con el paso de los siglos, y con la influencia social de las grandes religiones, en las que al vulgarizarse el símbolo jamás adquiere todo su significado, el vínculo con el cosmos se va perdiendo hasta casi desaparecer por completo. A veces, incluso, como ha ocurrido con el cristianismo, el símbolo es considerado como un elemento de sospechosa heterodoxia y, por lo tanto, debe ser eliminado. Y así, el Cristo primigenio, símbolo de un Dios solar, queda absolutamente eclipsado en el cristianismo.

Todos los elementos de la naturaleza, que en la Antigüedad poseían un marcado valor simbólico, han perdido su carga. Hoy el trueno es sólo un trueno, una manifestación más de los fenómenos atmosféricos. Por los ríos ya no discurren las almas de los muertos sino que, convertidos en albañales, sólo transportan detritus. El árbol ya no es el principio vital del hombre ni la serpiente es la encarnación de la sabiduría. ¡Hasta hemos eliminado su signo del Zodíaco, proyección del simbolismo religioso del hombre sobre los cielos, donde hoy no aparece el Ofiuco o Serpentario! La piedra ya no habla ni recoge los ecos telúricos de las profundidades de la tierra. Las plantas, los animales, han enmudecido también y con su voz se ha perdido la relación simbólica que el hombre poseía con la naturaleza.

Hoy el hombre ya no tiene dioses a los que invocar. Ya no reconoce los símbolos ni los arcanos. La antigua sabiduría hermética es hoy sólo un floreciente negocio editorial a través de superficiales colecciones de divulgación esotérica. Solamente hoy, aunque parcialmente, el arte conserva su facultad de expresar los símbolos, ya sea en forma figurada o abstracta. Antiguamente, como reconocieron las religiones primitivas, había una relación entre el hombre y su imagen. Esta relación, con uno u otro nombre, sería lo que hoy llamamos alma. Pero el alma no solamente estaba en el hombre y los demás seres vivos sino también en los objetos inanimados, en las piedras.

Era el alma de las cosas y Cristo, con su denominación hermética de *lapis* o piedra, es también el espíritu que las anima, el mismo espíritu que dispone el círculo mágico de los megalitos de Stonehenge.

El símbolo está también presente en la relación del hombre con su «alma salvaje» o animal totémico. En las sociedades primitivas, los ritos de iniciación de los jóvenes se vinculaban a la adquisición de su «alma de hombre» a través de la circuncisión: rito en el cual en realidad se sacrificaba su «animalidad». Pero, a pesar de todo, el hombre no renuncia a su componente animal y confiere atributos animales a sus dioses supremos. La representación simbólica del Zodíaco es buena prueba de ello. El mismo simbolismo animal se advierte en el Olimpo griego y, cómo no, en el cristianismo primitivo, donde los evangelistas se representan en compañía de su animal totémico, siendo en el caso de Juan, con el águila, donde mayor relieve adquiere este simbolismo.

Cristo, simbolizado en el Cordero de Dios o en el Pez, es también la serpiente que exalta el árbol hermético de la cruz, y, en ocasiones, el unicornio, como vemos en la alquimia. Su propio nacimiento se representa en un establo, entre un buey y una mula. Pero Cristo no siempre aparece rodeado de símbolos animales sino que lo hace también adornado con símbolos geométricos. Entre éstos, el círculo, por ejemplo, expresa la iluminación interior o la búsqueda de la perfección, como en los halos luminosos que rodean su cabeza y la de los santos, halos que recuerdan asimismo la rueda solar, pues el sol ha sido siempre el símbolo del Dios supremo.

El Cristo del Zodíaco

En las religiones del Medio y del Próximo Oriente aparece como una constante el número doce: los signos del Zodíaco, las tribus de Israel, los meses del año, los apóstoles. Este devenir religioso a partir de un ciclo de doce etapas es, tal vez, en el cristianismo donde su sentido es más vago, menos esotérico, como si al tomarlos prestados de otras religiones no supieran demasiado bien cuál era su verdadero significado o, tal vez, como si inconscientemente los cristianos primitivos hicieran esfuerzos para ocultar ciertos componentes de su culto que y éstos, en un momento dado, afloraran a través de inevitables lapsus.

Al término de la era de Aries, el Cordero (o el carnero Aries), es sacrificado para dar paso a la era de Piscis. En la era de Aries, compartiendo el mismo principio creador del signo que preside la rueda del Zodíaco, Dios ya no es Zeus sino Belén y la Diosa deja su nombre de Hera para convertirse en Belicena, la misma que en el transcurso de los siglos adorarían los cátaros.

Con el advenimiento de Cristo, el hombre desprecia el haoma o la hidromiel, las bebidas rituales y estupefacientes de la época anterior, para adoptar la nueva bebida ritual de la era de Piscis, el vino o sangre misteriosa de la tierra, vino que con la debida consagración en el sacrificio de la misa se transforma en la sangre de Cristo.

Pero para los esoteristas de la Antigüedad Cristo era también la piedra, la misma piedra que simbolizaba aquella sabiduría perdida que buscaban los templarios y los ismaelitas, la piedra primigenia, el Grial, la piedra caída del cielo, para unos, o la piedra luminosa desprendida de la corona de Lucifer, para otros. Pero cabe preguntarse si quizás esta piedra no era sólo el símbolo de algo más vivo y perenne. ¿El símbolo de la sangre de Cristo, tal vez?

En el orfismo, doctrina en la cual la figura de Cristo posee notables connotaciones, el Doble está vinculado al Soplo,[1] como dios del Aire, o al Arquero (el saetero o Sagitario zodiacal) como dios del Bien, el cual a su vez entronca con Horus, Indra o Apolo, dioses a los que se les asocia también con la Virgen (Virgo) y con el Fuego o Aries. Cristo-Apolo es un dios de lo Bello opuesto al genio de las Tinieblas y, de la conjunción de ambos, emana las divinidades del Agua (Saber-Serpiente) y del Amor. Esta última divinidad es el reino al cual en la tradición cristiana se accede a través de la purificación primera del bautismo (el Pez del Agua) y mediante el ejercicio de la pobreza, la castidad y la humildad.

Debemos tener en cuenta que hace más de tres milenios, cuando comenzaron a establecerse estas correspondencias entre las constelaciones del Zodíaco y los elementos religiosos, el lenguaje del hombre no disponía en realidad de términos abstractos que pudieran expresar determinados conceptos y así, cuando se ve obligado a referirse a cuestiones abstractas, lo hace mediante simples analogías que traducen tanto lo natural como lo sobrenatural. El mismo Cristo tiene que recurrir a las parábolas para hacerse entender por sus oyentes, iletrados como la inmensa mayoría de las gentes de la época.

El Cristo esotérico

Todos estos conceptos, que pueden parecer en exceso ocultos, se explican mejor si los inscribimos dentro del mundo de los fenómenos psíquicos –pues ése es el terreno donde arraiga el esoterismo–, mundo de fenómenos que contrariamente a lo que cabría pensar es más accesible que el de la totalidad universal. Tanto para las religiones como para la psicología moderna, el alma es en efecto el único fenómeno que nos es inmediatamente accesible y, al mismo tiempo, es el elemento indispensable que nos suministra una experiencia general del universo.

De las tres divisiones que podríamos obtener de Cristo, el Cristo de la fe, el Cristo de la historia y el Cristo solar o esotérico, esta última es la más seductora no solamente por ser la menos conocida y, por lo tanto, la más misteriosa, sino también a causa precisamente de ser la que más incide en lo que es la psique profunda del hombre: en su alma.

El Cristo de la historia estaría entroncado con lo que serían los tonos afectivos del alma, es decir, con ese sentimiento que nos lleva a identificar las imágenes-recuerdos con la evocación de concomitancias emocionales: cuanto más fiel sea la imagen que de él obtengamos, mayor emoción nos producirá puesto que estará inscrita con mayor fuerza en la realidad. Los cristianos, que tienen en su contra el lastre del dogma y la tradición, encuentran sin embargo en el Cristo de la fe la representación más genuina del proceso emocional, es decir, del presentimiento o la intuición que, cerrando los ojos a toda evidencia lógica o a toda realidad histórica que pueda cuestionar su dogma, les abre las vías a la percepción más depurada de una figura divina.

Para el esoterista, en cambio, el Cristo Solar es simplemente un *feeling*, una sensación más que un sentimiento, que le aproxima a la mentalidad del hombre primitivo. Y tal vez sea esta vía, la esotérica, la más propicia para buscar a Cristo, pues, volviendo a su mentalidad primitiva, el hombre moderno recupera la perdida espontaneidad de los orígenes.

Pero este camino no es una vía fácil, en absoluto. Todos hemos visto el afán de la Iglesia contemporánea por acallar las explosivas revelaciones de los manuscritos del mar Muerto, por silenciar la figura del Maestro de Justicia o Doble de Cristo en la comunidad de Qumrán. Hasta la olvidada Inquisición ha renacido de sus cenizas, con su nueva denominación más aséptica de Congregación para la Doctrina de la Fe, para luchar con todas sus fuerzas contra aquellos que tratan de reivindicar la figura del Cristo de la historia: una figura absolutamente contradictoria y opuesta a la figura de Jesús impuesta por Pablo.

Por lo tanto, cualquier intento de reivindicar la figura solar de Cristo, opuesta tanto a la del Cristo lunar predicada por Pablo como a la del Cristo de la historia, ha de tropezar también no sólo con la oposición decidida de la Iglesia sino también con la de los mismos historiadores, quienes rechazan asimismo una figura basada en el mito y en la alegoría. Esta oposición conjunta de la historia y de la Iglesia frente al Cristo esotérico, en ocasiones ha cobrado caracteres de verdadero dramatismo: las persecuciones de los bogomilos –y de las ramas a las cuales dio nacimiento, albigenses y cátaros–, de los templarios, de los rosacruces.

Pero el interés del esoterismo por reivindicar su propia figura de Cristo es también perfectamente lícito. ¿Por qué hemos de limitarnos al dogma y a la tradición? ¿Por qué basarnos solamente en los datos de la historia o en las imposiciones de la fe para trazar la figura de Cristo? ¿Qué utilidad tiene que se llegue a probar históricamente que Jesús, aun siendo vástago de la dinastía davídica y que por lo tanto tuviera legítimo derecho a aspirar al trono de Israel, fuera también, en algunos aspectos, un revolucionario? ¿Qué finalidad tiene intentar determinar cuáles eran los hermanos de Jesús, discutir si al alumbrarlos María había perdido su condición de virgen o si la seguía poseyendo? ¿De qué nos sirve esclarecer si todos los hermanos de Jesús eran hijos del Zebedeo o si había algún otro padre perdido por ahí? ¿No tienen también los historiadores legítimo derecho a tratar de esclarecer si es cierto o no que Tomás, el supuesto hermano gemelo de Jesús, fue realmente quien resultó crucificado como malhechor por los romanos, mientras que Jesús, haciéndose pasar a partir de entonces por Tomás, se retirara a Qumrán, a Masada o a cualquier otra «apacible» comunidad esperando que llegasen tiempos mejores? Si en la investigación histórica cualquier hipótesis es válida, mucho más lo será en la especulación esotérica.

La contradicción cristiana

De todas estas inquietantes cuestiones, tal vez sea la de la virginidad de María la más sugestiva y, también, la más oscura. Pero, a la vez, si nos dejamos orientar por los símbolos, es el más claro de los misterios. La mítica virginidad de María es la piedra angular del cristianismo y forzosamente deberemos volver sobre ella.

Pero hay otras cuestiones igualmente claves, tanto en lo que se refiere a las difíciles relaciones de Jesús con María –su madre real– como a las ocultas y curiosas relaciones de Jesús con María Magdalena –su madrina o «madre adoptiva»– o su misteriosa relación con la tercera María, la princesa Salomé, por no mencionar también sus no menos misteriosas relaciones con otras mujeres.

El lector no debe confundirse respecto a la coincidencia de los nombres de los tres principales personajes femeninos de los Evangelios. Todos los evangelistas, a excepción de Juan, que jamás da nombre a la madre de Jesús, confunden a las llamadas María, atribuyéndoles, en general, la condición común de ser todas ellas la madre de Jesús, cuestión, claro está, biológica y teológicamente imposible.

Para facilitar la compresión de este deliberado galimatías, a partir de aquí trataremos de diferenciar a estos tres personajes clave: María, la madre real y única de Jesús; María o María Magdalena, la «madrina» o madre simbólica de Jesús cuando el Bautista le unge en la obligada ceremonia del bautismo o «doble nacimiento», ritual necesario para su proclamación como candidato al trono de Israel; y María Salomé o, más simplemente Salomé, su amiga y plausiblemente la financiadora secreta de su movimiento.

Esta coincidencia paradójica de los nombres de las tres mujeres más presentes en la vida de Jesús, junto con la confusión que tal coincidencia entraña, se debe sin duda, y en primer lugar, al desconocimiento de los símbolos por parte de los mismos evangelistas, a las supresiones y añadidos ajenos que piadosas manos incorporan sus textos, y a las enmiendas que comentaristas posteriores introducen para tratar de explicar las cosas, si bien, en realidad, lo que hacen es confundirlas más todavía.

La Iglesia, obviamente, se apresuró a expurgar de las crónicas de la vida de Jesús a aquellas mujeres cuyos rasgos fueran susceptibles de distorsionar la imagen que se intentaba imponer del Maestro. Pero este intento es más bien tardío, contrariamente a lo que ocurre con el mismo Jesús, del que ya precozmente se intenta distorsionar su imagen. En efecto, en los primeros años del cristianismo –aglutinación, no olvidemos, de creencias judaicas– la representación gráfica de Jesús, como la de todos aquellos seres vinculados con la divinidad, estaba rigurosamente proscrita. Así, por ejemplo, para las primeras representaciones de Cristo se utiliza la imagen del *Serapis* egipcio, o sea la de un hombre joven de largas melenas echadas hacia detrás de la cabeza y cuyos rizos le caen sobre los hombros y el pecho.

Si los filósofos paganos consideraban a *Serapis* como la representación de la idea abstracta del *anima mundi*, los cristianos antropomorfizan al Hijo de Dios asimilándolo a la imagen de un mito pagano. Esto, que aparentemente puede verse como una barbaridad, tiene sentido si consideramos que *Serapis*, como todos los demás dioses de la Antigüedad basados en mitos generativos y en mitos solares, reiteran un simbolismo único.[2]

Imagen y esencia

Otra vertiente atractiva y contradictoria en la vida de Jesús es la figura de Tomás, su doble o hermano gemelo, pues el doble, en sentido esotérico, implica la renuncia de la esencia para dar prioridad a la imagen, tal como apunta la asociación de Cristo-Orfeo, dualidad de la cual durante los primeros siglos cristianos se excluía al Verbo, pues esta tercera representación de la divinidad implicaba la aceptación de una tríada que se consideraba peligrosa puesto que apuntaba hacia una Trinidad monofisista que, por otra parte, podía confundirse con la aborrecible «idolatría de las imágenes» que practicaban los nestorianos.

La unidad, pues, durante los primeros siglos del cristianismo, era el Padre Creador (el Arkhon de Basílides y de Orígenes) que está en los cielos, el Hijo-Pez (Ichtus) y la Virgen como tercera personificación de la unidad. En las primitivas concepciones cristianas, recogiendo temas del paganismo, se creía que al término de la era de Aries el sacrificado era Apolo, pero que su arquetipo resucitaba con la nueva era en forma de Pez. Asimismo, según estas tradiciones primitivas, la Virgen es a la vez el *penis solaris*, el soplo o «tubo de viento» que, como en el culto de Mitra, da origen a diversas ramificaciones del mito.

En el arte de la Edad Media, el viento de la *conceptio inmaculata* desciende del cielo y pasa por debajo de las faldas de la Virgen para fecundarla; planeando con las alas desplegadas al viento desciende también la paloma del Espíritu Santo, tal como lo muestra el ritual cristiano de Pentecostés. A la paloma, ave idéntica al pájaro de Astarté, se le llama Sofía al comienzo de la era cristiana y se le atribuye naturaleza femenina en los primitivos misterios, de los cuales posteriormente se desarrollaría la alquimia: Cristo es el novio y la Sofía (la Iglesia) es la novia. De su hierosgamos o unión sagrada en el medio líquido de las fuentes bautismales se forma el *uterus ecclesiae*. El hierosgamos se simbolizaba en los rituales del sábado santo sumergiendo tres veces un cirio encendido (símbolo fálico) en la pila bautismal, cuya agua salada, suerte de líquido amniótico, tiene por función el reengendrar a aquel que recibe el bautismo, pues, «de cierto os digo, que el que no naciere otra vez no puede ver el reino de Dios», dice san Juan.

El soplo de viento[3] que pasa por debajo de las faldas de la Virgen es el residuo del ritual que seguían los judíos en el acto del ungimiento real, tal como lo practica el Bautista con Jesús. Esta primitiva concepción del poder fecundador del viento, desvirtuada por el dogma cristiano al atribuir literalmente al *spiritus* («viento») el poder generador que fecunda a María, se desvirtúa todavía más cuando en la imaginación popular del Levante español, por ejemplo, se consideraba al «viento del Este» como el elemento que fecundaba a las yeguas, para lo cual sólo había que poner al animal con las ancas orientadas en aquella dirección.

Imágenes de Cristo

Las representaciones artísticas de Cristo son tardías. Ha transcurrido un milenio desde la muerte de Jesús y se han difuminado los tabúes que prescribían la representación plástica de las personas divinas. Estos tabúes ponen de manifiesto una vez más las contradicciones de la Iglesia y tienen su primer mentor en Pablo, quien no conoció personalmente a Jesús, pero que se esforzó en desvirtuar la imagen que de él conservaban nazarenos y gnósticos. En su Primera Epístola a los Corintios, Pablo ridiculiza a los hombres que se cubren la cabeza dejándose crecer los cabellos como si fueran mujeres: «¿No os enseña la naturaleza que en el hombre es deshonesto criar cabello?».

El futuro san Pablo parece ignorar que en Judea los nazarenos consagrados a Dios debían obligatoriamente llevar el cabello largo. En el mismo *Sepher Sophetim*, el ángel que se le aparece a la madre de Sansón para anunciarle que tendrá un hijo, le impone la condición de que «no subirá navaja sobre su cabeza porque aquel niño será nazareno a Dios destinado desde el vientre». En la «Última Cena», el fresco de Leonardo, Jesús aparece con una larga melena y, Tomás, con idénticos rasgos faciales, luce también una melena semejante.

Aparece una clara dicotomía entre el pensamiento de Pablo a este respecto y el de la ortodoxia judía del Sanhedrin. Para el sacerdocio oficial, Jesús, Juan el Bautista y los nazarenos eran unos herejes que se distinguían externamente por sus largos cabellos. En Pablo, quien sin duda en su subsconciente se consideraba igualmente hereje respecto a la ortodoxia judía, primaba aún el espíritu de considerar pecado todo lo que se relacionara con el hecho de tomar el nombre de Dios en vano (y pintar a un ser humano, hecho a imagen y semejanza de Dios, constituía el pecado de representar en vano la imagen divina). Chagall, el pintor cubista, recibió cantidad de pescozones y reprimendas cada vez que de niño su padre lo descubría pintando a escondidas. Su padre, rabino de Praga, mantenía vivas aún estas creencias a comienzos del siglo XX.

Por esta causa durante los primeros siglos cristianos no es posible hallar ninguna representación de Jesús. No es hasta después de Constantino, cuando el elemento judío ha sido extirpado totalmente de la nueva religión, que empiezan a aparecer las primeras imágenes de Cristo. Antes, es impensable que tal fenómeno se produjera:

> Los judeocristianos primitivos, descendientes de aquellos hebreos de la cautividad de Babilonia, a quienes los zorastrianos de Persia habían inculcado un santo horror a toda forma de imágenes, hubieran considerado como una irreverencia sacrílega el representar en una forma u otra al Cristo. Aun en la época en que Tertuliano escribía su tratado *De puditia*, la única imagen autorizada de Jesús era una alegórica representación del *Buen Pastor*...[4]

Pero con el paso de los siglos estas concepciones primitivas, que entraron a formar parte de la imaginería cristiana, empezaban a tomar tanta fuerza que los papas advirtieron que, de seguir así las cosas, pronto la forma primaría sobre la esencia. León III, en el año 726, prohibió el culto de las imágenes, medida que desató las iras de los creyentes de las Iglesias de Oriente y Occidente, pero que no impidió que su sucesor, Gregorio III, la ratificara y la ampliara en el año 730, condenando la adoración del Semejante y las prácticas mágicas del culto: filacterios, *pater de sangre*, sacrificios a las fuentes y a los árboles como sendos remedios a la esterilidad femenina y a la impotencia masculina. Unos años después, Constantino V promulgó un edicto condenando a los idólatras, pero, a continuación, su sucesor cambia la política de Bizancio y arrastra con ella al papa, quien resuelve el conflicto estableciendo taxativamente que el culto de *latría* sólo se dirige a Dios, reservándose a los santos el culto de *dulía* y a la Virgen el de *hiperdulía*, de forma que a partir de ahí el culto a la imagen deviene perfectamente lícito tanto en la Iglesia de Oriente como en la de Occidente. Las cosas quedaban aparentemente igual, nada había cambiado, pero en el ínterin todos los contenidos demasiado paganizantes habían sido desvirtuados y, con ellos, se proscribía en adelante la representación de cualquier imagen de Jesús.

La ocultación solar

La teología cristiana, en un intento de seguir las pautas de Pablo y de aligerar la figura de Cristo de todo contenido con tufos paganizantes o esotéricos, se esfuerza en desvirtuar también la figura capital de Santiago, «el hermano del Señor», y se saca de la manga la atribución de Pedro como piedra angular de la Iglesia a partir solamente de la denominación de «el Piedra» que le daban a Simón el Celote, mote bien merecido no por ser Simón el padre de Judas Iscariote, sino por su proverbial insensibilidad y dureza. Simón-Pedro, en efecto, era, con su hijo el Iscariote y con su hermano Andrés, quien se encargaba –según la opinión de Ambelain– de aportar los fondos necesarios a la bolsa de los apóstoles, tanto para sus actividades políticas como para su cotidiana subsistencia.

Esta interpretación en exceso simplista, e interesada, de Ambelain se desvirtúa por sí misma, pues Judas no era el que aportaba fondos a la bolsa sino el que controlaba la bolsa, es decir, el que se ocupaba de la intendencia de Jesús y de su séquito de apóstoles y seguidores. Por otra parte, no se puede dejar al margen la situación real de la economía judía en tiempos de Jesús, pues, efectivamente, Palestina estaba entonces sometida a fuertes gravámenes y más especialmente en Judea, donde los impuestos aún eran mucho mayores. Que Jesús y sus apóstoles tuvieran que sobrevivir a base de pequeños robos, de poco les hubiera servido en aquellos tiempos de verdadera escasez. En primer lugar, Jesús parece a salvo de cualquier continencia de orden económico, a juzgar por su *entourage* femenino. Y si Jesús era realmente el heredero del trono de Israel, forzosamente debía proceder de una familia acomodada, pese a que predicase un ideal de pobreza y exigiera a los ricos una contribución importante para entrar en el Reino de los Cielos, «pues más fácil le es al camello pasar por el ojo de la aguja que al rico...».

Del mismo modo que se interpreta literalmente eso del «ojo de la aguja», cuando Jesús se está refiriendo en realidad a los angostos postigos de las murallas de Jerusalén, por donde entraban los camellos de los mercaderes con las alforjas rebosantes de bultos, Robert Ambelain interpreta literalmente la cuestión de la pobreza de Jesús y extrae unas conclusiones descabelladas, entre las cuales se vislumbra el afán de confundir y ofrecer una imagen distorsionada de Cristo, pues tal como la propone, ocultando sus perfiles solares, sólo puede favorecer los intereses de determinados grupos.

Y la misma ocultación solar hace la Iglesia o, al menos, la tolera cuando·admite la confusa nómina que por ejemplo da Mateo al enumerar a los doce apóstoles: «Y los nombres de los doce son éstos: el primero, Simón, que es llamado Pedro, y Andrés su hermano; Jacobo (Santiago), hijo de Zebedeo, y Juan, su hermano. Felipe y Bartolomé, Tomás...».

Tomás, según los otros evangelistas, es también hijo del Zebedeo y, según algunas fuentes, hermano gemelo de Jesús. Si es obvio que Mateo atribuye la paternidad de Jesús a José y la del supuesto gemelo de Jesús al Zebedeo, vemos como ni sigue un orden lógico ni cronológico. A esta relación sigue Mateo el publicano, es decir, el mismo evangelista; Jacobo (Santiago el Menor, supuesto hijo de Alfeo, lo cual no significa que su padre se llamara Alfeo, sino que nació en la población de la Galilea árabe del mismo nombre), y Lebeo, por sobrenombre Tadeo. Los dos últimos evangelistas que cita Mateo son Simón el Cananita y Judas Iscariote, «que también le entregó», lo cual, como veremos, es harto dudoso. La confusión ya está servida, pues según esta relación los evangelistas son once y no doce, ya que Simón el Cananita es el mismo Simón Pedro. Pero ¿cómo iba a admitir la Iglesia que su «fundador» fuera el padre del hombre que según la tradición «vendió» a Jesús?

Ambelain, presentando al conjunto de los apóstoles como una banda de rufianes, mediante un especioso argumento intenta convencer a sus lectores de que la función de «pescadores de hombres» de los apóstoles oculta en realidad una ocupación delictiva: la de «desplumar pichones». Parece olvidar, empero, que la noción del Espíritu Santo todavía no estaba arraigada en vida de Jesús. Cuando el Espíritu de Dios desciende sobre los apóstoles, lo hace en forma de lenguas de fuego y no en forma de paloma. Por otra parte olvida también, tal vez deliberadamente, que Jesús es un aristócrata que aspira al trono de Israel. No casa pues la imagen que pretende ofrecer de un Jesús desharrapado que, para subsistir, tiene que mandar a sus apóstoles a los caminos para vaciar las bolsas de los incautos. Esta imagen de un Jesús miserable no encaja tampoco con la de la princesa Salomé, posiblemente uno de los sostenes económicos de la causa de Jesús, junto con Joana, la esposa de Chuzas, el intendente de Herodes Antipas, y la cual, junto con su hermana Susana como damas de compañía de Salomé, forman parte también del séquito de Jesús. Ni encaja con la imagen del rico Nicodemo, el amigo de Jesús, ni con las imágenes del rico José de Arimatea, de Lázaro y de sus hermanas Marta y María (Magdalena), ninguno de los cuales tiene el menor agobio económico y, por lo tanto, se supone sostendrían con generosos viáticos la causa de Jesús.

La ocultación de Roma

La ocultación, si era necesario, se hacía también no solamente negando la mayor, sino también por la fuerza y la hoguera. Afirmar, como hicieron cátaros y templarios, que Jesús no había nacido en Belén, suponía abrazar una herejía tan nefanda que les llevaría a ser exterminados por el brazo secular, a instancias de Roma, pues la Iglesia no podía admitir la adoración de otro Cristo que no fuera el revelado por los Evangelios.

Con el auge del cristianismo se perdía el vínculo que ligaba al verdadero Jesús con la tradiciones mágicas, con la gnosis, con el mito y con el esoterismo. Los templarios, recuperadores en sus primeras expediciones a Oriente de antiguas tradiciones, gracias a sus reiterados contactos con sabios cabalistas judíos y místicos ismaelitas y hassidianos, restauraron el «misterio de la Balanza», es decir, la acción de equilibrar la Sabiduría y la Inteligencia en los dos hombros del «Primer Día», o sea en el *Yesod* o base de los riñones del hombre: puntos de la espalda donde se aplicaba el doble beso templario.

Pero no era este beso impúdico el que les condenaba, sino su rechazo al Jesús de la Iglesia y su reivindicación de una idea de Cristo en la que se cuestionaba la divinidad de Jesús para abrazar en cambio la idea de un Dios Único, base de las creencias de judíos y musulmanes. Por otra parte, los templarios no solamente amenazaban el orden religioso romano sino que también su organización, eficaz y perfectamente estructurada, controlaba los recursos económicos hasta tal punto que el poder secular se sentía doblemente amenazado, tanto respecto a sus estructuras económicas como a sus estructuras ideológicas, si llegaba a desvelarse la «mayor impostura de la Historia», por un lado, y surgía por otro lado, como se barruntaba en el horizonte, la presencia de un legítimo heredero de Cristo.

Una verdad que sin duda, cien años antes de que se encendieran las piras templarias, la habían conocido también los cátaros. Una doble verdad basada en la posibilidad de una unidad política europea y en el reconocimiento de una religión universal. Esa unidad política ya se había fraguado en Occitania –paradójicamente en un territorio sin «Estado»–, país en el que todos los indicios apuntaban también no ya hacia un resurgir del cristianismo sino hacia el resurgimiento de un auténtico Cristo. Los inquisidores que procedían a los interrogatorios de los templarios tenían estos dos datos bien en cuenta ya que insistían una y otra vez sobre las enseñanzas secretas de Roncelin de Fos, cuya familia, feudataria de los reyes de Mallorca, había sido diezmada en Muret frente a los «cruzados» de Simón de Montfort. A los inquisidores les desconcertaba la firme creencia cátara de que «Cristo ya está entre nosotros», según afirmaban los cátaros sometidos a tortura. Les desconcertaba oírles hablar de Cristo como de un personaje de carne y hueso que compartía con ellos el pan y la sal. Les desconcertaba que se llamaran a sí mismos «patarines», en clara alusión a la patera o santo cáliz, pero sin comprender qué podía significar realmente aquel nombre. Y les desconcertaba, además de escandalizarles, que se refirieran a Cristo como al jarro o «Pichel del Vino».

A los inquisidores les desconcertaba el hecho de que tanto entre cátaros como entre templarios se siguiera el simbolismo de la balanza, si bien entre los primeros no figuraba el ritual del beso. Tal vez si lo hubieran buscado entre los primeros rituales cristianos hubiesen discernido qué había detrás de aquella misteriosa balanza (la Libra zodiacal), pero habían desvirtuado tanto sus orígenes que eran incapaces de reconocerse a sí mismos. El primitivo cristianismo paulino, en efecto, había asimilado parte del culto de las antiguas divinidades paganas, maquillándolas apenas. Esta situación, creada por el fervor popular, exasperaba a los pontífices pues veían comprometido el dogma que asentaron los Padres de la Iglesia, dogma del cual Roma había asumido la misión de depurarlo y establecerlo definitivamente.

Para Roma, además, neutralizar la imagen solar de Cristo era un compromiso ineludible. Se trataba de borrar todo vestigio que permitiera asociar a Jesús con el mito de los héroes solares y, contrariamente, reafirmar la concepción paulina de hacer del cristianismo una doctrina basada en una concepción gregaria del hombre.

Los bogomilos de la Albania y la Bulgaria de los Dioses Blancos fueron los primeros en tratar de restaurar la concepción solar del hombre, es decir, mediante la práctica religiosa, dar a la vida del hombre un sentido cósmico e iniciático. Una tarea de titanes que, a su vez en Occidente, y más específicamente en Occitania, intentarían seguir los cátaros primero y los templarios después, reivindicando la idea del doble pero no en el sentido del Parakletos de los gnósticos y cristianos primitivos, que esperaban la segunda llegada de Cristo, sino en el sentido que le da Tomás en el *Evangelio del Doble*, es decir, desarrollando la idea del cuerpo astral o del *taoma*.

El gnosticismo a su vez, como corriente esotérica cristiana inspirada en una concepción solar del hombre, afirma que Cristo es hijo de un dios de amor, hijo de un dios desconocido, y que todos los profetas son los acólitos de un falso dios. De las concepciones cristianas los gnósticos aceptan solamente la del Espíritu Santo, la *Sofía* que simboliza la paloma en la gnosis, y la *Gleisa* o el Amor para los cátaros y templarios, quienes conciben no a un Dios único sino a un Dios dual: el Abraxas o Bafomet, en cuya doble faz está la imagen de Dios y la imagen del Diablo.

2. Los ocultos orígenes de Jesús

Jesús, Mesías de Israel

Jesús, como legítimo representante del linaje davídico, aspiraba a ocupar un día el trono de Israel. Esta intención aparece manifiesta tanto a través de los Evangelios como en Los Hechos de los Apóstoles, si bien en ninguno de estos escritos dicha intención acaba de ser perfectamente establecida ni tampoco se exponen las motivaciones de Jesús para desear acceder a la realeza. En realidad, esta intencionalidad de Jesús queda difusa, tanto a causa de la deliberada intención de los textos sagrados de no fijar el contexto de la vida de Jesús como a causa de la clara intención de los evangelistas de pintar a un Jesús de origen divino, que desempeña en la tierra una misión estrictamente divina, y que no tiene nada que ver con los avatares de la existencia cotidiana, lo cual hace que esté absolutamente desprovisto de toda connotación histórica con su medio y su tiempo.

En lo que respecta a la vertiente esotérica de Jesús, la ocultación de sus verdaderas enseñanzas es todavía más acusada, sin duda a causa precisamente de esa corriente de pensamiento esotérico que transmite. Jesús, en los albores de la era del Pez, es el agente de un destino trascendente, el elegido de los dioses que debe remontar el *kaliyuga* o Época Oscura y hacer posible dentro del alma del hombre la transmutación de los valores: una empresa titánica que, posteriormente y con mayor o menor fortuna, intentarán a su vez, por lo que se refiere a Occidente, alquimistas, cátaros, templarios, rosacruces y, ya en tiempos modernos, los masones. Todos ellos, en busca del rastro perdido, dirigirán sus miradas hacia Arabia, hacia esos desiertos abrasados por el sol donde «los nombres de Dios están inscritos en el cielo con letras de fuego».

El centro es Damasco. Es allí también hacia donde se dirige Pablo cuando la luz cegadora de Dios le derriba del caballo y apaga sus ojos. La revelación de Pablo tiene lugar camino de Damasco, pero su destino no es la actual capital de Siria, sino el Damasco interior de los esotéricos cristianos primitivos, es decir, Qumrán, en cuyo cenobio Jesús solía retirarse para sentir en su ser el fluir del tiempo interior: una corriente del espíritu que dirige el tiempo hacia arriba o hacia abajo, nunca hacia adelante, como Pablo –artífice del cristianismo exotérico– pretende.

En la vertiente exotérica, la reiterada ocultación de la finalidad real de Jesús, de sus vínculos con las fuerzas políticas que luchaban por librar a Palestina del yugo romano, no consigue enmascarar sin embargo su misión real. La ocultación sofoca datos y detalles concretos, pero no puedo enmascarar la atmósfera de lucha política, el aura rebelde que envuelve su figura y que perciben nítidamente sus primeros seguidores. El aura de Jesús, en efecto, a partir de su muerte, se extendió rápidamente por toda Judea y Galilea y, desde allí, a todos los confines del Mediterráneo, sobre todo gracias a la ingente obra de Pablo –una proeza de aleccionamiento religioso que hoy haría envidiar a los expertos en marketing político– y, tal vez, gracias precisamente al buen cuidado de Pablo en diluir todo el contexto social, cultural, religioso y político en el cual Jesús se desenvolvió a lo largo de su vida.

Ningún cronista cristiano menciona los grupos, personalidades, instituciones y movimientos que bullían en la Palestina de la época, un país del que debía surgir el movimiento religioso que mayor trascendencia ha tenido a lo largo de la historia de la humanidad. Nadie dice nada de los fariseos, esenios, saduceos, celotes y nazarenos, cuando no hubiese sido ocioso señalar que Jesús procedía de una familia farisea, pese a que su madre fuera de creencias saduceas, y que su propio pensamiento estaba imbuido de las ideas religiosas fariisaicas, tal como muestran precisamente sus palabras en el Sermón de la Montaña. Pero a la vez en el pensamiento de Jesús se refleja el pensamiento esenio, movimiento religioso del cual Juan el Bautista, primo de Jesús, fue uno de sus más genuinos representantes. Isabel, la madre de Juan y tía de Jesús (si admitimos, por supuesto, la maternidad de María comúnmente establecida), estaba casada con un sacerdote saduceo del

Templo. Entre los seguidores de Jesús había también algunos celotes: Simón el Celote o Simón Piedra, como se le llamaba al rudo pescador y futuro san Pedro. Su hijo Judas Iscariote, celote también, según algunos autores, había adoptado un apelativo que derivaba del genérico «sicarios», grupos armados a los que distinguía la «sica» o corto alfanje que llevaban en la faltriquera. Como veremos, sin embargo, el nombre de Iscariote es posible que tuviera otro origen.

Ni el médico Lucas en Los Hechos, ni los evangelistas en sus crónicas ni Pablo en sus epístolas mencionan tampoco que el cristianismo primitivo no era sino un quietismo, una escuela más de misterios surgida del judaísmo y que iba más allá de la mera enseñanza y contemplación religiosa puesto que estaba vinculada a los movimientos revolucionarios nacionalistas que, dentro del judaísmo, representaban los celotes. Por supuesto, nadie dice nada tampoco respecto a que, en sus orígenes, el cristianismo no era más que una rama más del judaísmo y que la ruptura con su pensamiento religioso se establece en cuanto Pablo aparece en escena. Ni los evangelistas ni los primeros autores cristianos mencionan tampoco (o si lo hacen es rozando levemente el aspecto exterior) las relaciones de Jesús con Salomé o con María de Magdala. A esta última la pintan como a una mujer de vida oscura cuando no era sino la esposa real y al mismo tiempo la «esposa mística» de Jesús: un espejo en el cual el alquimista reflejaría a su *soror mistica* o el cátaro a su «amaxia uxor». En el esoterismo cristiano, Lilit o Haisha es la Mujer Interior, «el ser que está fuera del hombre». Y el héroe perece, es abandonado por los dioses, cuando él abandona a la esposa mística. El hombre no puede renunciar al componente del alma, ese cuerpo sutil que perece si no se une al espíritu. El taumaturgo necesita unirse a una esposa mística.[1]

Jesús aspira al trono de Israel

Anunciado por los profetas, el Mesías de Israel aparece públicamente en la ciudad santa de Jerusalén a partir del año 27, precisamente cuando Poncio Pilatos, el Procurador de la Palestina romana, acaba de ocupar su destino. A Jesús le acompaña un pequeño grupo de seguidores llamados apóstoles (literalmente «mensajeros»), casi todos los cuales le abandonarán cuando, tres años después, él es ejecutado en la cruz. Solamente Santiago, el hermano de Jesús, y Simón Cephas o Pedro,[2] junto con Juan, permanecerán en Jerusalén tras la muerte del Maestro, burlando así el interdicto de las autoridades romanas.

Tras su muerte en la cruz, real o pura leyenda, Jesús se aparece a sus apóstoles y, poco a poco, el pueblo de Palestina empieza a reconocerle como el Cristo o el Mesías que los israelitas esperaban. Comienzan a aglutinarse los primeros focos del cristianismo en torno a Santiago, cabeza de la primera Iglesia de Jerusalén. Un tiempo después, alrededor del año 40, un hombre llamado Saulo se convierte en el azote de los cristianos primitivos. Saulo es una especie de policía al servicio del sacerdocio del Templo. Su misión consiste en arrestar a los cristianos, despojarles de sus bienes, arrojarlos en prisión y, si conviene, eliminarlos. Su primera víctima mortal es Esteban, el primer mártir de la cristiandad.[3] El mismo Saulo admite esta actividad cuando en los Hechos manifiesta por su propia boca: «Que he perseguido por este camino hasta la muerte, prendiendo y entregando en cárcel a hombres y mujeres». Posteriormente, Saulo intenta eliminar a Santiago, pero su acción queda frustrada por la energía de los celotes que custodian al hermano de Cristo. Saulo queda malparado y es él quien recibe los palos destinados a Santiago. Cuando está a punto de ser linchado, la oportuna aparición de la cohorte romana –inmediatamente alertada por un innominado sobrino de Saulo– le libra de una muerte cierta.

Tras la revelación y conversión fulminante, Pablo nos describe a Jesús como «la imagen visible de la invisibilidad de Dios. Cristo es el primogénito de toda criatura creada... y él es antes de todas las cosas y por él todas las cosas existen... Y Él es la cabeza del cuerpo que es la Iglesia; él, que es el principio, el hijo primer nacido de los muertos, para que en todo tenga primacía..., pacificando por la sangre de su cruz así lo que está en la tierra como lo que está en los cielos..., pero ahora os ha reconciliado en el cuerpo de su carne por medio de su muerte, para haceros santos y sin mancha e irreprensibles delante de Él...». Esta descripción que hace Pablo en su Epístola a los colosenses tira más a establecer una leyenda que no a dar un retrato de la figura de Jesús. Por su parte, los evangelistas son algo más precisos al indicar unas asépticas genealogías que, a fin de cuentas, no aportan nada definitivo. Todo lo contrario, sirven para hacer más oscuros e incógnitos los orígenes de Jesús.

En realidad, pocos datos fiables hay en torno a Jesús y a su familia. Flavio Josefo, el historiador romano, sitúa la ejecución de Santiago en Jerusalén el año 62, y lo identifica sin ninguna duda como «al hermano de Jesús llamado el Cristo». Si bien hay dudas respecto a que esta nota fuera verdaderamente de Josefo, no hay duda respecto a que Jesús y Santiago (y lógicamente sus restantes cinco hermanos, si procedían todos de la misma madre) descendían de la casa de David, lo mismo que es evidente que Pablo (nombre que es la transliteración griega del hebreo Saulo) descendía de la casa real de Benjamín. A través de datos que apuntan aquí y allá, parece que el Jesús histórico no fue el predicador religioso que nos imaginamos sino un hombre movido por ambiciones políticas que reclamaba sus derechos sucesorios al trono de David.

Escritos probablemente entre los años 70 y 100, los cuatro Evangelios canónicos se atribuyen a Mateo y a Juan (seguidores de Jesús) y a Marcos y a Lucas (seguidores de Pablo). La simplificación del relato tiende a dejar en una nebulosa el carácter real de Jesús para mostrarnos solamente unos rasgos estereotipados que parecen más propios de un montaje infantil de «Los Pastorcillos» que de una crónica seria. Pablo, en sus distintos escritos y pese a su orientación partidista, define más el carácter de Jesús que los cuatro Evangelios juntos, ya que, en ocasiones, hace referencia al marco histórico de la vida de Cristo. Claro que los Evangelios sólo tratan de mostrar la realidad de Jesús como Mesías y no pretenden en absoluto trazar una cuidada biografía. Por otra parte, el estilo de los Evangelios, críptico en muchos pasajes, es común al de los escritos de otras religiones. El mensaje que de ellos emerge, sin embargo, es la justificación de Jesús como Mesías de Israel, condición no obstante que algunos rechazaban por el hecho de proceder Jesús de Galilea, puesto que el Mesías, según las profecías, debería haber nacido en Belén.

¿Dónde nació Jesús?

Mateo, por su parte, sitúa el nacimiento de Jesús en Nazareth: «Y por ello será llamado nazareno», dice en su Evangelio. Lo que parece confuso es si realmente lo considera nazareno por haber nacido en Nazareth o si emplea mal la voz *nazarita*: joven dedicado al servicio de Dios, según el sentido que da a este término la profecía de Samuel. Por otra parte, la voz nazareno no se aplicaba a los nacidos en Nazareth, lugar de dudosa existencia en tiempos de Jesús, sino a los cristianos primitivos que seguían la llamada «vía árabe».

Y si el lugar de su nacimiento no aparece claro, pues unos lo sitúan en Belén y otros en Nazareth, poblaciones ambas de Judea, algunos más dicen que Jesús había nacido en un innominado lugar de Galilea. Y si elusivo es el lugar donde naciera, tampoco aparece del todo claro quién fue realmente el padre de Jesús. Los cuatro Evangelios canónicos coinciden en atribuir la paternidad de Cristo a José el Carpintero. ¿Tal vez porque el sobrenombre de Jesús era el de «Hijo del Carpintero»? En arameo, «Hijo del Carpintero» es *Bar Nagara*, voz que seguramente ya fue mal interpretada al ser transcrita por primera vez en arameo y que luego, plausiblemente, sería sucesivamente corrompida en las siguientes versiones de los textos primitivos.

En efecto, si tenemos en cuenta que los primeros borradores de los evangelios –notas dispersas, escritas en siriaco, en torno a la vida de Jesús– fueron la base para componer los primeros escritos cristianos, los cuales servirían a su vez de base para la redacción de los Evangelios sinópticos, y si tenemos también en cuenta que la versión latina (traducida de la versión griega procedente del siriaco) no se produce hasta siglos después, y que las versiones sucesivas son encomendadas a los monjes copistas, quienes apenas sabían leer y copiaban palabra a palabra, comprenderemos el remoto parecido que tales versiones debían tener con los primeros borradores de la vida de Jesús.

Kamal Salibi,[4] al estudiar los ocultos orígenes de Jesús, sitúa el nacimiento de Cristo en la península de Arabia, en la localidad de Hijaz, lo cual no deja de ser plausible puesto que en aquella época los apellidos se formaban a partir del oficio del padre (*Jesús bar Nagara* o Jesús el Hijo del Carpintero) o a partir de su lugar de procedencia: Jesús de Nazareth. Pero Nazareth como localidad no empieza a conocerse hasta el siglo VII, cuando la insistencia de los peregrinos que visitaban Tierra Santa tuvo la virtud de que se edificara un pueblo y se le diera este nombre.

Allá por los años del 27 al 30, un hombre llamado Jesús abandonó su ciudad natal de Hijaz, en la región de Wadi Jalil –la Galilea de Arabia– para dirigirse a la Galilea de Palestina. En aquel tiempo, los galileos procedentes de Arabia eran llamados nazarenos (grupo social entre el cual Jesús conseguiría mayor proselitismo), voz derivada del término árabe *nasirash*. El reino de Judá se había extinguido seis siglos antes, precisamente en Arabia. Causa cierta sorpresa constatar que, en sus primeros tiempos en Palestina, las reivindicaciones de Jesús al trono de David no fueran contestadas por los judíos, pese a que éstos consideraran a Jesús no como un judío sino como un nazareno o galileo. Dos siglos antes, en Palestina había sido instaurado un reino que no tenía nada que ver con la casa de David, reino que englobaba la región de Galilea, al Norte, e Idumea al Sur. En ambas regiones, el sacerdocio hasmoeano había impuesto el judaísmo a la población local, mayoritariamente arameo-arábiga. Esta imposición religiosa, políticamente le convenía al rey Herodes el Grande, hijo de familia idumea. Los descendientes de Herodes, la dinastía herodiana, siempre con el patrocinio de Roma, siguió gobernando Palestina con la obsesión constante de eliminar a aquel misterioso descendiente de David al que las profecías señalaban como heredero del trono.

Pero Herodes seguía una pista equivocada, pues el Jesús bar Nagara, el supuesto hijo de José, no era el hijo de un carpintero. La confusión venía precisamente de *nagara* (carpintero) como transliteración fonética de Nujayrah (voz que vocalizada en arameo suena como *nagara*), el villorrio vecino a Hijaz donde plausiblemente naciera Jesús. En apoyo de esta tesis, los apellidos de los hermanos de Jesús tienen un origen semejante, pues así Juan y Santiago, los hermanos que los Evangelios llaman «los hijos del Zebedeo», eran hijos precisamente no del legendario Judas de Gamala sino de un hombre llamado *Zbida*, pues procedía de Zubaydah. Mateo, cuando se refiere a la madre de los hijos del Zebedeo, da a entender que entonces María ya era viuda de este segundo marido. Por su parte, Jesús llama en un par de ocasiones a sus hermanos «Hijos del Trueno», lo cual implica no un apelativo chistoso por parte de Jesús sino otro apellido por el cual se conocía al Zebedeo, llamado también *Bnay Rgas*, nombre que en su paso al arameo daría Ra'd (Trueno) y, por lo tanto, sus hijos serían llamados Bar Ra'd (Hijos del Trueno).

La pista de la evolución etimológica de los nombres de los hermanos o hermanastros de Jesús podríamos buscarla también en Pedro el Celote y en su hijo Judas el Iscariote. Es muy posible que también haya cierta confusión en la transcripción de tales nombres, pues Pedro o Simón el Celote es conocido también como el Canaaita. Los celotes o celosos de la ley (de la Alianza) eran una organización muy politizada que luchaba por la independencia de Palestina. Las policías de Herodes el Grande y de sus sucesores estuvieron siempre a la greña con ellos, pues los consideraban lisa y llanamente como terroristas. Pedro, sin embargo, procedía de una región de Hijaz llamada Zu'lah, vocablo que al pasar al arameo daría *Zlota* y, en griego, sería transcrito como *zelotes*. En cuanto a Judas, tal como lo describen los Evangelios, era el apóstol que llevaba la bolsa, el encargado de la intendencia del grupo. En cuanto al nombre de Iscariote, se ha interpretado corrientemente como la derivación del *sicario*, el hombre armado con la pequeña daga curvada. Pero la bolsa de piel donde guardar las monedas, en griego se llama *skortea*, palabra de la cual podría derivarse el mote de Iscariote, aunque parece más plausible que la voz provenga, como sugiere Kamal Salibi, de *'Askar*, el nombre de un pueblecito de la región de Hijaz que hoy sigue existiendo con el mismo nombre.

María

En cuanto a la supuesta madre de Jesús, no parece del todo seguro que fuera realmente llamada María. Mateo, Marcos y Lucas, en efecto, la identifican por este nombre, pero cuando Juan se refiere a ella, nunca la cita como María sino que la deja innominada. En cambio, al referirse a la crucifixión, Juan dice que la madre iba acompañada de una hermana llamada María, pero en este caso subsiste la duda, vista la redacción del pasaje, si la tal María era realmente hermana de la madre o si era una hermana de Jesús. Según Juan, esta María es la esposa de Clopas. Para obviar este problema, la tradición cristiana zanja la cuestión diciendo que esta María de Clopas o de Cleofás era hermanastra de la madre de Jesús. Pero en este caso, y siendo solamente hermanastra de María la madre, ello significaría que era hija adulterina de Ana o de Joaquín, los padres de María, pues no se dice nada respecto a que uno u otro de los cónyuges se casara de nuevo. Todas estas hipótesis, naturalmente, son ociosas si consideramos el nombre de María no como un nombre propio sino como un tratamiento (princesa), con lo cual podrían ser ambas perfectamente Myriam o princesas, ya fueran madre e hija o hermanas.

La tesis de la hermana, sin embargo, la sostienen Mateo y Marcos, cuando enumeran a los hermanos de Jesús: Santiago, Simón, José y Judas. Ambos hablan no de una hermana, sino de hermanas, en plural, pero no las citan. ¿Cuáles eran las otras, además de María? ¿Y por qué ni Mateo ni Marcos tampoco hacen mención de Tomás, según algunas fuentes el supuesto hermano gemelo de Jesús? En realidad, aparte de las correspondientes a Santiago, hay pocas referencias respecto a los demás hermanos y hermanas de Jesús. Eusebio de Cesárea, en su *Historia eclesiástica*, habla del nieto de Judas, uno de los hermanos de Jesús (que no debe confundirse con el Iscariote, hijo de Pedro), citando precisamente a Hegesipus, el primer historiador cristiano, y cuyos trabajos se han perdido. Según la cita de Eusebio, el emperador Domiciano ordenó que en Galilea fueran ejecutados todos los niños descendientes de la estirpe de David.

Probablemente, en esta cuestión de la hermana o de las hermanas de Jesús debió producirse alguna confusión al pasar las primeras tradiciones cristianas a la forma escrita. En la Biblia, la primera María (Myriam) que aparece es la hija de Amram, el padre de Moisés y de Aarón. Los descendientes de Aarón, tradicionalmente tenidos como «elegidos de Dios», pertenecían al sacerdocio de la tribu de Leví. María, la hija de Amram, fue la profetisa Myriam, hermana a su vez de Moisés y de Aarón. Según la tratan los Evangelios, la Miriam madre de Jesús (María, al helenizar su nombre los primeros Evangelios) era *siddiqah*, o sea de creencias saduceas, casta sacerdotal que floreció en Palestina hasta la destrucción de Jerusalén por los romanos en el año 70. Los saduceos negaban la inmortalidad del alma, la resurrección después de la muerte y la existencia de seres angélicos.

En todo este enredo de familia, sin embargo, podríamos echar algo de luz si tratamos de desenredar el ovillo. El dogma cristiano acepta a María como madre de Jesús sin mayores pruebas, basándose sólo en la asunción al pie de la letra de unos determinados simbolismos que, a no dudar, fueron mal interpretados. En los escritos evangélicos, siempre que se refieren a la madre de Jesús, sus autores tratan de ser lo más vagos posible, como si ellos mismos no vieran clara la definición del personaje. Y la clave de todo, empero, está en el «bautismo» de Jesús.

Según la tradición judía, el Mesías o Ungido, es decir, el aspirante reconocido al trono, debía pasar por un rito de «doble nacimiento», el cual se efectuaba sumergiendo al candidato en el agua para hacerle sufrir una muerte simbólica. Después, el rey nacía de nuevo pasando bajo las faldas de una virgen. Esta virgen, en el caso de Jesús, es plausiblemente la niña a la cual los Evangelios confunden con su madre real.

El manto de Jesús

No debemos olvidar que las religiones primitivas expresaban todos sus «misterios» a través de símbolos. Y, en el caso del cristianismo, lamentablemente, todos los símbolos se han traducido literalmente. Por lo tanto, su contenido, expresado al pie de la letra, poco o nada tienen que ver con su significado original. El «bautismo» de Jesús, por otra parte, tiene una finalidad política, pues siendo Juan el Bautista de la tribu de Leví, el hecho de ungir a Jesús implicaba que éste, de la casa de David, fuera admitido por los levitas. Por esta razón, ningún sacerdote levita se escandalizó porque Jesús muriera como davídico y «renaciera» como levita. Esta componenda era inevitable puesto que los miembros de las tribus de Judá y de Leví no se podían casar entre ellos. Esto también le permitía a Jesús vestir la túnica blanca sin costuras, tradicional de los levitas y prohibida a las restantes tribus de Israel. El propio Juan (19.23) atestigua este hecho: «Y cuando los soldados hubieron crucificado a Jesús, tomaron sus vestidos e hicieron cuatro partes (para cada soldado una parte). Mas la túnica era sin costura, toda tejida desde arriba».

Al investirse con la túnica levita, además, Jesús tenía que renunciar a su madre davídica real. Y lo hace explícitamente, según relata Marcos (3.31-4): «Vienen después sus hermanos y su madre, quienes estando fuera enviaron a él llamándole. Y la gente estaba sentada alrededor de Jesús y le dijeron: "He aquí que tu madre y tus hermanos te buscan fuera". Y él les respondió diciendo: "¿Quién es mi madre y quiénes son mis hermanos?". Y mirando a los que estaban sentados a su alrededor, dijo: "He aquí mi madre y mis hermanos".». Marcos, seguramente, no entiende del todo el sentido de las palabras de Jesús, pues se ve forzado a añadir (3.35): «Cualquiera que hiciere la voluntad de Dios es mi hermano y mi hermana y mi madre».

El símbolo de la túnica levita a que tiene derecho Jesús tras su nacimiento ritual en el Jordán tiene un doble significado, pues esa túnica ha sido tejida por la pequeña María, la niña de doce años no solamente virgen sino absolutamente pura puesto que no ha tenido aún su primera regla: condición esencial para no contaminar con su impureza el manto que debía revestir el rey. Juan Bautista, en este ritual del «nacimiento» de Jesús como Rey de Israel, asume evidentemente el papel de arcángel Gabriel ya que «anuncia» a María, su madre simbólica, que será –simbólicamente– la madre del Mesías. Así, María, que es también Magdalena o María Magdalena, puesto que por haber tejido el manto real era llamada María M'gaddla (María la Tejedora), se convierte alegóricamente en la «madre» de Jesús, cuando solamente era su madrina y Jesús era solamente su «hijo» simbólico. Esta misma niña, tras pasar una temporada con su tía Isabel (madre del Bautista y que en los Evangelios aparece como tía de Jesús), ya hecha una mujercita, seguirá a Jesús a través de todo su recorrido por Judea y Galilea. Y esta «madre adoptiva» o «esposa mística» de Jesús se convierte sin duda en su esposa real en las bodas de Caná, con lo cual se consuma el «incesto» ritual que la tradición alquímica recoge.

Jesús y su madre

Tal vez a causa de sus distintas concepciones religiosas, es posible que Jesús (seguidor de las doctrinas fariseas) y su innominada madre real (de creencias saduceas) tuvieran frecuentes diferencias, como dan a entender los Evangelios. Es posible también que la causa de las fricciones entre Jesús y su madre fuese otra. ¿Era la madre la que se sentía dolida por su hijo, a causa de las actividades revolucionarias de éste? ¿O era Jesús quien se sentía dolido por su madre a causa de la serie de hermanos que se le iban añadiendo? Jesús, aspirante al trono de Israel, debía cuidar su imagen y sin duda su madre real se la deterioraba. Este punto flaco de Jesús sus enemigos lo explotaron con saña.

Así, según las tradiciones del Talmud, Jesús o *Yeshu'* era el hijo ilegítimo de un legionario romano al que llamaban el Pantera, y el cual se las daba de mago. El Talmud, pues, no sin socarronería, se refiere a Jesús, el hombre que causó los conocidos alborotos en el Templo de Jerusalén, como a Jesús Ben Pantera, es decir, el hijo del Pantera. Algunos autores han especulado que la voz pantera fuera una corrupción de la palabra griega *parthenos*, o sea, virgen. Esta hipótesis concordaría obviamente con la idea de que Jesús fue hijo de una virgen, pero choca con aquella otra que acepta a Jesús como hijo de un soldado romano llamado Tiberius Julius Abdes Pantera, según reza la inscripción funeraria de la tumba descubierta en Alemania.

Odiado por el sacerdocio fariseo del Templo, al que constantemente vituperaba, Jesús era también la bestia negra del tetrarca de Palestina, Herodes Antipas, con cuya hijastra, la princesa Salomé, algunos pretenden ver cierta relación sentimental. Tal vez fuesen los celos de María, al ver a su hijo en compañía de la princesa de la familia más odiada de Palestina, los que desencadenaban las frecuentes disputas, algunas de ellas, según la interpretación de ciertos eruditos, causadas por las frecuentes demandas de dinero por parte de María a su hijo. En esta interpretación se deja entrever que Jesús se desinteresó de su madre, lo cual es falso. Efectivamente, antes de ser crucificado, Jesús encarga a Juan que se ocupe a partir de entonces de su madre. Y la madre ya no se separará de Juan, pues sigue, con Joana, al apóstol a su destierro de Patmos, donde contradiciendo la leyenda provenzal muere a edad avanzada.

Cualquiera que fuese la relación de Jesús con su madre, la situación es realmente confusa a causa precisamente de haber obviado los cronistas las circunstancias en que se desenvolvió la historia de Jesús y de sus seguidores. Habitualmente se ha desdeñado el entorno político de Jesús cuando, sin duda, muchos de sus actos vinieron determinados por la influencia de ese entorno. La Palestina de la época de Jesús era ciertamente un hervidero político que trataba de dominar Herodes Antipas, Hijo de Herodes el Grande, al cual se le atribuye la matanza de los inocentès mucho antes de que Jesús naciera. A Herodes el Grande se le atribuye también la ejecución de Ezequías, supuesto abuelo de Jesús. Y a Herodes Antipas la ejecución de Judas de Gamala, presunto padre de Jesús. Y a Herodías, la esposa de Herodes Antipas, se le atribuye también la decapitación de Juan el Bautista, seguramente primo de Jesús. La inquina de Herodes Antipas y de su mujer contra el Bautista estaba justificada, pues Juan no paraba de despotricar contra ambos, acusándoles de incesto. Y la inquina de Herodes Antipas contra Jesús también estaba justificada si, como parece, Salomé, la hijastra de Herodes Antipas y Herodías, formaba parte del *entourage* de Jesús. Y la antipatía de Herodes Antipas hacia Jesús aumentaría sin duda por el hecho de que Joana, la mujer de su intendente Chuzas, formara parte también, junto con Susana, hermana de Joana, del séquito de Jesús. Y, sin ninguna duda, la causa más determinante del odio de Herodes Antipas hacia Jesús era que éste había sido designado por el Bautista como rey de Israel, lo cual ponía en serio peligro el trono que él, un príncipe idumeo, ocupaba gracias a la complacencia de Roma.

En esta situación sin duda se gestó la muerte de Jesús: algo que convenía tanto al poder romano como al sacerdocio del Templo y al propio Herodes Antipas. La acusación por la cual Pilatos hace prender a Jesús es porque éste se proclama rey de los judíos. Su juicio lo ve un tribunal formado por los sacerdotes del Templo, tribunal que pese a ser legal no podía formular sentencias de muerte. La tradición popular afirma que Poncio Pilatos hizo todo lo posible para salvar a Jesús pero que, en vista de la obstinación de los fariseos, terminó «lavándose las manos». Esta afirmación, evidentemente, es insostenible. Dado su sometimiento a las leyes romanas, los sacerdotes de Jerusalén sólo tenían derecho a condenar al reo, como máximo, a un severo apaleamiento. Si hubieran podido condenar a muerte a Jesús, lo hubieran hecho mediante la lapidación y no crucificándolo, pues la crucifixión era el tormento capital ejercido por los romanos. La tradición cristiana, aliada ya al imperio, no podía culpar a Roma sino que debía cargar a los judíos con la ejecución de Jesús.

María de Magdala

Como es lógico, en tiempos de Jesús la tradición cristiana no existía. La tradición que pesaba socialmente era la judía y ésta veía con malos ojos al hombre que llegaba a la mayoría de edad sin tener mujer. El soltero, además, estaba muy mal considerado socialmente, pues en seguida se le colgaba el sambenito de *kelebites* u homosexual. Lo cual tiene algo de paradoja puesto que la prostitución de los homosexuales se ejercía incluso en el Templo, tal como indica el libro II de los Reyes. Jesús, sin duda, con la presencia de Salomé a su lado acallaba algunas lenguas, pero desataba otras puesto que nadie podía olvidar la condición de hijastra de Herodes Antipas de aquella princesa. Tal vez Jesús buscaba sólo en Salomé algún determinado apoyo político. Y aunque en los Evangelios no se explícita cuándo se separó Salomé de Jesús, lo plausible es suponer que tal separación se produciría a partir de la ejecución de Juan el Bautista, ordenada por la madrastra de Salomé. En los Evangelios tampoco se descubre ningún indicio respecto a que la presencia de Salomé en el séquito de Jesús enturbiara las relaciones de éste con María Magdalena, a la cual los evangelistas tratan de silenciar o bien la sitúan en un contexto alejado de la familiaridad con Jesús. Y lo chocante de la supuesta soltería del Mesías es que Jesús, que no había venido a cambiar «ni una tilde ni una jota de la ley», permaneciese soltero cuando la Ley le obligaba a casarse.

Existe cierta presunción de que la Magdalena fue la esposa de Jesús, pero este hecho no ha sido del todo probado. Ello, sin embargo, no ha impedido que el tema del matrimonio de Jesús, precisamente en las bodas de Caná, donde él y María Magdalena son los protagonistas, haya influido poderosamente en la literatura. Son diversas los autores que abordan esta temática en algunas de sus novelas y, entre ellos, destacaremos a George Moore, a Robert Graves y, más especialmente, a Nikos Kazantzakis, en cuyo relato, *La última tentación*, Jesús se casa efectivamente con Magdalena y tiene hijos con ella.

Pero la literatura no siempre incide en el tema basándose en las bodas de Jesús. Así, Carolyn Slaughter, en su novela *Magdalene*, presenta a la Magdalena como amante de Jesús. Este mismo planteamiento, inspirándose en los pergaminos de Naj'Hammadi, lo reitera Michele Roberts con su *The wild girl*, novela donde Magdalena es la amante de Jesús y madre de su hijo.

Si esta última aseveración fuera cierta, conectaría con la tradición provenzal de las Tres Marías, según la cual las tres mujeres más allegadas a Jesús –María, María Magdalena y María Salomé– arribaron a las playas de Provenza en una barca, huyendo de la persecución desatada en Palestina contra los nazarenos, a partir de la muerte de Jesús. Lo cierto es que al parecer tres mujeres huyeron de Jerusalén dos semanas después de la Ascensión y, si se incluye en ellas a Magdalena, arribando a la Sainte-Baume en la tradición provenzal, no es en absoluto plausible que una de estas mujeres fuera Salomé puesto que la vida de la hija de Herodías está bien documentada y no se fue a Provenza sino a Roma. La madre real de Jesús tampoco podía ser una de las Marías, puesto que la madre, según el testimonio de Prócoro, el discípulo de Juan, muere en el exilio de Patmos. Sin embargo, tanto en Provenza como en el interior de Occitania y en lo que hoy es Cataluña, existían abundantes y prósperas colonias judías en las cuales las tres mujeres podrían hallar seguro refugio. Según la misma leyenda arribaron solas, en una pequeña barca, navegando en dirección Oeste, tomando siempre a Venus como demora. Evidentemente no traían a ningún niño con ellas, pero la leyenda dice que Magdalena estaba embarazada. Esta leyenda, tan cara al esoterismo, daría pábulo a que el supuesto vástago de Jesús naciera no en Marsella ni en las Maries de la Mer ni en la cueva del Sainte-Baume (donde según la tradición se retiró Magdalena) sino en los aledaños del Puerto de Venus, la actual Port Vendres, junto a la frontera española.

Por supuesto, los Evangelios no dicen nada respecto a esta circunstancia, pero a veces los silencios son más reveladores que las palabras, pues a partir de la muerte de Jesús no se vuelve a hablar para nada de las tres mujeres en las Escrituras.

El tema de la posible descendencia de Jesús ha desatado siempre las especulaciones más fantasiosas, especialmente en lo que se refiere a la genealogía de los reyes merovingios, a los que se entronca directamente con la descendencia de Jesús. Baigent, Leigh y Lincoln, comentando este fenómeno, analizan una obra singular –*La serpent rouge*– aparecida en Francia en 1970. En realidad se trata de un pequeño opúsculo que además de la genealogía merovingia y de dos mapas del territorio que ocupaban en la Francia de aquella época los visigodos, contiene también 13 breves poemas en prosa. Cada uno de estos poemas corresponde a un signo del Zodíaco y el decimotercero es el Ofiuco o Serpentario, colocado entre Escorpio y Sagitario. En el texto, pese a su cripticismo, hay diversas alusiones que resultan claras, en especial las referidas al abate Saunière y a la familia Blanchefort y también a Isis, «reina de todas las fuentes benévolas» y a la Magdalena, «la del célebre vaso de bálsamo curativo» y a la cual «los iniciados conocen con su verdadero nombre de Notre Dame des Cross». Analizando las implicaciones de *La serpent rouge*, los tres autores citados añaden:

Isis, por supuesto, es la Diosa Madre egipcia, patrona de los misterios, la «Reina Blanca» en sus aspectos benévolos, la «Reina Negra» en los malévolos. Numerosos escritores sobre mitología, antropología, psicología y teología han seguido el culto de la Diosa Madre desde los tiempos paganos hasta la época cristiana. Y, según dichos escritores, la diosa sobrevivió bajo el cristianismo disfrazada de Virgen María: la «Reina del Cielo», como la llamó san Bernardo, designación que en el Antiguo Testamento se aplica a la Diosa Madre Astarté, la equivalente fenicia de Isis. Pero, según el texto de *La serpent rouge*, la Diosa Madre del cristianismo no parece ser la Virgen. Al contrario, parece ser la Magdalena, a quien está dedicada la iglesia de Rennes-le-Château y a quien Saunière consagró su torre. Además, el texto parece dar a entender que tampoco «Notre Dame» se refiere a la Virgen. Ese título resonante, que se confiere a todas las grandes catedrales de Francia, también parecería referirse a la Magdalena. Pero ¿por qué la Magdalena iba a ser venerada como «Nuestra Señora» y, más aún, como una Diosa Madre? La maternidad es, por lo general, lo último que se relaciona con la Magdalena...[5]

En efecto, en la tradición cristiana popular a la Magdalena se la relaciona con la prostituta que le lava los pies a Jesús, los seca con sus cabellos y vierte sobre ellos un preciado bálsamo. En la tradición medieval, Magdalena es la Dama Blanca que lleva a Francia el Santo Grial o «copa de santo bálsamo». Pero ¿ese vaso de «bálsamo curativo» a que alude *La serpent rouge* no será en realidad un «vaso de vida», es decir, un vientre de mujer fecundado, y de cuyo seno saldrá un día un ser a través del cual, y a través de cuya descendencia, el propio Jesús podrá seguir dando el «bálsamo» de su palabra a todos los hombres? Y en este punto los símbolos se concatenan, pues el embarazo de María, madre de Jesús, se debió también a la profética *kalimah* o santa «palabra» del arcángel.

3. Lo que los Evangelios no dicen de Jesús

La familia de Jesús

Los Evangelios pasan muy discretamente sobre el asunto de los hermanos de Jesús, bien aludiendo a ellos de forma generalizada o silenciándolos, excepto en el pasaje señalado del publicano Mateo, pero ante esta revelación, lo mismo que ante tantas otras, el lector debe leer entre líneas para discernir qué se intenta ocultar. Ocurre algo parecido en cuanto al ambiente de la época en que vivió Jesús, marco que los Evangelios apenas esbozan, desdeñando o escamoteando la realidad de unos tiempos en cuyo transcurso el cristianismo se va aglutinando frente a un mundo, el romano, perfectamente estructurado. Pablo, excepcionalmente, ofrece algunos datos históricos pero nos presenta un Cristo idealizado que apenas tiene nada que ver con la realidad.

Desde casi medio siglo antes de la era cristiana, desde los tiempos de Herodes el Grande, Palestina estaba unida al Imperio romano. En realidad, desde los tiempos de Julio César, todo el Próximo Oriente estaba anexionado a Roma. Judea, parte central de la provincia de Palestina, estaba regida por el tetrarca Herodes, el cual tenía su sede en Cesárea, mientras que las fuerzas vivas y el gobierno efectivo de la provincia estaban establecidos en Jerusalén y regido por el Consejo o Sanhedrín religioso, institución reconocida por los romanos y la cual intentaba controlar las diversas ramas del judaísmo religioso: fariseos, saduceos, escribas. De la clase sacerdotal dominante un siglo antes, los macabeos, apenas quedaba vestigio alguno. A la muerte de Herodes el Grande, en el año 4 a. de C., su reino fue dividido entre sus hijos Arquelao y Herodes Antipas, a los cuales Augusto confirió el título de príncipes. Arqueleo gobernaba la parte central de Palestina y Herodes Antipas la fértil Galilea, al Norte, y Perea, al Este. Fue en Galilea (en la Galilea arábiga, más plausiblemente) donde nació Jesús y donde su primo Juan el Bautista comenzó a difundir las doctrinas esenias del Reino de Dios, predicando después a orillas del Jordán unas creencias que parecían tener su origen en las concepciones de la doctrina farisea.

Viviendo durante un tiempo a la sombra de su primo Juan, hasta alrededor de los 30 años, Jesús es un perfecto desconocido que durante toda su juventud ha intentado pasar desapercibido, torturado tal vez por el reproche que le hacían sus enemigos respecto a su origen. Ésta era sin duda una cuestión delicada para Jesús, pues si se declaraba abiertamente hijo de Judas de Gamala, no había duda de que le lloverían, si no las represalias, sí al menos las suspicacias de las autoridades. Proclamarse hijo del Galaunita, a los ojos de sus seguidores, hubiera representado igualmente un riesgo que pocos de ellos hubieran estado dispuestos a correr. Recordemos como Simón-Pedro y los demás apóstoles se escabullen cuando Jesús es apresado. Silenciando el nombre de su padre, lo plausible es que la gente, y más especialmente sus enemigos, lo consideraran hijo ilegítimo o, cuando menos, de dudosos orígenes. Sin duda tuvo que hacer un enorme esfuerzo de voluntad para, finalmente, proclamarse heredero del trono de Israel y reivindicar sus derechos.

Si descartamos la patraña de la paternidad de José, el padre de Jesús y de su hermano gemelo Tomás tanto pudo haber sido Judas el Galaunita como cualquier otro personaje ignorado. En cuanto a sus demás hermanos (o hermanastros, aunque tal circunstancia ni siquiera se insinúe) según las Escrituras serían hijos del Zebedeo, pese a que este elusivo personaje, por su parte, sea tanto o más fantasmal que el Galaunita. Según el Evangelio de Mateo, «siendo María su madre desposada con José, antes de que se juntasen, se halló haber concebido del Espíritu Santo. Y José, su marido, como era justo, al no desear infamarla, quiso repudiarla secretamente...». Mateo, o los copistas griegos de su Evangelio, traducen «desposada» por lo que debería ser «prometida», pues, si ya estaba desposada María y se hubiese demostrado su infidelidad, José no la hubiera repudiado, como se disponía a hacer, sino que se hubiera divorciado de ella, tal como le autorizaba la ley judía, con lo cual María habría sufrido el castigo reservado a las adúlteras: la lapidación.

Mateo, pues, deja en el aire cualquier precisión para atribuir al Espíritu Santo una impregnación sutil similar a la que se atribuye al origen de los hombres-dioses y cuya interpretación habría que buscar en la psicología de la religión y no en la historia: el ángel del Señor se le aparece a José en sueños y le dice que «la virgen concebirá y parirá un hijo, al que llamarás Emmanuel, nombre que significa: "Dios está con nosotros"». En la Nueva Biblia Inglesa, traducida directamente del hebreo, la palabra virgen tiene la acepción de mujer joven y no de mujer núbil (la *parthenos* griega), tal como la entendemos habitualmente.

Jesús como dios solar

Si tenemos en cuenta el hecho de que cuando comienza a establecerse el cristianismo no existe una literatura evangélica sino solamente una serie de relatos orales confusos y contradictorios, animados todos ellos por la multitud de grupúsculos que quieren monopolizar la doctrina de Cristo y desacreditar a otros grupos rivales, entenderemos mejor por qué algunos datos –por ejemplo el de a quién corresponde la paternidad de Jesús– se muestran tan vagos y difusos. Cuando en las postrimerías del primer siglo cristiano aparecen los escritos evangélicos, el Apocalipsis, el único libro al parecer escrito o dictado por uno de los apóstoles, no hace referencia alguna ni a la ascensión ni a la resurrección y, aparte de señalar la descendencia davídica de Jesús, presenta a Cristo-Pascua como al cordero inmolado «cuya sangre purifica a aquellos que creen en él». En este texto de san Juan subyace la noción de Cristo como dios solar, cuyos avatares terrestres están inscritos en las profecías de la tradición religiosa de Israel.

Como todo héroe solar, necesariamente, Cristo debía nacer de una virgen. Es Juan, sobre todo, quien destaca esta carácter solar de Jesús, reflejando, sin duda, el talante original de nuestra religión, muy anterior, por supuesto, al que expresan los Evangelios sinópticos, pues éstos representan la reacción judaica contra el espíritu «helenizante del cristianismo primitivo encarnado en el Cuarto Evangelio».[1] Los escritos que atribuimos a san Juan, ciertamente, expresan la fusión del helenismo politeísta con la forma judaica del monoteísmo, cuya fuente, como es obvio, habría que buscarla en la primitiva religión egipcia. Dicho con otras palabras, el Evangelio de san Juan transpira el pensamiento oriental que antes del nacimiento de Jesús llegó a Egipto procedente de Persia.

Conviene señalar también el carácter marcadamente gnóstico del Evangelio de Juan y su prioridad cronológica respecto a los otros tres canónicos. Este carácter se advierte por la evidente desviación de los caracteres de los personajes en los tres sinópticos, pues éstos humanizan lo que el evangelio johánico divinizara. Para acentuar estos rasgos divinos de Jesús, san Juan recurre en el Apocalipsis a los elementos alegóricos, a la simbología de carácter solar, y así nos presenta a Cristo en medio de siete candeleros de oro, con ojos llameantes y el rostro luciente como el sol del mediodía, sentado en un trono celeste del que salían «relámpagos y truenos y voces; y siete lámparas de fuego estaban ardiendo delante del trono, las cuales son el espíritu de Dios».

Alrededor del trono hay cuatro animales llenos de ojos, delante y detrás: un león, un becerro, un animal híbrido con cara de hombre, y un águila. Los cuatro animales «daban gloria y honra y alabanza al que estaba sentado en el trono, al que vive para siempre jamás». Juan se siente desolado al ver que no hay hombre digno-capaz de abrir el libro de los siete sellos, pero los ancianos que rodean el trono le tranquilizan: «He aquí el león de la tribu de Judá, la raíz de David, que ha vencido para abrir el libro, y desatar sus siete sellos». Juan miró y vio que en medio del trono y de los cuatro animales «estaba un Cordero, como inmolado, que tenía siete cuernos y siete ojos, que son los siete espíritus de Dios enviados sobre toda la tierra».

Los siguientes versículos son, en alegoría, de una claridad meridiana si los entendemos como el Mensaje del Cordero inmolado para que, a través de su su estirpe (las siete voces, los siete cuernos, los siete truenos que son «los espíritus de Dios enviados sobre toda la tierra»), sea su sangre la que reine sobre la faz del mundo. Éste es el mensaje que sin duda así entendieron Meroveo, los visigodos, las dos ramas de la primitiva monarquía occitana, los templarios y, con ellos, plausiblemente sus sucesores: el Priorato de Sión. Así sin duda lo entendió también la Iglesia, dispuesta siempre a reinar por persona interpuesta, y, en versión profana, la masonería.

Los veinticuatro ancianos y los cuatro animales míticos que rodean el trono se postran ante el Cordero y entonan un nuevo cántico (Apocalipsis 5. 9 a 13):

> Digno eres de tomar el libro y abrir los sellos, porque tú fuiste inmolado y nos han redimido para Dios con tu sangre, de todo linaje, y lengua y pueblo y nación.
> Y nos has hecho para nuestro Dios reyes y sacerdotes, y reinaremos sobre la tierra.
> Y miré y oí la voz de muchos ángeles alrededor del trono y de los animales y de los ancianos. Y la multitud de ellos era millones de millones que decían en alta voz:
> «El Cordero que fue inmolado es digno de tomar el poder, las riquezas, la sabiduría, la fortaleza, la honra, la gloria y la alabanza».
> Y oí a toda criatura que está en el cielo y sobre la tierra y debajo de la tierra y que está sobre el mar, y todas las cosas que en ellos están, diciendo: Al que está sentado en el trono, y al Cordero, sea la bendición y la honra y la gloria y el poder, para siempre jamás.

Juan está dispuesto a consignar el mensaje apocalíptico que los siete truenos le han revelado, pero Dios le ordena que *selle* sus palabras y no las divulgue todavía. Interrumpido pues en apariencia el mensaje que plausiblemente se debería desprender de las enseñanzas del Cordero, los Padres de la Iglesia adoptan la tesis de que el Apocalipsis es la revelación que hiciera el propio Jesús a san Juan cuando el apóstol estaba desterrado en la isla de Patmos, a finales del siglo i.

Contrariamente, si hubiese existido voluntad por parte de la Iglesia de interpretar y aplicar el contenido del mensaje que san Juan transmite, la historia del mundo occidental hubiese sido muy distinta a lo que es hoy.

La ocultación femenina

Con el triunfo de la Iglesia paulina, el contenido esotérico del Apocalipsis se desvirtúa en pocos años y Jesús pierde rápidamente sus rasgos de dios solar para convertirse en una suerte de personificación metafísica y teosófica, proceso en el cual termina de perder sus perfiles sociales y humanos. Havet se preguntaba cómo «de una literatura tan mediocre había podido surgir una revolución tan grande», pero es precisamente gracias a esa «literatura mediocre» que son los textos evangélicos que el cristianismo consigue plenamente sus objetivos: anular la dimensión solar de Jesús y, renunciando al perfil trascendente de Cristo, esbozar un retrato conmovedor y moralizante que pueda llegar a todos los hombres.

El primer paso de esta ocultación sistemática del perfil solar de Jesús es la anulación del componente femenino del Grial, tomado aquí como símbolo del hombre y, más específicamente, como del Hijo del Hombre. Este símbolo aparece ya en el Génesis y Jesús lo reitera en sus enseñanzas. Para Platón, la primera pareja humana estuvo compuesta por Evenor y Leucipe, de cuya hija se enamoraría Poseidón para crear una estirpe semidivina. Jesús, que en ningún momento niega la existencia del alma en la mujer, no alude siquiera al mito de que la mujer (salida de la costilla del varón) puede recuperar su alma cuando entre de nuevo en el hombre. Y cuando afirma «he venido a destruir los Trabajos de la Hembra», según cita san Clemente refiriéndose al Evangelio de los Egipcios, Jesús se está refiriendo en realidad a los «trabajos» de algunas mujeres cananeas que querían restaurar el culto a la diosa Isthar, la patrocinadora del matriarcado. En términos modernos podríamos decir que Jesús estaba en contra de alguna de las formas del feminismo de la época, pues era evidente que no podía tolerar que nadie quisiera alterar la Ley que él había venido a hacer cumplir. Esta situación de máximo respeto al patriarcado, en Israel, era sin embargo una paradoja. En el Génesis se dice que «el hombre estará unido a mujer y dejará a su padre y a su madre», lo cual implica la sumisión del marido a la esposa. Es como si el judío no pudiera renunciar a la ancestral herencia matriarcal de sus primitivas tribus nómadas. Esta herencia sólo se rompe cuando cambian la tienda de piel de camello por la casa de adobe y vigas de madera.

Hasta Pablo, con su marcada misoginia, trata de ser fiel al espíritu patriarcal y al mismo tiempo intenta no traicionar el espíritu de Cristo. Por ello no niega la influencia de la mujer en la sociedad, lo cual demuestra que entre los primitivos cristianos se admitía su presencia, sobre todo si era rica o influyente. El mismo Pablo, en efecto, dictamina (I Corintios 7.4) que «la mujer no tiene potestad de su propio cuerpo, sino que la tiene su marido; e igualmente el marido tampoco tiene potestad de su propio cuerpo, sino que la tiene su mujer». En los Hechos (21.9) se abona esta misma idea cuando nadie se escandaliza porque las cuatro hijas doncellas del evangelista Felipe profetizaran. Con el auge de la tradición cristiana, sin embargo, este primitivo espíritu de tolerancia hacia la mujer cambia de signo. Pronto ninguna mujer tiene derecho a elegir a su propio marido, sino que debe someterse a la voluntad de su padre o de sus hermanos, quienes la «entregan» al marido. Al sacerdote se le exigía el celibato y ninguna esposa podía llegar a ser santa a no ser que previamente hubiera enviudado, pues se suponía que a partir de entonces dejaba de tener cualquier tipo de cómercio carnal.

La mujer interior

El cristianismo se da buena prisa en cortar sus raíces míticas e intenta expurgar de sus mensajes todo cuanto pueda manifestar una influencia femenina en los componentes del culto. Lilit-Ayesha, al contrario que Eva-Leucipe, siempre estuvo fuera, no se origina en el sueño del hombre ni sale de él cuando está dormido. Son esta clase de mujeres, las que tienen alma propia, las que transmiten al hombre el símbolo de la inmortalidad. Más adelante, al instaurar con carácter de dogma la virginidad de María, la Iglesia trataba de enmendar sus primeros pasos y daba carta de naturaleza a la mujer mediante el culto mariano, pero siempre con alguna reticencia, sin terminar de admitir su igualdad con el hombre. «El eterno femenino conduce al cielo», dijo Goethe. Pero admitir la igualdad de la mujer respecto al hombre implicaba despertar viejos ecos, evocar el recuerdo de dormidos arquetipos donde Halluine y las magas hiperbóreas, las sacerdotisas de Abris, tenían los mismos derechos que el varón. La Iglesia, dudando durante siglos entre el dilema si la mujer tenía o no tenía alma, no vacila en aplastar a los templarios, entre otras razones –y tal vez la más importante– porque estos monjes guerreros adoraban a Abraxas, el dios dual, macho y hembra.

Y por la misma causa, además de por otras razones de distinta índole, la Iglesia no había vacilado tampoco en aplastar a los cátaros, con sus cultos a la «mujer interior» y al «amor mágico», donde el *puro*, tanto hombre como mujer, aspiraba a «la procreación como proyección voluntaria de la mente», al beso como «pluma de nieve», a «la interpenetración espiritual» como etapa previa al coito. Estas enseñanzas de Jesús que los cátaros recogieron de los gnósticos quedan excluidas de las enseñanzas que de Jesús nos han llegado, lo mismo que quedan excluidos los Misterios de la Mujer Absoluta, la Sofía gnóstica y cátara, la alegoría de la Bella Durmiente a la cual hay que *despertar* dentro de sí misma (extraerla del «mundo exterior», simbolizado por el «sueño de la muerte») para que así se *desnude*. Esta acción de «desnudarse», de encontrarse consigo misma en un rubor angelical, es el símbolo de la culminación del Amor Mágico, y con cuya alegoría se da a entender la igualdad de ambos sexos y también la primacía de la mujer, pues, cuando la mujer «despierta», accede a la inmortalidad y transmite esta condición al hombre, al que entonces no le basta «toda una eternidad para la divina contemplación de la Mujer Absoluta».

Pero estas cuestiones, obviamente, no podían incluirse en los Evangelios, pues además de formar parte de las enseñanzas más secretas de Jesús, accesibles solamente a unos pocos iniciados, en los relatos evangélicos los hechos más prodigiosos se expresan con palabras lisas, de gran sencillez, sin énfasis, para llegar así, con frases envueltas en una aura de ternura, al sensible corazón del hombre. Evidentemente, el estilo de esta llamada «literatura mediocre» tiene la virtud de conmover a «una moral popular a la vez cándida y profunda como el instinto, y donde cada palabra hace vibrar nuestro corazón». Y ahí está precisamente la clave: palabras sencillas, sí, pero desprovistas –salvo en el caso de Juan– de todo contenido simbólico o esotérico, que no hubiera sido comprendido, y desprovistas también de todo contenido que pudiera desprestigiar a Jesús, especialmente en lo que a sus orígenes se refiere.

Jesús y sus hermanos

Cuando los Evangelios hablan de los hermanos de Jesús, de su entorno familiar, lo hacen siempre como pasando de puntillas, sin querer detenerse en un tema tan espinoso. Y la clave, más que en Jesús mismo, posiblemente está en Pedro, de cuyo hijo Judas sí se dice en los Apócrifos que es sobrino de Jesús, mientras se omite sistemáticamente en los sinópticos que Pedro y Jesús eran hermanos. Aunque tal vez fueran sólo hermanos políticos, pues Judas podría ser sobrino de Jesús si Pedro estaba casado con una hermana suya.

De cualquier modo, Pedro es la *clave* del secreto. Pedro (piedra) y clave (sinónimo a su vez de piedra) son la clavícula o piedra angular sobre la que deberá asentarse la Iglesia. Pero ¿una institución tan respetable puede admitir que su fundador, y sus hermanos, fueran hijos de un revolucionario, por un lado, o que no tuvieran padre conocido, por otro, si admitimos que José tenía casi noventa años cuando se casó con María y que ésta –hechos los consiguientes cálculos a partir de la cronología que dan los Evangelios–, contaría entonces cuarenta y, por lo tanto, ya tendría a la mayor parte de sus hijos criados y creciditos, sobre todo si tenemos en cuenta que su primer hijo, Jesús, lo tuvo según la tradición evangélica a los dieciséis años? En este punto de la maternidad de María se produce sin duda un lapsus que revela la verdad, pues la «madrina» de Jesús, Magdalena, contaría unos dieciséis años cuando arribó a Occitania, embarazada por Jesús.

En cuanto a quiénes eran realmente sus hermanos, ninguno de los Evangelios coincide al enumerarlos. Así, Mateo dice: «¿No es éste el hijo del carpintero? ¿No se llama su madre María y sus hermanos Jacobo (Santiago), y José y Simón y Judas? ¿Y no están todas sus hermanas con nosotros?».

Aquí Mateo omite deliberadamente a Juan, según la tradición hermano de Jacobo-Santiago e hijo también del Zebedeo, tal vez por la mala imagen que el joven tenía entre los rudos pescadores que eran los apóstoles de Jesús, pues además de su constante rehuir a las mujeres, el joven Juan detestaba el pescado en salazón, precisamente la base del negocio familiar de su padre el Zebedeo. Mateo no especifica tampoco si esas hermanas a que alude eran realmente hermanas de sangre o hermanas en el sentido de seguidoras nazarenas. No indica tampoco si Simón es el mismo que Pedro. Con Jesús, pues, Mateo nos habla de cinco hermanos: Santiago, José, Simón y Judas.

Marcos coincide exactamente con la misma nómina que hace Mateo de los hermanos de Jesús, sin mayor aclaración. Lucas, por su parte, alude sólo a Santiago y a Juan como hijos del Zebedeo. Más adelante, en la enumeración que hace de los doce apóstoles, incluye a los mismos hermanos sin expresar su condición: «Simón, al cual también llamó Pedro, y a Andrés su hermano. A Jacobo (Santiago) y a Juan, a Felipe y a Bartolomé. A Mateo y a Tomás, a Jacobo (Santiago) hijo de Alfeo, y Simón al que se llama el Celador. A Judas, (hermano de Jacobo) y a Judas Iscariote, que también fue el traidor». Lucas incluye aquí a Juan, señalándole sólo como hermano de Jacobo, por lo cuál, si éste era hermano de Jesús, Juan entonces lo era también necesariamente.

Por lo tanto, según Mateo, los hermanos (varones) serían: Jacobo (Santiago el Mayor, hijo del Zebedeo) y Juan, Tomás (el Dídimo o gemelo), Simón el Celador y Judas (hermano de Jacobo-Santiago y por lo tanto hermano también de Juan y de Jesús). Así pues, con Jesús resultarían seis hermanos, uno más de los que dan Mateo y Marcos. Estos dos evangelistas no incluyen sin embargo a José, lo cual sí hace Mateo. Por lo tanto, con José serían siete los hermanos de Jesús. Y si a estos hermanos le añadimos el misterioso Sidonio, al que nunca se le cita por su nombre sino que se alude a él simplemente diciendo que vivía en Sidón, en Fenicia, y en cuyo hogar se refugió Jesús, resultará que los hijos varones de María fueron ocho.

El número admitido, sin embargo, suele ser de siete, a saber: Jesús (el primogénito), Tomás (el llamado Dídimo, tal vez su hermano gemelo), Jacobo (Santiago, en la tradición española Santiago el Mayor, hijo de Zebedeo), José, Judas, Simón (Pedro) y Juan (hijo también de Zebedeo, sin que no obstante se indique en parte alguna de los Evangelios que Jesús y algunos de sus hermanos fueran hijos de distinto padre). Son siete, pues, el número de los hijos de María, si bien a este número habría que añadir verosimilmente el de alguna hija. Y siete es el mismo número que el de los «Hijos del Trueno» (personificación de los siete trompeteros ante el Cordero, en la visión apocalíptica de Juan), y denominación también que se aplica a los hermanos Boanerges o, lo que es lo mismo, a los hijos de Zebedeo. Este misterioso personaje (al que también se llama Trueno) es posible que encubra la figura de un segundo marido de María, impuesto, según algunos autores, por la necesidad de ocultar en lo posible a los hijos del revolucionario. Otros estudiosos ven en Zebedeo al necesario sostén económico que necesitaba María al enviudar de Judas de Gamala. Pero ¿no es posible también que Jesús y todos sus hermanos fueran hijos del mismo padre? De admitir tal posibilidad, el único engorro serían las fechas de los respectivos nacimientos, pues para que todos los hermanos hubieran nacido antes de la muerte del Galaunita, Jesús no habría muerto en la cruz a los treinta y tres años de edad sino cumplidos ya los cincuenta.

A todos los hermanos, según la tradición, a su resurrección Jesús les transmitió la gnosis, o sea, originariamente, el conocimiento y la facultad de curar a los enfermos. Al parecer no hubo distinción entre las dotes que Jesús les confiere a todos ellos. Pero no reitera en su aparición la suprema autoridad de Pedro, tal como la tradición eclesiástica sostiene, sino que al contrario, su herencia espiritual la deposita en Santiago el Justo como patriarca de la Iglesia de Jerusalén. En realidad, era tan escasa la autoridad moral de Pedro entre los cristianos primitivos que hasta en Los Hechos se le reprocha tanto por confraternizar con «incircuncisos y gentiles» como por andar siempre revoloteando detrás de las faldas de las jovencitas. Este mismo reproche lo reitera Pablo en su Espístola a los Gálatas.

Marcos y Mateo coinciden en la enumeración que hacen de los hermanos de Jesús: Simón, el llamado Pedro, y Andrés. «Y pasando de allí –dice Mateo – Jesús vio a otros dos hermanos, Jacobo (Santiago), hijo de Zebedeo, y Juan, su hermano, a bordo del barco de Zebedeo, su padre, que remendaban las redes y los llamó.» Los cuatro eran pescadores. Estos cuatro hermanos son los primeros apóstoles de Jesús, a los cuales se irán sumando sucesivamente Felipe y Nathanael primero, después Leví, el recaudador de impuestos, conocido como el hijo de Alfeo. A su vez Mateo incluye a Santiago, otro de los hijos de Alfeo. Estos seis primeros apóstoles, la tradición talmúdica los reduce a cinco, pues sólo reconoce como tales a Mattai (Mateo), Naccai (Andrés), Nezer (Felipe), Buni (Nicodemo) y Todah (Tadeo). Sin embargo, según la tradición evangélica, Nicodemo no es evangelista sino un rico galileo amigo de Jesús, a quien el Maestro defiende del ataque de unos fariseos. El agradecimiento de Nicodemo se manifiesta tras la muerte de Jesús, cuando aporta generosamente gran cantidad de costosas especias y aceites perfumados para proceder al embalsamamiento del Maestro.

Los hijos del Zebedeo, Juan y Santiago, son llamados también los hermanos Boanerges, apellido que significa «Hijos del Trueno», según los llamó Jesús (Marcos 3.17). ¿Es un lapsus de Jesús, aludiendo a su padre, el levantisco Galaunita? El apelativo de Zebedeo sí cabe asociarlo al poblado de Zubaydah, en la región del Taif, en Arabia.

Jesús, que previó cuidadosamente la seguridad de su madre y de Magdalena, no intuyó sin embargo la resaca sucesoria que debía seguir a su muerte. Ya antes de morir en la cruz, e incluso después de haber resucitado de entre los muertos, sus hermanos se disputan la primacía de la Iglesia de Jerusalén. Jesús se muestra bastante ambiguo al respecto y, pese a que manifiesta sus preferencias por el joven Juan, y pese a que declare formalmente a Simón como «la piedra sobre la cual edificaré mi Iglesia»,[2] es finalmente Santiago quien se hace con la sucesión del obispado de Jerusalén. Los demás hermanos quedan absolutamente descartados de la lucha por el poder en provecho exclusivo, durante los primeros años que siguen a la muerte de Jesús, de Pedro y de Santiago. Con el báculo episcopal de Jerusalén cualquiera de los hermanos de Jesús heredaba también sus derechos al trono de Israel, derechos a los cuales también había aspirado Judas, el hijo de Pedro.

Judas, hijo de Pedro

Cuando Jesús llega por primera vez a la Galilea palestina lo hace acompañado de sus hermanos-discípulos. Todos ellos están dispuestos a apoyar la causa de Jesús como aspirante al trono de Israel. Según las distintas versiones de los Evangelios, a Jesús le acompañan Simón y Felipe de Bethsaida, los hermanos Juan y Santiago de Zubaydah (los «hijos del Zebedeo»), Leví de 'Allaf (el «hijo de Alfeo). Más tarde se reunirán con este primer grupo Andrés (hermano de Simón) y Santiago (otro hijo de Alfeo). Junto con este segundo grupo llegan la madre de Jesús, su hermana Isabel, y algunas de las hijas de la madre de Jesús.

Pese a la confusión a que inducen los distintos pasajes de las

Escrituras, queda más a menos claro que Simón viene acompañado de su hijo Judas. Simón es llamado tanto el Celote (Lucas, 6.11) como el Cananeo (Mateo, 10.4), y en ambos textos se le identifica como el padre de Judas, el discípulo que finalmente, y según sostiene erróneamente la tradición, entregaría a Jesús a cambio de treinta monedas.

Los Evangelios insisten sobre los modestos orígenes de Pedro, el cual no podía aspirar a otro trabajo que no fuera el de pescador. Insisten también sobre la pretendida pobreza de Jesús. Se ha especulado con que Joana y su hermana Susana eran las financiadoras secretas, junto con Salomé, de la campaña política de Jesús en sus aspiraciones al trono de Israel. Sería ocioso comentar lo costosas que son las campañas políticas, pero resulta poco creíble que sólo tres mujeres, por más esposa y cuñada que fueran respectivamente dos de ellas del intendente Chuzas, pudieran aportar lo suficiente para atender a todos los gastos que la actividad de Jesús exigiría. Incluso con el concurso de Salomé, que a su vez estaría estrechamente controlada por su padrastro Herodes, difícilmente podría cubrirse el presupuesto por más princesa que ella fuera. Del mismo modo, las generosas aportaciones al partido de Jesús que hacían José de Arimatea y Nicodemo, los dos hombres ricos amigos de Jesús, debían ser insuficientes para equilibrar el presupuesto. Si el dinero tenía que salir de algún lado, sólo podía salir de los propios recursos de Jesús, hijo de una familia aristocrática. Y, sin duda, Jesús debió tener que recurrir a vender su patrimonio: única forma de atender a su numerosa familia y a sus más numerosos seguidores, que se le iban añadiendo cada día. Los Evangelios silencian las circunstancias en que se hizo la liquidación de aquel patrimonio. Y silencian también las reacciones de la familia, a la cual seguramente no le debió satisfacer en absoluto verse de pronto empobrecida por la decisión de Jesús. Pero Jesús era el primogénito, tenía derecho a «dejar a su padre y a su madre» y a proseguir la vida él solo.

Jesús empieza a predicar cuando tiene treinta años y llega a Judea procedente de su Galilea natal. Luego sus hermanos le siguen. Jesús está predicando y no les puede o quiere atender. Les hace esperar hasta que él haya terminado de instruir a sus fieles. Es más, les dice a sus fieles que ellos son sus verdaderos «hermanos» y «hermanas», no los que están esperando fuera. Unas palabras que sin duda debieron escocer a sus hermanos de sangre. Lo mismo que les debía escocer la declaración que en un momento dado hace Jesús sobre sí mismo (Lucas, 4.18): «El espíritu del Señor es sobre mí por cuanto me ha ungido para dar buenas nuevas a los pobres, me ha enviado para sanar a los quebrantados de corazón, para pregonar a los cautivos libertad y a dar a los ciegos vista, para poner en libertad a los quebrantados».

Y sus hermanos, más que nadie, son los que se sienten quebrantados. Jesús les ha dejado sin recursos y encima no se decide a establecer una sucesión firme sobre alguno de ellos. Todos piensan que Pedro, únicamente hermano político, es el que menos probabilidades tiene de ser el elegido, pues es demasiado bruto. Pero su hijo Judas, en cambio, es instruido y podría muy bien suceder a Jesús, llegado el momento. Ésta es sin duda la idea que secretamente alienta Judas.

Pero los Evangelios no recogen esta posibilidad y en cambio cargan las tintas sobre el hijo de Simón, acusándole de haber vendido a Jesús. Pero ¿acaso el Sanhedrín necesitaba del concurso de un traidor después de la entrada triunfal de Jesús en Jerusalén, donde la multitud le aclamó como rey? ¿No era suficiente delito verle entrar en la sinagoga, el día santo del sábado, emprenderla a patadas con cambistas y mercaderes y provocar una auténtica algarada? ¿Qué más piezas de convicción necesitaban los sumos sacerdotes para llevarlo a juicio? El elemento de la traición de Judas a cambio de la ridícula suma de treinta monedas resulta incoherente, sobre todo si se tiene en cuenta que Judas era el administrador de la compañía y, por lo tanto, si necesitaba treinta monedas y echaba mano a la bolsa, nadie se iba a enterar.

Otro problema que plantea Judas es el de su apelativo, pues su denominación de Iscariote, como ya dijimos, lo mismo puede derivar de la *sica* o daga que usaban los celotes como de la función que tenía asignada Judas entre los apóstoles: llevar la bolsa o la intendencia del grupo. En griego, esta bolsa de piel donde se llevaban las monedas se llamaba *skortea*, y algunos hacen derivar de dicho nombre la denominación griega de *Iskariotes*. Para Kamal Salibi,[3] sin embargo, la denominación de Iscariote procedería del nombre del pueblo de *Askar*, en la misma región de Taif de donde procedería Jesús. Una región en la cual, en efecto, encontramos todos los nombres comunes a los Evangelios: Wadi

Jalil (Galilea), Nazareth (Nasirah), Bethsaida (Sayadah), Chorazin (Qurasimah) y Zebedea (Zubaydah).

En la cena de Pascua, de pronto Jesús acalla las voces de sus discípulos y vaticina (Marcos, 14.18): «De cierto os digo que uno de vosotros, que come conmigo, me ha de entregar». Estas palabras sólo encajan en el contexto si se admite como real la traición de Judas, episodio que parece haber sido añadido con posterioridad a los hechos narrados para hacerlos casar así con las profecías. En este mismo capítulo de Marcos, cuando los discípulos le preguntan al Maestro dónde celebrarán la Pascua, Jesús les manda en busca de un misterioso hombre que lleva «una jarra de agua». Éste es el hombre que les señalará el aposento donde tendrá lugar la Última Cena. La alusión a la «jarra de agua» es una clara alegoría de Lázaro, en cuya casa Jesús tendría un momentáneo lugar de reposo puesto que no dudaba de que, tras su provocación al Sanhedrín, el consejo sacerdotal no iba tardar en prenderle.

Cronológicamente, la primera alusión a la traición que sufrió Jesús la establecen los Hechos (7.52), y en ella no se cita para nada a Judas sino que se alude a un grupo o institución: «¿A cuál de los profetas no persiguieron vuestros padres y no mataron a aquellos que anunciaron antes la venida del Justo, del cual ahora habéis sido vosotros los entregadores y los matadores?». Estas palabras las pronuncia Esteban ante un nutrido auditorio, el cual se tapa los oídos y no quiere escuchar más. La acusación de Esteban se salda con su vida, sacrificado por Pablo, pues es él, como policía del sacerdocio, el primero que se siente señalado por el dedo acusador del primer mártir cristiano. En las palabras de Esteban no aparece tampoco el concepto traición, sino que sólo habla de «entregadores».

Según los Evangelios, arrepentido después de su acción, Judas fue a devolver el dinero recibido a los sacerdotes y luego se ahorcó. El Sanhedrín, no queriendo recibir aquel dinero manchado de sangre, compró con él un huerto propiedad de un alfarero con el propósito de convertirlo en cementerio de incircuncisos.

Este final de Judas lo relata Pedro, sin referirse en ningún instante a él como si fuera su hijo. Pedro cuenta que a partir de entonces aquel huerto fue llamado «Campo de sangre» y, el primer muerto que acogió fue Judas. En este relato, Pedro se ve obligado a hacer una distinción entre el significado de la palabra *alkadama* («campo de sangre») en «su» lengua y en la lengua de sus oyentes. Esta aclaración que hace Pedro carece de significación si no se asocia *alkadama* con el valle de Dama, en la Galilea árabe, donde parece ser que Judas buscó refugio después de la muerte de Jesús. Y el odio y el desprecio de los demás apóstoles hacia Judas se explicaría por el hecho de que, estando Judas en posesión de la bolsa común, desaparecería con ella. A partir de ahí debió surgir la denuncia de Judas como traidor. Todo el resentimiento que Judas inspiraba a sus compañeros –resentimiento provocado por ser él quien administraba la bolsa y se negaba sin duda a hacer algunos gastos que los otros le pedían– debió estallar de pronto como una bomba, tanto que ni su padre se atreve a defenderlo abiertamente.

Judas, en efecto, traiciona a sus compañeros, pues se lleva la bolsa común que Jesús le había confiado. Pero él, seguramente, también debió sentirse traicionado por ellos. Y si alguna vez soñó con la posibilidad de ser el heredero de Jesús (puesto que era por el momento el único hijo de uno de sus hermanos), pronto debió desengañarse. Consciente de sus escasas y remotas posibilidades, sin duda no tuvo valor para enfrentarse a la decidida antipatía de los apóstoles ahora que el Maestro ya había desaparecido.

Simón Pedro

Según el Evangelio de Juan, los hermanos Andrés y Simón, lo mismo que el discípulo Felipe, procedían de Bethsaida. Otro de los apóstoles, el Leví hijo de Alfeos, podría ser originario de Alphaeus, otra población del Hijaz, en el camino de la Meca, cuya denominación ha evolucionado hasta la de Allaf actual. De esta misma población procedería Santiago el Menor, el otro «hijo de Alfeo». Asimismo, siguiendo estas etimologías, Simón y Felipe procederían de Sayadah, población igualmente del Hijaz que daría la voz Bethsaida en arameo. Simón Pedro o Simón el Celote (el «celoso» de la Ley o el «patriota», según la traducción que queramos darle) podría proceder de Quinan, un villorrio vecino a Zu'lah (que podría haber dado origen a su vez a la voz zelota o celote) y que sin duda dio origen al apelativo de *cannanita* (derivado originalmente del Quinan árabe o de su transcripción aramica de *qan'an*) que Mateo y Marcos aplican a Simón.

En detrimento de los restantes miembros de la familia de Jesús, en los tres primeros evangelios sinópticos se apoya más explícitamente la causa de Pedro como cabeza de la Iglesia, si bien se le niega su condición de hermano de Jesús y se le atribuye un origen oscuro y humilde. El abogado de su causa es más especialmente Mateo, en cuyo evangelio leemos:

> Y viniendo Jesús a las partes de Cesárea de Filipo preguntó a sus discípulos diciendo: «¿Quién dicen los hombres que es el Hijo del Hombre?»... Y respondiendo Simón Pedro, dijo: «Tú eres el Cristo, el Hijo del Dios vivo». Y entonces, respondiendo Jesús, le dijo: «Bienaventurado eres, Simón, hijo de Jonás, porque no te lo reveló carne ni sangre, sino mi Padre que está en los cielos. Más yo te digo que tú eres Pedro y sobre esta piedra edificaré mi iglesia y las puertas del infierno no prevalecerán contra ella. Y a ti daré las llaves del reino de los cielos y todo lo que prohíbas en la tierra será prohibido en los cielos, y todo lo que permitas en la tierra será permitido en los cielos».

Muerto Cristo, Santiago y Pedro se disputan la cabeza de la Iglesia de Jerusalén, sin que ni uno ni otro hagan caso alguno de Juan, el tercer pretendiente al obispado. Pedro, incluso, se hace grabar sobre su báculo el sello del pescador, anagrama que con el tiempo lucirán los papas. Causa cierto estupor, sin embargo, comprobar que en los Evangelios no se haga oposición a las pretensiones de Pedro, pues en la tradición judía el linaje se transmite siempre a través de la madre, lo cual viene a ser la aceptación implícita de que a Pedro también se le consideraba hermano de Jesús. Cuando Pablo visita la Iglesia de Jerusalén después de su conversión, probablemente en el año 44, Simón y Santiago se disputan el liderazgo de la comunidad nazarena y, en su siguiente visita, catorce años después de la primera, Juan Boanarges disputa también el liderazgo a Simón y a Santiago Bar Nagara.

4. El Hijo del Carpintero

Jesús Bar Nagara

Cuatrocientos años antes de la aparición de Cristo, un hombre llamado Issa o Iseo comenzó a predicar en Jerusalén una doctrina liberal basada en el monoteísmo de Moisés, lo cual le valió la persecución del sacerdocio del Templo y tuvo que refugiarse en sus tierras de origen, en Hijaz, en la Galilea árabe, tierras de las que procedería también Jesús. En la península arábiga a los seguidores de Iseo se les conocía por el nombre de nazarenos y, a sus enseñanzas, se las llamaba el Camino Nazareno o Vía Arabe. El territorio específico en que estaba asentado el clan de Iseo se llamaba *Nasirah*, topónimo que en arameo daría Nazareth.

Cuatro siglos después de la muerte de Iseo, hacia el año 30 de nuestra era, un hombre llamado Jesús de Nazareth, hijo de José el Carpintero, abandona su región natal de Wadi Jalil en el Hijah, la Gallea árabe, para instalarse en la Galilea palestina. Este hombre, Jeshu Nasirah, es reconocido como descendiente de David y en principio nadie se opone a sus derechos reclamando el trono de Israel, pese a que en Palestina no se le considere judío sino galileo o «nazareno», apelativos ambos que implicaban cierto desdén en determinados medios.

En aquel tiempo, el antiguo reino hasmoneano estaba compuesto por la Palestina central, Galilea al Norte e Idumea al Sur. Dominada políticamente por los herodianos bajo la tutela de Roma, el judaísmo imponía su credo a la población local, arameo-árabe. La Palestina central, llamada Judea (o «tierra de los judíos») estaba administrativamente bajo el control directo de Roma y regida por el tetrarca Herodes Antipas, hijo de Herodes el Grande, bajo la tutela del procurador Poncio Pilatos.

Cabe dentro de lo posible que Jesús hubiera nacido realmente en Palestina y que hubiera emigrado con su familia a Hijaz, de donde regresó amparado bajo el nombre de «El Carpintero» (*Nagara* en arameo) o «El Hijo del Carpintero» (*Bar Nagara*), apelativo que no implicaba necesariamente que fuese aquel el oficio de su padre José. Más bien, el apelativo de «Carpintero» parece indicar el lugar del nacimiento de Jesús. Lo mismo sucede respecto a sus hermanos que llevan por apellido Zebedeo.

En todos los idiomas, antiguos y modernos, los oficios de los padres y los topónimos del lugar del nacimiento son los que suelen dar origen a los apellidos. En el caso de Jesús, más que un patronímico debido a la ancestral ocupación familiar, Cristo parece deber su apellido al lugar de su nacimiento. En la región de Hijaz, además de diversas poblaciones llamadas *Nagar* hay dos localidades en la comarca de Taif llamadas Nujar la una y Nujaryrah la otra, en cuyas radicales las letras *njr* son vocalizadas en arameo como *nagar*, y esta voz significa «carpintero», por lo cual es posible que, al ser traducida al griego, lo fuera por su sentido fonético y por tanto transcrita como «carpintero». De cualquier modo, fuera cual fuese el origen del apellido de Jesús, la tesis de que en la Galilea árabe de la época se hablara el arameo parece incontrovertible.[1]

Los hijos del Zebedeo

Juan habla de Pedro como del «hijo de Jonás»: «Simón bar-Jonás», lo cual podría ser otro error de transcripción, pues *barjona*» significa literalmente «fuera de la ley» y ésta sí era realmente la situación de Pedro frente a las autoridades. El apóstol Pedro el Celote era ciertamente un proscrito, un guerrillero frente a los ocupantes romanos. Por su misma situación de fuera de la ley, Jesús sería condenado al martirio de la cruz.

La lista de los hermanos que hemos dado antes se amplía en el Apócrifo Etíope, pues se añaden a la nómina los nombres de Felipe, Bartolomé, Mateo, y Natanael. Cuatro nuevos nombres que, sumados a los siete anteriores, darían once. Así pues María, según ciertas tradiciones, habría tenido una docena de hijos, pues a los ya citados habría que añadir el misterioso Sidonio. Doce hijos, como el número de los apóstoles. Uno para cada signo del Zodíaco. O trece, si contamos a Teudas o Tadeo, al que algunos autores asociaban con Judas, y al que atribuían la decimotercera casa del Zodíaco primitivo: el *Ofiuco* o Serpentario.

Quizás la asociación a Judas, si nos referimos al Iscariote, no sea tan descabellada como pueda parecer a primera vista, pues el supuesto sobrino de Jesús, muerto el Maestro, parece ser que aspiraba a sucederle. Al no prosperar su maniobra, no se ahorcó como sostiene la tradición evangélica sino que se exilió adoptando el nombre de Teudas.

Los redactores de los Evangelios nos relatan con minuciosidad el asunto de la sucesión de Jesús, pero siempre refiriéndose a la jefatura de la Iglesia de Jerusalén. En ningún lugar mencionan la sucesión al trono de Israel, derechos que, muerto Jesús, debían haber recaído sobre alguno de sus hermanos. Solamente la denominación que se le da a Santiago, el «Justo» o el «Legítimo», podría alentar esta posibilidad. Es como si los redactores de los escritos sagrados se desinteresaran de pronto de la motivación principal de la vida de Jesús: su aspiración a ocupar el trono de Israel. Este «olvido» tan deliberado permite suponer que o bien se ignoraba que Magdalena hubiese tenido un hijo o bien que se estimaba mucho más interesante políticamente seguir la obra que estaba llevando a cabo Pablo para constituir una religión universal que daría consuelo a los oprimidos. Y para llevar a cabo esta estrategia política, evidentemente, Pablo sabía que debía obviar toda fricción con Roma.

¿Hijo de Jesús o Hijo del Hombre?

La posibilidad de que Jesús tuviera un heredero directo, que la tradición cristiana ignora, sí la recoge sin embargo la tradición esotérica. En el esoterismo cristiano, basado en las ancestrales tradiciones del Cordón Dorado, sólo se reconocen doce signos estelares. Con la muerte de Cristo, al inicio de la era de Piscis, Apolo-Lucifer no regresa de su peregrinación a Hiperbórea. El sol abandona la tierra. El conocimiento se oscurece. Cristo aparece ya sólo con su única faz de Hijo de Dios, pese a que él se proclame ambiguamente también Hijo del Hombre.

Pero los iniciados lo siguen reconociendo. Algunos esoteristas ven en el elusivo hijo de Jesús al mismo Hijo del Hombre, al que su padre alude con deliberada ambigüedad y, rechazando la alegoría de Teudas como el Ofiuco, ven en el hijo carnal de Jesús a la serpiente alada que surge de la obra alquímica, a la serpiente portadora de la gnosis, del conocimiento. Otros, como los cátaros, identifican a Jesús y a su misterioso hijo como al ser dual y lo simbolizan en la doble faz de Lucifer, el Portador de la Luz del Conocimiento: Abraxas.

En otras tradiciones, el *Grial*, es decir, la estirpe que Cristo ha dejado sobre la tierra, es un linaje divino y sus descendientes son los Hijos de la Viuda. Clodión, el melenudo rey de los francos, murió en el año 447. Después de su muerte, en 448, nacía su hijo póstumo, Meroveo, hijo de una viuda. E hijo de una viuda sería también Guillem de Gellone, personaje en el que confluyen la realeza merovingia y la realeza visigoda, las cuales se proclaman ambas portadoras de la sangre de Cristo. Parsifal, el infatigable buscador del Grial, también es hijo de una viuda. Lo mismo que Merlín, engendrado por Lucifer en una virgen que se había jurado a sí misma no amar a otro hombre más que a Cristo, por lo cual, no viendo más a su fugaz esposo de una noche, podría ser considerada viuda por partida doble, puesto que ya era viuda como esposa mística de Jesús.

En la mesa redonda del rey Arturo, el asiento duodécimo permanece vacío. Es el «asiento peligroso», que sólo podrá ser ocupado por el caballero que encuentre el Grial, es decir, que identifique o recupere a la perdida u olvidada estirpe de Jesús. En la tradición irlandesa, a Venus, la Estrella de la Mañana, se le da el nombre de *Tara*, lo mismo que al Grial. En la lengua occitana, la voz Grial no vendría del apócope *sangre real* («sang real» o «san greal») sino de *gradalis* o progresión por grados en una iniciación o ascesis. Una ascesis en la cual, sin embargo, estaba también presente el acercamiento al Grial como «sangre real» de Cristo para conseguir la «iluminación interior».

Muerto Jesús, asolado el mundo por la tiranía de Roma, la tierra está yerma y sólo los caballeros andantes imparten justicia. Anfortas está herido, mutilado en los genitales, anulado su poder generativo. Su única actividad es la pesca. Parsifal, «el loco puro», el Hijo de la Viuda, al encontrar el Grial en Montsegur deberá hallar la palabra justa, hacer la pregunta adecuada, pronunciar la palabra exacta, el *mantra* de la cábala johánica, órfica, para poder sentarse en al asiento número doce.

Los hermanos Boanerges

Ciñéndonos al ámbito evangélico, respecto al «discípulo bienamado», por ejemplo, no cabe identificarlo como Santiago, el llamado «Hermano del Señor», ni, por supuesto, con Simón Cefas o Simón Pedro, sino con Juan Boanerges, uno de los hijos del Zebedeo. ¿Por qué, sin embargo, el autor del cuarto evangelio no se identifica a sí mismo como el «discípulo bienamado»? Esta no es la única incógnita que el relato de Juan plantea. En realidad, en el relato de Juan hay diversos elementos que son decididamente sospechosos, especialmente los referidos a la presencia de las tres mujeres junto a la cruz.[2] Pero, simultáneamente, otros elementos del relato son claramente reveladores.

Años después de la muerte de Jesús, probablemente en el 43 o el 44, cuando Pablo visita Jerusalén, se entrevista con Pedro y con Santiago, «el Hermano del Señor», guía espiritual de la comunidad nazarena. En su segunda visita a Jerusalén, catorce años después de la primera, Pablo se reúne con un tercer apóstol: Juan Boanerges, el hijo del Zebedeo. Es curioso constatar como «el discípulo bienamado» no es el cabeza de la Iglesia de Jerusalén, cuya dirección se disputan Santiago y Pedro, y como muchos años después, Pablo se refiere a él como a «un tercer apóstol», es decir, como alguien cuya influencia no cuenta para nada. Sin duda, en este caso, Pablo pudo haber estado influido por el infundio que se hizo circular respecto a que la madre de Juan era sólo una sirvienta de Jesús, lo cual desacreditaba a su hijo como posible candidato a la sucesión apostólica del Maestro. En realidad, el infundio parte de los mismos Evangelios de Marcos y de Mateo, al hacer ambos un retrato hostil tanto de Santiago como de Juan, pintando a ambos como dos hombres ambiciosos, «sedientos de gloria y poder». Así cuando Mateo (20.20-4) relata que la esposa de Zebedeo fue a visitar a Jesús con sus dos hijos, para asegurarse de que ambos se sentarían junto al Señor, los restantes apóstoles «se enojaron mucho contra los dos hermanos».

Muerto Jesús sin descendencia aparente y desaparecida la Magdalena, es lógico que todos los hermanos de Jesús se sintieran legitimados para reclamar su sucesión al frente de la Iglesia de Jerusalén, pero la disputa se centró entre Santiago y Pedro, dejando siempre al margen a Juan, «el discípulo bienamado», lo mismo que a los demás hermanos, todos los cuales, empero, también eran, por su madre, descendientes o «hijos de David». Jesús, sin embargo, según el contexto de los relatos evangélicos, no parece sentir especial predilección por Pedro. Es más, son solamente Pedro y Juan quienes primero ven la tumba vacía, después de que Cristo se haya aparecido a Magdalena para pedirle que vaya a buscar a sus hermanos. Unos días después, cuando Jesús se aparece a todos los discípulos, que están pescando en el mar de Tiberíades, se produce una cierta pugna entre Pedro y Juan respecto a cuál de ellos es el preferido del Señor. Jesús le pregunta a Pedro por tres veces si le ama más que nadie y ante la reiterada respuesta afirmativa, Jesús le responde que cuide de sus ovejas. Pedro, a continuación, viendo a «aquel discípulo tan amado, que se había recostado en el pecho del Maestro» durante la última cena, le pregunta si Juan no ha de morir. «Si yo deseo que él viva –le responde Jesús– hasta que yo vuelva, ¿qué se te da a ti?»

Esta respuesta de Jesús, pese a su oscuridad, no deja de ser clara respecto a cuál es su hermano preferido. Sin embargo, en los tres primeros evangelios, la interpretación de las palabras de Jesús se decanta a favor de Pedro, pues Jesús dice que sobre su roca asentará su Iglesia.

El Hermano del Señor

Lo curioso, sin embargo, es que Jesús fije parte de sus preferencias en un discípulo que no es descendiente de David, como es el caso de Simón Pedro. Muerto Jesús, no obstante, la pugna por la sucesión se abre entre Pedro y Santiago, «el Hermano del Señor», quedando en principio Juan completamente marginado. Santiago, en realidad, era también príncipe de sangre, lo mismo que Jesús, y es esta condición la que él reivindica. La primitiva tradición cristiana llama a Santiago *Iakobos Iostos*, es decir, Jacobo el Justo según la traducción literal. Pero en las lenguas semíticas, el concepto que expresa justicia expresa asimismo la idea de *legitimidad*, o sea la circunstancia de detentar derecho legítimo a una sucesión.

Legítima era pues la aspiración de Santiago, puesto que él, junto con su hermano mayor Jesús, era quien mayores derechos sucesorios tenían. Pero estos derechos al trono es lógico que los tuvieran también los demás hermanos de Jesús, y también Judas, pues es él del único que se sabe a ciencia cierta que llegó a tener hijos y nietos. Sin embargo, a la muerte de Santiago, en el año 62, quedan excluidos de la sucesión el hijo de Judas y sus nietos, mientras recae el derecho en Simeón, hijo de María la de Cleofás, es decir, en el hijo de la hermana de María, y primo por lo tanto de Santiago. Los descendientes de Simeón siguieron detentando el cargo de «Obispo de Jerusalén» hasta que en el año 132 el emperador Adriano ordenó la expulsión de todo los nazarenos y judíos de Jerusalén. Resulta curiosa la ruptura de la línea básica dinástica para pasar a otra colateral.

Los Hijos del Trueno

En cuanto a los elusivos hijos del Zebedeo o hermanos Boanerges, la primera referencia nos la da Marcos (3.17): «Y a Jacobo, hijo de Zebedeo, y a Juan, hermano de Jacobo, Jesús los apellidó Boanerges, que significa hijos del trueno». Por su parte el médico Lucas, discípulo de Pablo, quien lo mismo que su maestro no conoció personalmente a Jesús, confunde a María la madre con María Magdalena y atribuye a ésta el haber engendrado siete demonios. Dice Lucas (8.2): «María, que se llamaba Magdalena, de la cual habían salido siete demonios».

Juan, hermano de Jesús y por lo tanto testigo directo pese a su juventud de todos los acontecimientos, nos habla también en el Apocalipsis (10.3-4) de las voces que hablan por la boca del ángel descendido del cielo: «Y clamó con voz recia, como cuando un león ruge, y cuando hubo clamado siete truenos dejaron oír sus voces. Y cuando los siete truenos hubieron hablado sus voces, yo iba a escribir y oí una voz del cielo que me decía: "Sella las cosas que los siete truenos han hablado y no las escribas"».

La transliteración griega de Boanerges significa «hijos del trueno» y corresponde a la voz aramea *Bnay Rgas*.[3] Marcos entiende esta expresión como un apodo y es éste el sentido que da a las palabras de Jesús, sentido que luego él mismo reafirma pintando a Santiago y a Juan como hombres de carácter recio. La explicación más plausible, sin embargo, es que tanto Juan como Santiago fueran llamados en realidad Bnay Rgas y no hijos del Zebedeo, en alusión a su padre o bien a su lugar de nacimiento. En la provincia de Hijaz, no obstante, hay un villorrio que en lengua aramea se llamaba *Zbida* y hoy se llama Zubaydah, el cual está situado cerca de Wadi Jalil, zona de Taif en la que asimismo hay varios poblados llamados *Nagara* o «Carpintero».

Lo curioso es que María, o cómo quiera que se llamara la madre real de Jesús, supuesta virgen, al engendrar a los «siete hijos del trueno» no pierde su excelsa condición virginal ni la pierde tampoco al alumbrar a cada uno de los seis niños más que, según una lectura atenta de los Evangelios, fueron realmente los hermanos varones de Jesús. Esta cuestión de los restantes hijos de María es deliberadamente confusa partiendo sólo de la fuente sinóptica, pues se trata el asunto con la mayor ambigüedad posible, lo cual hace que a veces se llegue a situaciones, más que ridículas, verdaderamente esquizofrénicas. Por ejemplo, cuando Jesús, que cuenta ya treinta años de edad, y de acuerdo con la cronología que dan las Escrituras, nace de una madre «virgen». Aquí, desde luego, no se trata de que los símbolos se superpongan sino de una verdadera confusión, deliberada o no, de los mismos.

Resulta igualmente curioso que Jesús, según las palabras que los evangelistas ponen en su boca, jamás se refiere a alguno de sus hermanos dándole la condición de hermanastro, por lo cual es lícito deducir que Jesús, Tomás, Santiago, José, Judas, Simón y Juan fueran todos hijos del mismo padre, en cuyo caso, habiendo tanta diferencia de edad entre el primogénito y el joven Juan, habría que tener en cuenta la tesis de algunos especialistas que pretenden que Jesús no murió en la cruz a los treinta y tres años, sino cumplidos ya los cincuenta. De cualquier modo, si además de siete hijos varones María hubiese tenido también alguna hija, como sugieren determinados pasajes de los Evangelios, cabe también suponer que serían dos de estas hijas, otras dos Marías o princesas, las que acompañarían a María de Magdala al exilio occitano, pues la madre real de Jesús murió en Patmos y María Salomé murió en Roma. Con siete o más hijos, por lo tanto, y teniendo sólo noticia de una Anunciación del ángel a María, convendría descartar la patraña de la virginidad perpetua de la madre de Jesús.

El nacimiento de Jesús

Prescindiendo de las consideraciones que merezca el matrimonio de María con José, urdido plausiblemente por los primeros copistas para justificar la mala traducción del apellido «Hijo del Carpintero» aplicado a Jesús, lo que sí es importante es considerar la virginidad de María más en su aspecto esotérico que en su aspecto teológico. Como ya dijimos, los dioses antiguos, y más especialmente los solares, necesariamente debían nacer de una virgen. Los orígenes de esta necesidad habría que buscarlos, tal vez, en el peso de los arquetipos, en la necesidad que tenía el hombre de justificarse ante sí mismo por el despojo que había hecho a las mujeres arrebatándoles la supremacía que implicaba la desaparecida sociedad matriarcal.

En todas las mitologías mediterráneas aparecen heroínas que en su época ejercían todo el poder religioso y político. Siempre aparece en estas sociedades primitivas una diosa madre que se pretende descendiente de la diosa luna. Atenea, antes de renacer de la cabeza de Zeus, era la diosa luna del amor y de la guerra, la «gran madre» sabia y amorosa que protegía a los hombres.

Cuando al fin el cristianismo sustituyó a la religión olímpica, sus cinco diosas principales fueron destronadas y un sacerdocio cristiano y célibe asumió el control de toda moralidad pública. Su dios, tomado prestado de los judíos, aún es adorado como un monarca oriental del primer milenio a. de C., cuyos cortesanos se pasaban el tiempo alabando sus poderes irresistibles. De él aprendieron a tratar a las mujeres como seres inferiores e irracionales, o sea como sus esclavas innatas. Fue este dios, originalmente babilónico, el que (según Isaías, 27.1) mató a la todopoderosa Tiamet, diosa del mar y de la luna. Desde entonces toda forma de magia femenina ha sido denunciada como blasfema por los sacerdotes y misioneros cristianos.[4]

Pese a esta mentalidad del sacerdocio cristiano que denuncia Robert Graves, lo cierto es que en la memoria arquetípica del europeo se conservaba la necesidad de contar con la protección de una diosa madre, de una intercesora ante el Más Alto, a la cual podía recurrir directamente el hombre puesto que había sido ella el instrumento que había hecho posible que su Hijo naciera de una madre virginal. El culto a la Virgen María, pues, vino a colmar un vacío, a satisfacer la necesidad del creyente de adorar a una genuina Reina de los Cielos.

El hecho de que la virgen que engendra simbólicamente a Jesús no sea su madre real sino la niña María de Magdala, y que el Angel de la Anunciación no sea otro que el mismo profeta Juan el Bautista, no impide para nada que el creyente se sienta mucho más atraído hacia la Madre que hacia el Hijo, pues las torturas y padecimientos de éste hacen que el hombre que busca consuelo se dirija instintivamente hacia la madre –toda ella serenidad y dulzura materna– y rechace subsconcientemente asociar sus padecimientos a los del Hijo.

Resulta curioso, sin embargo, que Jesús, como hombre, no busque jamás el consuelo de su madre y que, en cambio, manifieste hacia ella ciertos sentimientos hostiles. En el momento de la agonía en la cruz, incluso, reclama consuelo a su padre en los cielos y no a su madre. Por la lectura de los Evangelios se deduce en efecto que las relaciones de Jesús con María no eran todo lo fluidas que cabe esperar entre una madre y su hijo. Jesús acostumbra a mostrar cierto desdén hacia ella, lo cual, al menos en una primera lectura, da a entender que María no cree en la misión de su hijo. Juan, dando por sentado este hecho, añade que «ni siquiera sus propios hermanos creían en él». También es posible que la diferencia psicológica que marca Jung respecto al hombre y a la mujer fuera en ellos más acusada, que el *animus* masculino de Jesús, la «comprensión irracional» de Jesús, entrase en conflicto con el «sentimiento irracional» del *anima* femenina de María.

Al margen de que esta división psicológica haya determinado secularmente las dudas de la Iglesia respecto a que si la mujer tenía alma o no, según la tradición cristiana, María, una jovencita de quince o dieciséis años, embarazada de Jesús (y tal vez también de Tomás, si hemos de creer que el Dídimo era realmente gemelo de Jesús), sin que José (que todavía no se había casado con ella) supiera nada, viaja de Galilea a Judea para visitar a su prima Isabel, quien pese a su edad avanzada está embarazada del Bautista.

Contrariamente a la tradición eclesiástica y de acuerdo con el significado de los símbolos, María es en realidad Magdalena, la niña núbil que teje el manto real que debe revestir Jesús al ser ungido rey de Israel. Magdalena es la «virgen» de cuyas faldas «nace» de nuevo Jesús después de que su primo el Bautista lo haya ahogado simbólicamente en el Jordán. La joven Magdalena seguirá a Jesús durante toda la vida pública de éste, se casará con él en las bodas de Caná y asistirá, de lejos, a la crucifixión del Esposo. Cuando Jesús resucita de entre los muertos, su primera aparición es para Magdalena, su joven esposa embarazada. Jesús se ha sacrificado inútilmente por una causa –por una causa en la que sus hermanos no creían, sobre todo después de que él hubiera dilapidado en ella todo el patrimonio familiar– y ahora debe desaparecer. Será el hijo de ambos, el que espera Magdalena –tal vez ese «Hijo del Hombre» a que alude a veces Jesús–, el que un día deberá seguir sus pasos y continuar la misión redentora iniciada por su padre.

Para la ortodoxia cristiana, prescindiendo de toda significación simbólica, como sabemos, el desarrollo de la vida y de la pasión de Jesús es muy distinto. Para la heterodoxia, el significado también es muy distinto. Así, para Robert Ambelain, *gabriel* en hebreo significa «héroe de Dios». Partiendo de esta interpretación, a Ambelain no le resulta difícil demostrar que por aquellas fechas, en plena revolución del Censo, su líder Judas de Gamala fuera considerado por el pueblo judío como un verdadero «héroe de Dios».

Ambelain, dando por sentada la existencia real de María, da también por sentado que su embarazo sólo podía haber sido causado por Judas de Gamala. Este fruto del «héroe» explicaría también la «turbación de Herodes» al enterarse de que acababa de nacer Jesús, circunstancia que era tanto más irritante ya que su enemigo no sólo dejaba un vástago sino que este hijo era también el heredero legítimo del trono que él ocupaba. Pero la pretendida matanza de los inocentes no se sostiene históricamente, lo mismo que no se sostienen tampoco las fechas canónicas que da la Iglesia, pues, al nacimiento de Jesús, Herodes el Grande hacía por lo menos cuatro años que había muerto y era Arquelao, uno de sus hijos, el que entonces gobernaba Judea. A no ser, por supuesto, que el Concilio de Trento tuviera razón, que Jesús hubiese nacido antes de la muerte de Herodes el Grande, pero en tal caso habría cumplido los cincuenta años cuando fue clavado en la cruz.

Si es incierto pues el año del nacimiento de Jesús, más incierto es aún el día en que lo hizo, pues esta fecha se estimó, parece ser, basándose en los cálculos de san Hipólito, quien consideró que puesto que «el Arca de la Alianza medía cinco codos y medio, Cristo, nueva arca de la alianza, habría nacido en el año 5500 del mundo». Teniendo en cuenta que el codo correspondía a mil años, en base a los mismos cálculos «murió el 25 de marzo del año 29 y habría sido concebido treinta y tres años antes». Por lo tanto, en relación al año trópico, Jesús sólo pudo «nacer nueve meses más tarde, o sea, el 25 de diciembre».[5]

Estos cálculos, desde luego, y pese a la santidad de su autor, no resultaron demasiado convincentes ni siquiera para la Iglesia primitiva, pues el nacimiento del Señor se celebró de forma cambiante en fechas comprendidas entre el solsticio de invierno y el equinoccio de primavera hasta que en el siglo IV la Iglesia, viendo la popularidad de que gozaba el culto de Mitra, se apropió del mito del *Sol Invictus* para situar el nacimiento de Jesús el 25 de diciembre, aunque, eso sí, cambiando púdicamente el lema pagano por el de *Luz Nueva*.

Sol Invictus

El lema del «Sol Invencible» aparece históricamente en el año 312, cuando Constantino, gracias a su enseña del «Sol Invictus» derrota a Majencio en la batalla del Puente Milvius. La tradición afirma que el signo que le reveló su visión era la cruz de Cristo: *In hoc signo vincis*. Pero resulta difícil admitir este signo como cierto cuando Constantino, que entonces era pagano, tuvo su visión en un templo de Apolo, es decir, en un santuario consagrado al Sol. Durante el paganismo, el culto al Sol, íntimamente mezclado con el de Mitra, allanaba el camino al monoteísmo cristiano. Tanto es así que el día del Sol era sagrado, de descanso obligado, y en el año 321 el propio Constantino oficializa mediante un decreto la festividad del «venerable día del Sol». El recuerdo de este culto al Sol todavía se mantiene en algunas lenguas modernas, en el inglés, por ejemplo, donde el domingo, en lugar de ser nuestro «Día del Señor», sigue siendo el Sunday, es decir, el «Día del Sol».

Hasta la promulgación del edicto de Constantino, «el cristianismo había conservado el sábado de los judíos como día sagrado. A partir de entonces, de acuerdo con el edicto de Constantino, el día sagrado pasó a ser el domingo. De este modo no sólo se armonizaba con el régimen existente sino que, además, podía disociarse un poco más de sus orígenes judaicos. Por otra parte, hasta el siglo IV, el cumpleaños de Jesús se celebraba el 6 de enero. Sin embargo, para el culto al Sol Invictus, el día crucial del año era el 25 de diciembre, la festividad del Natalis Invictus, el nacimiento (o renacimiento) del Sol, fecha en que los días empiezan a alargarse. También a este respecto el cristianismo se alineó con el régimen y con la religión oficial del Estado».[6]

Que el nacimiento de Jesús coincida con el *natalis solis* del paganismo no es mera coincidencia, pues no en balde en sus orígenes el culto de Cristo era eminentemente solar. Como tampoco es coincidencia que las fiestas cristianas que siguen al nacimiento del sol coincidan también con las paganas. Así, el día primero de año, día en que los cristianos se desean venturas, en la pagana Roma se celebraban las fiestas de la diosa Strenia y parientes y amigos se regalaban ramos de sabina en recuerdo precisamente de la feliz intervención que tuvo la región de Sabina en la fundación de Roma. En la Francia de hoy, nuestro popular aguinaldo de Navidad se ofrece el día de Año Nuevo y a esta fiesta se le llama las *étrennes*, palabra cuyo origen, más que en «estrenar», habría que buscarlo en la diosa Strenia. En la Galia céltica, los druidas se felicitaban el año nuevo no regalando ramos de sabina sino ramos del muérdago de los robles, su árbol sagrado. En francés arcaico la palabra de felicitación era *guilaneu*, contracción de *au gui l'an neuf*, «muérdago para año nuevo».

La fiesta de la Epifanía, el 6 de enero, la celebraban también los galos célticos cociendo en las casas un pan dulce en forma de corona y, dentro, oculta, se ponía una haba. Durante la fiesta, el cabeza de familia oficiaba de rey hasta que el feliz comensal que hallaba la haba le sustituía en su función real durante el resto de la jornada y, por lo tanto, podía cubrir su cabeza con la larga melena postiza que se guardaba para estas ocasiones: un símbolo que recuerda de nuevo a Meroveo, el primero de los «Reyes Melenudos». Esta fiesta, muy arraigada en Occitania, pues no en balde allí se conservaba vivo el recuerdo del también melenudo Alarico, pasó no sólo a las costumbres cristianas populares sino también al culto, pues, además de celebrar en tal fecha la visita de los reyes magos al niño Jesús, el sacerdote que oficiaba el día de la Epifanía asumía el papel de «rey de reyes» para recibir la adoración de los tres canónicos que figuraban a los tres reyes magos. Ni que decir tiene que ni el oficiante ni los canónicos lucían larga cabellera, sino, todo lo contrario, el cráneo bien tonsurado.

En su origen, la fiesta popular no era sólo un homenaje al Rey de Reyes sino también, una celebración en honor del Rey de los Astros. La palabra «epifanía», procedente del griego, se forma con las voces *epi* (seguro, firme) y *fainnein* (brilla, luce). Naturalmente, la palabra alude a la estrella que guió a los tres reyes hasta Belén para llevarle sus presentes al niño y, al mismo tiempo, alude a la manifestación de Jesús a los gentiles, conducido por el carro del sol hasta el otro extremo del Mediterráneo. En las fiestas familiares occitanas, el roscón se cortaba en tantas partes como invitados había en el festín. Ponían al hijo menor debajo de la mesa, dándole el título de Febo, y el cabeza de familia, el rey por el momento, preguntaba al niño a quién debía dar el siguiente pedazo. El niño, suerte de oráculo de Apolo, iba diciendo un nombre cada vez, al azar, hasta que aparecía el haba que señalaba al nuevo rey de la fiesta.

El hijo del Sol

En las leyendas medievales europeas el mito tiene tanta fuerza como en la Grecia o en la Roma clásica. Uno de los mitos más estrechamente ligados al Grial es el de Lohengrin o Helías, hijo de Parsifal. Según las leyendas occitanas, el hijo de Parsifal, que utiliza también el nombre del Sol, tuvo amores con la condesa de

Brabante. De esta unión nacería un hijo que no conocería a su padre. En cierta manera, otro Hijo de la Viuda, pues Lohengrin se embarca en su esquife arrastrado por cisnes ya que su esposa ha violado la palabra dada: le ha preguntado el nombre de sus antepasados, que Lohengrin o Helías se niega a revelar.

Y aquí la leyenda entra en la crónica histórica, pues este hijo solar de incierta procedencia (aunque su paternidad realmente cabría atribuírsela a Hugues de Plantard) sería el abuelo de Godofredo de Bouillon: el abanderado de la Primera Cruzada y efímero Rey de Jerusalén.

Descendiente directo de «la familia del Grial», duque de Lorena, rey de Jerusalén tras arrebatarles la ciudad sagrada y el Santo Sepulcro a los sarracenos, Godofredo funda la Orden de Sión en 1099, un año antes de su muerte. Si es cierto que Godofredo fuera verdaderamente hijo de Hugues de Plantard, sería entonces descendiente directo de *les rois perdus* merovingios y por sus venas correría la sangre de Dagoberto y, en consecuencia, era un rey legítimo. Pero ¿a qué reino podía aspirar? En Francia, con el patrocinio de la Iglesia, los Capetos estaban ya bien arraigados. Para los reyes franceses, la Occitania era sólo el Languedoc, cuya habla se distinguía de la de los francos del otro lado del Loira, y lo consideraban como un territorio apetecible y fácilmente anexionable ya que nunca tuvo entidad propia como reino. El Ardèche, que se extendía desde los Pirineos Centrales hasta Ginebra y Sión, en Suiza, con la partición de la familia Ard en dos ramas (la Plantard francesa y los Plantagenet en Inglaterra), se diluía también como un territorio más de la Francia naciente, sobre todo después de la desaparición del núcleo central de la Septimania, efímero reino celta-judío-árabe, en cuya denominación resuenan los ecos del número siete, el mismo número que el de los «Hijos del Trueno».

Arios o hebreos en Occitania

Según la tradición, la duodécima tribu de Israel, la de Benjamín, fue diezmada por las restantes once tribus a causa de una violación, de un absurdo «delito de sangre». Para algunos autores, la tribu masacrada no sería la de los benjaminitas sino la de los habirus o hebreos, y en cuya denominación original creen ver el origen de la palabra *ario*. Estas mismas tradiciones añaden que los miembros de esta tribu que consiguieron huir de la masacre se asentaron en Occidente, es decir, en Occitania. Ello ocurriría un milenio antes de que legiones romanas se enfrentaran a los galos, es decir, a los habitantes de la Galia, país en cuya denominación podría rastrearse la voz Galilea, o sea el de las tierras árabes de donde procedería Jesús. De cualquier modo, fue a las Galias, y más específicamente a Occitania, adonde se dirigieron María Magdalena y las otras dos Marías al escapar de Palestina tras la muerte de Jesús, con la seguridad, sin duda, de que en estas tierras iban a ser bien acogidas ya que estos pagos habían sido la tierra de promisión para importantes núcleos nazarenos y galileos que, desde mil años antes, se habían visto obligados a emigrar de sus tierras de origen.

Antes de que César invadiera las Galias, la Occitania se extendía hasta la céltica cisalpina, cuya capital, *Medio Lanon* o «Centro», es actualmente Milán. César, en su «Guerra de las Galias», define al tipo céltico o druida como un hombre de piel blanca, alto, rubio y de ojos claros. Cerca de Milán, la capital de los visigodos, Verona, fue fundada por el legendario Dietrich von Bern (que da su nombre a la ciudad), donde también se encuentra el tipo rubio y de ojos claros. En la parte occidental de Suiza, donde se da asimismo el mismo modelo ario en los habitantes, junto a Sión, capital durante un cierto período del Ardèche, se halla Ginebra, ciudad que lleva el mismo patronímico que el del hada de la saga de Merlín y cuyo nombre significa «Dama Blanca», el mismo que se daba a la Gleisa cátara, y título que se dio también a Esclermonda de Foix, la dama cátara que según la tradición se salvó del genocidio cristiano al transformarse en paloma. Según la leyenda, Esclermonda, cuando en la noche se enciende la hoguera en la cumbre del Bidorta anunciando que los cuatro caballeros han conseguido poner a salvo el Grial, antes de que a la mañana siguiente entren los cruzados cristianos en Montsegur, vuela por encima de los Pirineos hasta alcanzar el santuario aragonés de San Juan de la Peña (¡de nuevo la Piedra, camino de Stonehenge), donde esperará la llegada de los caballeros que deben traer la *Patera*.

Aunque a los albigenses se les llamaba también *patarines* (de *patera*, vasija, grial), es más conocido su nombre de cátaros, en cuya palabra entra también la radical *ar*. El prefijo *ar* lo encontramos en multitud de voces que tienen relación con todos los territorios y pueblos por donde se extendió el cristianismo primitivo, corriente que tuvo que coexistir, enmascarándose la mayor parte del tiempo, con el cristianismo paulino o romano triunfante. *Ar* era la primera sílaba del nombre del río de Verona, antes de que con el tiempo se convirtiera en Adigio. El Ariège era también el nombre del río y del condado de Esclermonda de Foix. La región de Aragón incorpora la misma radical, lo mismo que el río que da nombre al territorio. Es más, esta palabra que se descompone en dos partes, corresponde la segunda exactamente al «agón», variante del agote. La misma radical encontramos en Arán, ¡valle que es el único territorio europeo donde actualmente se sigue hablando el occitano! La planta de la retama se llamaba en lengua de oc *ar* o *ard*, la cual dio origen al nombre de los primitivos condes del Ardèche y luego a sus sucesores los Plantard. Al ser invadida Bretaña por los vikingos e instalarse una de las ramas de la familia Plantard en Inglaterra, adopta el nombre de Plantagenet y en pocas décadas se hace con el trono. Es curioso que renuncie a su patronímico occitano de *Ard* para adoptar el nombre en *oil* de la retama: *genet*, flor que fue el símbolo de las primeras monarquías francesas hasta que los Capetos decidieron sustituirlo por el lis o el lirio, antiguo emblema a su vez de la monarquía judía.

La concha del peregrino

En Occitania, hasta el fin del primer milenio, había dos cristianismos superpuestos, el de Roma y el nazareno o de la Vía Árabe. El mismo fenómeno se advierte en la España Secreta de la época, donde arrianos y cristianos pugnan por hacerse un lugar al sol. El fenómeno se patentiza también en las primitivas peregrinaciones cristianas a Compostela o Campo de la Estrella, donde el peregrino acude portando la concha, símbolo estilizado del tridente de Poseidón. Así como para el peregrino cristiano Santiago es solamente la basílica donde reposan los restos del apóstol, para los nazarenos era un centro neurálgico. Y era también la meta de los «Peregrinos del Alba», en clara alusión a la Estrella de la Mañana. Es la peregrinación a los orígenes, el «Eterno Retorno». La fiesta de los toros se inicia en Occitania y no en Andalucía y el mayor esplendor de los festejos se produce durante las peregrinaciones. En el culto de Mitra se daba muerte al toro para que el iniciado alcanzase la «divinación solar».

En las peregrinaciones se celebraban también representaciones teatrales, cuyo iniciador, según la tradición, fue Prisciliano. Este teatro itinerante vigente hasta la desaparición de los cátaros, después de sus representaciones en el Languedoc, cruzaba los Pirineos y por los caminos jacobeos seguía hasta Santiago para, desde allí, embarcarse rumbo a Inglaterra, la antigua Albión, pues era en la misteriosa Stonehenge donde en realidad terminaba la peregrinación iniciática:

> En relación con la leyenda de Compostela y su iniciación, creemos de interés referirnos a una significativa anotación de Ezra Pound que se hace, como al pasar, en su estudio *The spirit of romance*. Al referirse a Shakespeare agrega, entre paréntesis, *Jacques-père*. Es decir, «Padre Jacques». Jacques es Santiago y Jacques fue el nombre comunitario, o de una comunidad iniciática, de constructores de la Piedra, de alquimistas transformadores de la materia, el nombre de la Orden de Peregrinos iniciados en Compostela. Shakespeare sería entonces un nombre simbólico, genérico, indicando la clave que hay que buscar en los dramas shakespearianos y en la antigua Albión de Stonehenge, punto fundamental de la Peregrinación a Compostela que, místicamente, terminaría en los hielos hiperbóreos y en la desaparecida Tule.[7]

Las *troupes* que seguían la tradición teatral iniciada por san Prisciliano, en efecto, se llamaban a sí mismas *pères-jacques*, pero buscar en esta denominación el origen de Shakespeare mediante sólo invertir el orden de las palabras (*jacques-père*, que fonéticamente suena igual), resulta algo aventurada, aunque quiera avalarse mediante la dudosa autoridad de Ezra Pound, incluso aunque se considere al teatro de Shakespeare como la obra de un colectivo. Un punto que abonaría esta hipótesis, sin embargo, es que según la leyenda los druidas llegaron a Irlanda a través de España. Lo que sí debemos reconocer es que las representaciones de los *pères-jacques* poseían gran dramatismo. Prueba de ello era la pieza más celebrada, la llamada «Misa del Toro», fiesta pagana donde el público comulgaba al final con la carne del Toro Flámigero y bebía su sangre. Esta representación teatral dio origen a la tradicional fiesta taurina que se celebraba en Medinaceli.

Lo que parece evidente es que la peregrinación a *Compost* es muy anterior al cristianismo y a la leyenda que hizo a Santiago el Mayor ser enterrado allí. Según Charpentier, Compost significaría «Maestro de la Estrella» y, según Unamuno, «no era Santiago el muerto enterrado en Compostela». La peregrinación, incluso, sería anterior a los celtas y a los iberos, a quienes dirigían los magos druidas. La peregrinación es posible que la iniciaron los pelasgos, «los pueblos del mar», arribados a Massilia o Marsella camino de la legendaria Tule en el lejano Norte. Pero los legendarios navegantes del Mediterráneo, introductores de la cultura del bronce gracias a su descubrimiento del estaño en Irlanda, desaparecerían junto con la cultura a la que dieron nacimiento al ser reemplazada ésta por la del hierro: todo un paso atrás en la evolución del hombre.

El animal emblemático del Lejano Polo era el oso blanco, el animal totémico del rey Arturo (de nuevo *Ar*) y del príncipe Ursus. En los Pirineos, donde también había osos, se refugiaron los agotes, el pueblo maldito al que se le acusaba del delito infamante de haber construido la cruz de Cristo. Esta palabra española es hermana de *cagot*, la denominación que se daba a estas gentes al otro lado de los Pirineos. La palabra podría derivar de la conjunción de las voces cátaro y godo. Los cátaros sin duda eran visigodos y al ser exterminados buscarían refugio en las cercanas montañas pirenaicas. Si los nazis señalaban a los judíos con la estrella amarilla, los cruzados del De Monfort obligaron a los supervivientes cátaros a llevar el emblema de una pata de oca, amarilla también, cosida en el brazo. Pero este signo infamante de la pata de oca no tendría aparentemente ningún sentido pese a la acusación peregrina de ser los cagots o agotes los constructores de la cruz donde los romanos clavaron a Cristo. Pero sí tiene sentido si vemos en la pata palmeada de la oca la misma estilación que en la concha del peregrino a Santiago, es decir, el dibujo del tridente de Poseidón.

Y tiene sentido también si la pata de oca la asociamos a la cojera, al caminar dificultoso. Lucifer tiene el pie caprino, hendido, y no camina bien. El «mal de pie» lo padecieron Vulcano, Mani, Edipo, Aquiles, Merlín, todos ellos «amados de los dioses». La reina Berta, madre de Carlomagno, según la tradición tenía también los pies palmeados. Y el mismo defecto se le atribuye a la reina de Saba. Y el sentido se amplía si consideramos que en la imagen de los cojos legendarios figura siempre el perro, quien les indica el camino. Los godos eran a su vez los «perros de Dios». Los peregrinos de Santiago en su caminar nocturno se guían también por la constelación del Can Mayor, al final de la Vía Láctea.

5. Los misterios de Betania

El Cristo árabe

Según una antigua tradición, el Jesús que aparece en el Corán era descendiente de la María hija de Imran, es decir, descendiente de Moisés y de Aarón, todos ellos de la tribu de Leví. Tras esta confusión inicial, que parte de tomar a la profetisa Miriam por la hija de Imran, el Corán atribuye a María la condición de saducea, es decir, como perteneciente a la secta helenística que floreció en Palestina hasta la destrucción del Templo de Jerusalén por los romanos, en el año 70 de nuestra era. Siempre según la tradición árabe, antes de que María naciera sus padres ya la habían destinado al servicio de Dios, pues ella «había sido elegida entre todas las mujeres». Como saducea, María obviamente negaba la inmortalidad del alma, la resurrección de la carne y la existencia de seres angélicos. Bendecida con el don de la adivinación, María, apenas una niña, entró al servicio del Templo como despensera del sacerdote Zacarías (que en esta tradición se identifica erróneamente también como el padre de Juan el Bautista).

Un día se le apareció a María el espíritu de Dios, en forma de hombre, y le dijo que, pese a ser aún virgen, concebiría un hijo que sería llamado Issa. El «espíritu» de Dios entró en ella y poco después los «ángeles» (seres opuestos a sus creencias) le anuncian que ya ha concebido, pese a su virginidad, pues la profética *kalimah* o «palabra» o «Verbo» de Dios es más poderoso que una frágil membrana femenina. María da nacimiento a su hijo en un «lugar lejano», sola, recostada contra una palmera, y alimentándose durante unos días con los dátiles que caen a su alrededor.

A causa de haber dado vida a este Jesús (llamado Issa por los árabes), nos dice el Corán, los judíos hablan mal de su madre «porque dio nacimiento a un niño sin estar casada». Cuando María vuelve con su familia, sus padres tampoco la reciben con alborozo, pero pronto cambia la actitud de los abuelos cuando el bebé, hablando perfectamente, les explica que no es un niño ordinario, sino que es hijo de Dios y que le ha sido confiada una misión muy especial. A partir de esta declaración, siempre según el Corán, Issa y su madre son considerados como «dos dioses».

Evidentemente, esta versión de la vida de Jesús que recoge el Corán no es pura invención sino que debió producirse por el contacto con las tradiciones de los cristianos de Arabia, los *nasara* o «nazarenos», es decir una forma de precristianismo aparecido siglos antes del nacimiento de Cristo, y que se mantuvo vivo en sus tierras de origen hasta el advenimiento del Islam. Del mismo modo, estas tradiciones se habrían conservado vivas entre los nazarenos emigrados a las Galias, y los árabes, al entrar en Occitania, las reconocerían.

Contrariamente a lo establecido por la Iglesia, en estas tradiciones árabes Issa Ibn Maryam no murió en la cruz y el Corán reprocha a los cristianos que afirmen que Jesús fue crucificado. Esta pugna entre una y otra tradición, sin embargo, es un *quid pro quo* ya que los Evangelios y el Corán, hablando de Jesús, parecen referirse a dos personajes distintos.

El Issa árabe parece corresponder a un personaje que vivió unos cuatro siglos antes de Cristo, en tiempos del profeta Zacarías (época histórica que bíblicamente está muy mal documentada), y el cual efectivamente descendía de la estirpe de Leví y, por lo tanto, no tiene nada que ver con Jesús Bar Nagara, de la estirpe de Judá, muerto allá por el año 30 de nuestra era.

Jesús, Issa, Al Issa

Los comentaristas cristianos tienden a ver al Cristo árabe como al personaje central de una versión corrompida de los Evangelios. Pero si esta hipótesis fuera válida, es decir, si los árabes hubieran realmente partido de los evangelios, canónicos o apócrifos, para establecer su peculiar versión de Jesús, se referirían a sus seguidores llamándoles cristianos, nombre con el que se conocieron los seguidores de Jesús a partir de la denominación que les impuso Pablo. Pero, curiosamente, el Corán se refiere siempre a los cristianos llamándoles *nasara* o «nazarenos», lo cual implica que el concepto procede de una tradición muy anterior, y nunca lo hacen llamándolos *masihiyyum* o «cristianos». Es más, en la tradición árabe Cristo no es llamado *Yasu*, como sería la transcripción correcta de Jesús, sino *Issa*.

El Corán alude al padre de Issa y lo llama José, pero sin mencionar su oficio. La madre de Issa a su vez es llamada María. Habla también el Corán de los hermanos y hermanas de Issa, pero nunca los cita por sus nombres. Habla también de la misión divina de Issa y, al referirse a su pasión, afirma que los judíos no lo crucificaron.

En las primitivas traducciones griegas de los Evangelios y del Corán, a Jesús y a Issa se les da el mismo nombre: *Iesous*. Pero ¿corresponde este nombre al mismo personaje?

En los aspectos teológicos, el Corán se refiere a Issa como a la *kalimah* de Dios, es decir, como al *logos* griego o al *verbo* cristiano, como a la *palabra* de Dios. Issa a su vez posee el «espíritu de santidad», lo que viene a su vez a significar que es un Espíritu Santo, pues no era el resultado de una procreación humana ordinaria y había nacido *puro*. Issa era un ser milagroso en sí mismo y, por lo tanto, tenía la facultad de hacer *milagros*. Poseía también el don de la *adivinación*. Para la teología árabe, los conceptos milagro y adivinación no tienen el mismo significado que para nosotros, pues para ellos su significación es mucho más sobrenatural ya que ambos conceptos son equivalentes al *signo*, al *estigma* con el cual Dios marca a algunos hombres elegidos.

Según el Corán, Issa confirmó los contenidos de la Torah de Moisés, pero solamente a los israelitas, no a los judíos. Los seguidores de Issa se distinguían de los otros judíos por vestir siempre de blanco (¡lo mismo que los cátaros o *puros*!). Los esenios vestían también de blanco, lo mismo que los sacerdotes de los nazarenos. Issa, humano y mortal, era considerado por algunos, erróneamente, como Dios en persona. Los judíos, prosigue el Corán, se jactaban de haber crucificado a Issa, lo cual era sólo una ilusión.

Es de interés destacar que el Corán se refiere los israelitas como a un pueblo y a los judíos como a un grupo religioso dentro de ese mismo pueblo en el que coexisten multitud de sectas, lo cual implicaría que, al menos en tiempos de Issa, no todos los israelitas seguirían el monoteísmo de las leyes de Moisés tal como las interpretaba y desarrollaba la tradición rabínica a partir de los tiempos del Éxodo, es decir, con posterioridad al siglo VI antes de Cristo. La distinción, pues, entre judíos, israelitas y nazarenos es meramente de carácter religioso.

Hace hincapié el Corán en el hecho de que Issa no murió realmente en la cruz, sino que la víctima de la crucifixión fue alguien al que las autoridades confundieron con el verdadero Issa, quien, sin conocer la muerte humana, ascendió a los cielos para esperar allí, al lado de Dios padre, el día de la Resurrección para retornar a la tierra y redimir a los hombres.

¿De dónde parte tanta similitud con el Jesús de los cristianos?

En primer lugar, el Corán no habla para nada del Jesús que nosotros conocemos sino del Issa que nació «más al Este», hacia La Meca, hacia la península de Arabia, es decir, hacia la zona geográfica de donde surgiría Jesús Bar Nagara, precisamente, el último profeta de Israel, pues así hay también que considerarlo puesto que entre sus propósitos no figuraba el crear una nueva religión sino que lo que se proponía era mantener y hacer cumplir la Ley, de la cual él no iba a cambiar «ni una jota ni una tilde».

Si, como mantiene Kamal Salibi, el cristianismo o religión de los *nasara* o nazarenos se originó en Arabia y no en Palestina, a partir de unos núcleos evidentemente judíos, los modernos hallazgos de la arqueología confirmarían esta tesis. Y realmente la han confirmado. Por ejemplo, en las excavaciones llevadas a cabo durante los últimos años en el Muro de las Lamentaciones de Jerusalén se ha constatado que no hay restos de un templo anterior al que Herodes el Grande mandara construir allí y que fue destruido por los romanos en el año 70 de nuestra era. La idea tan extendida, pues, de que el Templo de Jerusalén se había edificado sobre las ruinas del antiguo Templo de Salomón ya no se sostiene y, con ella, se derrumba también el tópico de ser Palestina la patria secular de los israelitas.

Los tesoros del Templo

¿De dónde procederían entonces las incalculables riquezas que albergaba el Templo de Jerusalén? Siempre se había supuesto que tales tesoros, de ser reales, procedían de Salomón. En uno de los manuscritos de Qumrán, específicamente en el «Rollo de Cobre», se detallan los tesoros depositados en el Templo de Jerusalén durante los tiempos históricos de Jesús Bar Nagara y, verdaderamente, son impresionantes, pues, sumando las cantidades de monedas relacionadas, darían un peso de sesenta y cinco toneladas de plata y veintiséis toneladas de oro, sin contar las tinajas con preciados bálsamos, cuyo valor hoy en día sería incalculable.[1] Pero impresiona también ver como los judíos pudieron acopiar cantidades tan enormes de oro y plata en unas épocas en que el sometimiento al invasor romano los esquilmaba despiadadamente. Lo mismo que sorprende ver como los rapaces romanos tardaron casi doscientos años en invadir esas cámaras secretas del Templo donde se guardaban los tesoros.

Según la tradición estos tesoros, naturalmente, no fueron encontrados por los romanos, pues cuando los legionarios bajaron a las cámaras éstas estaban ya vacías, puesto que los esenios habían puesto a buen recaudo el tesoro enterrando las monedas y bienes en cuevas próximas a Qumrán. En las excavaciones por estas cuevas, sin embargo, no se ha encontrado rastro alguno de este tesoro.

La clave de esta última cuestión, probablemente, reside en que antes de que los modernos arqueólogos entraran en acción, los romanos ya habrían vaciado las cuevas. Después de la destrucción de Masada la resistencia judía quedaba definitivamente neutralizada y la tortura de los prisioneros debió ser esclarecedora, pues de otro modo no se explica cómo Alarico, al saquear Roma, pudiese llevarse todo el antiguo tesoro de los judíos.

El Reino, el Poder y la Gloria

En el Evangelio esotérico de Juan, el más revelador de todos pese a su deliberada ambigüedad, Jesús dice de sí mismo: «Yo soy el pan y la vida. El que a mí viene, nunca tendrá hambre. El que en mí cree, no tendrá sed jamás». Esta afirmación, por supuesto, no podemos entenderla en su sentido estrictamente material ni, mucho menos, en su sentido literal. Más adelante, Juan añade: «En aquel que crea en mí, como dice la Escritura, *ríos de agua viva correrán de su vientre».* Porque «yo soy la luz del mundo. El que me sigue no andará en tinieblas, sino que tendrá la lumbre de la vida», porque «yo y el Padre una cosa somos», porque «yo soy la resurrección y la vida» y «todo aquel que vive y cree en mí no morirá eternamente», porque «yo soy la vid verdadera y mi Padre es el labrador».

Palabras extrañas, de oscuro significado, que no podemos entender literalmente, pues Jesús, habiendo afirmado que él no venía a cambiar la Ley de la Alianza, no podía pretender a continuación que él y el Padre eran una misma cosa, pervirtiendo el estricto monoteísmo de la tradición de Moisés y atribuyéndose a sí mismo la condición de hombre no mortal, en contra de todas sus enseñanzas anteriores. No puede un hombre dar un cambio tan radical en tan breve espacio de tiempo. Por lo tanto, cabe deducir que este Jesús que habla en el Evangelio de Juan no puede ser el mismo Jesús que está a punto de ser crucificado.

Las palabras de Jesús, en cambio, tendrían un claro sentido si se las pusiéramos en boca de Issa, pues Issa, como dios verdadero, sí podría expresarse como relata Juan.

Issa, como dios de la fertilidad, es el Jesús del Evangelio Nazareno, libro que probablemente pasó por manos de Pablo, pues a él debemos la refundición de la figura de Jesús asimilándole rasgos del dios árabe. En las regiones occidentales de Arabia, Issa era conocido como Al Issa, es decir, literalmente, el «Dios Issa», pero el «Al Issa» arameo o su forma arábica podría traducirse también como «Dios del Semen» y como «Dios que da Vida». La divinidad de Al Issa estaba adornada con tres atributos: el dominio o el reino, el poder y la gloria. Tres atributos que coinciden con los de la realeza y que Mateo incorpora también a Jesús, «porque tuyo es el reino, el poder y la gloria, por todos los siglos de los siglos, amén».

El «Al Issa» arameo, en su forma arábica de *Al-'ays* podría traducirse también como «el agua del macho», en clara referencia al esperma masculino, con lo cual se harían claras también las palabras de Juan: «Ríos de agua correrán de su vientre», en todos aquellos que crean en Jesús, y en cuyas palabras también se haría patente el *poder* fertilizante del semen. Esta correlación aparece claramente en la historia de la buena samaritana que ofrece agua al cansado Jesús, tal como la cuenta el mismo Juan:

Yo te daré agua viva... y el que bebiera agua de la que yo le daré, será en él una fuente de agua que salte para vida eterna...

Esta historia tiene lugar en Sichar o Siqar, la ciudad de Arabia que da nombre a la Samaria árabe, pues no hay rastro de esta ciudad en la Samaria palestina, y la escena de Jesús reposando junto al pozo de Jacob es sin duda más propia de Issa que del mismo Jesús, puesto que éste sólo era «hijo del hombre» mientras que Issa era «dios de la fertilidad» masculina. Por eso cuando Jesús le pide a la samaritana que vaya en busca de su marido parece referirse exclusivamente a la «sed» masculina, la cual él podrá saciar con el agua que le dé.

En el culto original de este dios de la fertilidad masculina, el concepto de eternidad era probablemente biológico, formulado en términos de continuidad de la simiente masculina. En las formas más evolucionadas del culto del dios Jesús, el primitivo concepto de eternidad biológica parece haber adquirido un significado más místico. El hombre que recibe el «agua portadora de vida» está en realidad recibiendo personalmente la *vida eterna*.[2]

Al Issa, como masculina fuente de vida, es el Jesús incorporado a su padre, pues «mi Padre y yo somos la misma cosa». Ambos son pues, en palabras de Juan, seres capaces de dar «el agua de vida» que prevalece sobre la muerte, puesto que es «la resurrección y la vida» para todos aquellos que crean en él.

En el antiguo culto de los árabes del Próximo Oriente a los dioses de la fertilidad, a la muerte del dios, se comulgaba con su carne y se bebía su sangre. Porque el dios necesitaba morir, ser sacrificado, para dar así vida a los hombres. Éste era su poder y su gloria. Pero este dios, asimilado al Jesús de los nazarenos, en un principio no era el creador del universo sino solamente la fuente de vida. No es hasta más tarde que «El Anciano de los Días», como lo llama el profeta Daniel, se asimila con su «Hijo», el que «da la vida», tal como el Jesús de Juan se identifica a sí mismo, de forma que Padre e Hijo, junto con el Espíritu, puedan ser considerados como un solo Dios, si bien estas tres personas forman una trinidad distinta en el culto árabe de Jesús: el Reino, el Poder y la Gloria.

Éste es el *secreto*, según Kamal Salibi, de la revelación de Pablo, secreto que puede finalmente ser desvelado no sólo a su propio pueblo sino también a los gentiles, es decir, a todo el mundo: «El misterio que había estado oculto desde los siglos y edades, desde ahora ha sido manifestado a sus santos» (Colosenses, 1.26). Y la entraña de este «secreto es que Cristo está en vosotros», de modo que sois ahora «vosotros quienes compartís la gloria de Dios».

Lázaro o la renovación de la vida

Establecido el dogma de la Trinidad a partir del ulterior desarrollo de la teología del cristianismo paulino a base solamente de sustituir a tres personas por otras que ya se conocían bajo denominaciones distintas, conviene insistir aún en el tema del «agua de vida» que la leyenda de Lázaro ilustra cumplidamente.

La historia de Lázaro, tal como nos la cuentan los Evangelios, debemos entenderla como la clave de todo el esoterismo religioso cristiano. El esoterismo, lo oculto, no puede decirse. Corresponde a algo que no puede mencionarse abiertamente. Si se habla de ello, sólo debe hacerse en clave porque *las paredes oyen*. El esoterismo, en contra de la revelación exóterica que propugna Pablo, es un mensaje destinado a unos pocos elegidos que sí pueden entender.

Así como la gnosis es el conocimiento, la oposición mediante un conocimiento crítico a las enseñanzas ortodoxas que se imponen por la fuerza, el esoterismo va más allá aún porque conoce la fuerza de la ortodoxia. La amarga experiencia de persecuciones adquirida por el esoterismo a lo largo de los siglos le hace derivar hacia las leyendas y el mito, pero, como decía Rabelais, a veces «la verdad debemos buscarla debajo de una montaña de insensateces». Los paradigmas que podrían ilustrar esta tesis serían interminables, desde el descubrimiento de América (la Albania esotérica, situada «más allá de Albión») hasta el descubrimiento de la penicilina, por poner otro ejemplo, por el ignorado Serge Odin. La ortodoxia de la historia es tanto o más fuerte que la ortodoxia religiosa y, si se estipula que América fue descubierta por Colón o la penicilina por Fleming, ¡pobres de aquellos que discutan o pongan en duda el dogma de la fe científica o histórica!

La resurrección de Lázaro, o el misterio de Betania, como quizás sería más justo llamarlo, es de sobra conocido, al menos en sus líneas generales. Lázaro, un querido amigo de Jesús, ha muerto y sus dos hermanas, Marta y María (la misma, según la evidentísima interpolación posterior en el relato de Juan, que ungió con bálsamo los pies de Jesús, después de lavárselos con sus lágrimas y secárselos con sus cabellos) salen en busca del Maestro para anunciarle la triste noticia de la muerte de su amigo. Días antes ya habían visitado a Jesús para pedirle que fuera a ver a su hermano enfermo.

Marta se queja amargamente a Jesús:

–Si tú hubieras estado aquí, Señor, él no habría muerto.

–Tu hermano se alzará a la vida.

–Lo sé, se alzará a la vida el Último Día.

–Yo soy la resurrección y la vida. ¿Lo crees?

Tras su conversación con Marta, Jesús reitera los mismos términos en el diálogo que tiene a continuación con María Magdalena. Luego va hasta el sepulcro y ordena que se retire la losa que lo cubre. Lázaro llevaba cuatro días sepultado y su cuerpo hedía, pero después de que le hubiesen despojado del sudario y aflojado sus vestiduras, al oír la voz de Jesús –«Lázaro, levántate y anda»– el joven se incorpora y sale del sepulcro por su propio pie.

Unos días después, según el relato de Juan, Jesús es invitado a comer en casa de los tres hermanos. Es víspera de Pascua y tras la comida María vuelve a lavarle los pies y luego se los unge con un rico bálsamo de nardo puro. Este episodio, Marcos, Lucas y Mateo lo narran de forma distinta, pues el anfitrión de la comida de Jesús no es Lázaro sino un desconocido llamado Simón. Juan, Marcos y Mateo sitúan la comida en Betania, justo la víspera de la entrada triunfal de Jesús en Jerusalén. Lucas habla del episodio sin mencionar lugar alguno, pero afirmando que tuvo lugar cuando Jesús estaba en Galilea. Juan es el único que cita a las dos hermanas por sus nombres. Marcos y Mateo hablan sólo de dos mujeres. Lucas define a ambas mujeres como unas «rameras arrepentidas», pero se abstiene, junto con Marcos y Mateo, de hablar de la resurrección de Lázaro.

¿Por qué solamente Juan habla del milagro supremo? ¿Por qué se reitera el ungimiento de los pies por parte de María Magdalena, tendida a los pies del Maestro, escuchando embelesada sus palabras mientras Marta, enfadada, tiene que afanarse en la cocina y servir la mesa sin que su hermana menor le ayude?

Según Juan, es a consecuencia de este último milagro que los fariseos deciden matar a Jesús Bar Nagara. Pero si Jesús es verdaderamente un personaje real en esta historia, Lázaro sólo puede ser un símbolo. El *Lazaros* griego del Nuevo Testamento es la transcripción del arameo *Eliazer* y del arábico *'Adhr El* o *El 'Adhr*, voces ambas que significan «Dios de la Virginidad» o, en otra acepción, «abstinencia sexual», entendida como el necesario período sin práctica sexual que debe seguir el joven novio antes de acceder al matrimonio.

Si consideramos que en el varón semita la abstinencia sexual es una norma de obligado cumplimiento para todo aquel que no haya sido circuncidado de niño, puesto que se supone que no puede alcanzar toda su potencia (el poder) por culpa precisamente del freno que opone su prepucio a la virilidad (la gloria), entenderemos por qué le resultará difícil alcanzar (el reino de) su plenitud sexual.

Pero esta correlación se pierde cuando consideramos que el semen se asocia también en las esotéricas creencias nazarenas al «hijo del confortador», es decir, al *Parakletos*, en cuyo caso no coincide con el supuesto sentido del *consolamentum* de los cátaros, quienes, se dice, practicaban la abstinencia sexual, vestían el blanco de los «perfectos» y seguían el evangelio nazareno. A no ser que el misterioso *consolamentum* haya que entenderlo precisamente en sentido opuesto, es decir, en una exaltación de la gloria de la virilidad.

Según Kamal Salibi, la *Bethania* griega es la transliteración de la voz arámica *Beth 'Anya*, término que significa en sentido literal «Casa del Eco»[3] y, en otras acepciones, «hacerse asceta» o «constituirse prisionero», por lo cual Betania podría entenderse también como «refugio del ascetismo». Y, en este contexto, sí entenderíamos la historia de Lázaro, cuya casa sería un claustro de ascetas en el cual una comunidad de mujeres serviría el culto de *El 'Adhr* (Lazaros), es decir, el símbolo de la fertilidad del dios Al Issa, el dios que «da el agua de vida», y al cual se le asocia *El 'Adhr* como dios subsidiario de la abstinencia o período de virginidad que prepara al varón para el matrimonio. Pero la abstinencia sexual masculina en las lenguas árabes se entiende también como impotencia, a la que llega el varón no por causas naturales sino por culpa de un «nudo» practicado por un genio malvado.

Cuando las dos mujeres (sacerdotisas del templo de la virilidad-virginidad) recurren a Al Issa (Jesús Bar Nagara en el Evangelio de Juan), éste ordena desatar (quitar los nudos) de la ropa de *El 'Adhr* (Lázaro), y al pronunciar el «levántate y anda», el inerme recupera su potencia sexual (poder) y su erección (gloria) es milagrosamente vuelta a la vida.

Así lo entiende precisamente Juan cuando las dos hermanas se acercan a Jesús para decirle que su amigo Lázaro está enfermo y que debe acudir en seguida en su ayuda. Y Jesús le dice a Marta y María: «Esta enfermedad no es para muerte de Lázaro sino para gloria de Dios, para que el Hijo de Dios sea glorificado por ella».

Esenios y «assasins»

La secta secreta de los ismaelitas, los *assasins* o consumidores de hachís, como se ha querido verles, aparece a la luz pública a partir de las luchas que se desarrollan por la sucesión política del imperio musulmán tras la muerte de Mahoma en el año 632. Los sunitas proclamaban que los califas de Bagdad eran los únicos jefes legítimos del Islam, mientras que los ismaelitas, más cerca del poder popular, defendían un orden social basado en la obediencia a sus sacerdotes-reyes, a los *imanes*, descendientes espirituales directos de Mahoma a través de su hija Fátima, cuyo hijo menor, Husain, fue asesinado al tratar de restaurar su derecho al califato.

Pero ya siglos antes de esta irrupción política, el ismaelismo era una corriente esotérica bien arraigada en el Islam.[4] A través del simbolismo, los ismaelitas construyen una concepción del mundo que, posteriormente, los cristianos acomodarán incorporándola a sus tradiciones. Así, una leyenda ismaelita nos cuenta como Seth, expulsado del Edén con Adán, regresó subrepticiamente tres veces al Paraíso. En su primera incursión, comprobó que los cuatro ríos que nacían del Árbol estaban secos. En su segunda visita, una gran serpiente estaba enroscada en el tronco del Árbol. Y a su tercer viaje, el Árbol tenía en sus ramas a un niño recién nacido mientras sus raíces se hundían en el infierno. En cada visita, Seth recogió una semilla. Posteriormente, las tres semillas fueron plantadas en el monte Horeb y nacieron tres árboles, los cuales, arrancados por David y transportados a Jerusalén, fueron plantados de nuevo, pero sólo dos de ellos sobrevivieron. Del más fuerte se cortó la madera para hacer la cruz de Cristo.[5]

En esta y en otras leyendas semejantes, lo mismo que en la gnosis y en las enseñanzas de Jesús, el rasgo común es la noción de un futuro Reino del Amor al cual ha de llegarse a través de la conciencia de los hombres. Pero dado que esta conciencia es imperfecta, contaminada por la codicia e ineptitud de los gobernantes, para acceder a esa vía de redención es necesario antes que los elegidos establezcan su propia justicia, sus propias leyes, para luchar contra el orden constituido. Es en este contexto donde es necesario inscribir a Cristo, como figura histórica opuesta tanto al poder de los invasores romanos de Palestina como a los sacerdotes del Templo, que están en connivencia con el invasor y han relajado la observancia de la Ley mosaica: una postura decididamente idéntica a la que mantienen los «puros» de Qumrán, celosos guardianes de la Ley o de la Alianza con el Señor, los cuales, en opinión de la Iglesia actual, solamente podían ser los esenios de las primitivas tradiciones.

Es curiosa la resonancia fonética que existe entre los primitivos «asesinos» ismaelitas, los consumidores de hachís, y los «esenios» de Plinio y de la tradición cristiana. Pero la resonancia no sólo marca la posible etimología común de ambas denominaciones sino que apunta también hacia la posible relación de ambos grupos, hacia la posibilidad incluso de que hubieran surgido los dos de un único tronco común. Partiendo de los relatos de Plinio, se nos ha pintado siempre a los esenios como a unos pacíficos ascetas que vivían en comunidades apartadas, entregados a la oración y al ayuno, al margen por completo de toda influencia secular o política. A los asesinos, en cambio –y sobre todo a partir de los datos históricos que emergen del Viejo de la Montaña–, se les ha pintado siempre como endurecidos criminales que, a partir de la idea de la pureza religiosa, no vacilan en matar, bajo el acondicionamiento del hachís, cada vez que su *imán* se lo ordena: «¿Por qué no irías a matarle si él ya está muerto en Mí?», les conminaba el Viejo de la Montaña cada vez que ordenaba un asesinato a los miembros de su secta.

Del hachís a los hongos

En su obra *El hongo sagrado y la cruz*, el profesor John Allegro, a través de unas complejas disquisiciones filológicas, sienta la tesis de que Jesús no existió históricamente sino que su figura ha sido, simplemente, el fruto de la imaginación exaltada de unos hombres bajo la intoxicación de la psicolocibina, el alcaloide de unos hongos alucinógenos que crecen por Palestina. Allegro, el más destacado investigador independiente de los manuscritos del mar Muerto, con la publicación de su libro en 1970 provocó un auténtico escándalo dentro del mundo académico.[6]

La conmoción suscitada por las conclusiones de Allegro fue sin duda desproporcionada, tanto por lo que se refiere al hecho de poner en duda la existencia histórica de Jesús, tesis que sostienen algunos investigadores, como en cuanto a relacionar el primitivo culto cristiano con el uso de las drogas con la finalidad de alcanzar el éxtasis, recurso bastante extendido antiguamente entre las sectas, cultos y escuelas de misterios de todo el Próximo Oriente. Ya Husley, en *Las puertas de la percepción*, abona la misma tesis y Castaneda, en *Las enseñanzas de Don Juan*, atribuye al «mescalito» la experiencia religiosa de los indios mexicanos.

El mismo san Pablo, en su Segunda Epístola a los corintios parece hablar de una experiencia alucinatoria cuando refiere unas visiones que, púdicamente, no se atreve a asumir abiertamente como propias:

> Cierto que no me es conveniente gloriarme, más vendré a las visiones y a las revelaciones del Señor. Conozco a un hombre en Cristo que hace catorce años (si fue en el cuerpo no lo sé; si fue fuera del cuerpo no lo sé; Dios lo sabe) fue arrebatado hasta el tercer cielo.

Y conozco a tal hombre (si en el cuerpo o fuera del cuerpo, no sé; Dios lo sabe) que fue arrebatado al paraíso, donde oyó palabras secretas que el hombre no puede decir...

Pablo añade que no puede gloriarse de ese hombre ni de sí mismo, «salvo de mis flaquezas». ¿A qué flaquezas se refiere? ¿A las que cometían tal vez los nazarenos siguiendo la Vía Árabe que sin duda les conectaba con los hassidianos comedores de haschish? Vale la pena aclarar que en aquel tiempo las drogas ni se fumaban ni se inhalaban ni se inyectaban. Los cañamones, la *cannabis*, crecían en todos los ribazos y no sólo servían para alimentar a los pájaros sino como condimento culinario y, machacados y macerados en vino, también para las bebidas rituales.

En otros de sus escritos, cuando Pablo habla de visiones y revelaciones, parece dudar entre uno y otro término aunque el resultado de ambas palabras sea el mismo pues siempre se refieren a las apariciones de Jesús a Pedro, a los doce apóstoles, a «más de quinientos seguidores», a Santiago e incluso a la propia aparición o revelación que tuvo Pablo en el camino de Damasco.

Lo que resulta evidente es que no se puede prescindir del contexto de las drogas cuando se trata de analizar cualquier fenómeno social, especialmente en el pasado. En tiempos recientes Lenin aseguraba que «la religión es el opio del pueblo» y, en determinados aspectos, no le faltaba razón. Durante la Edad Media, la intoxicación colectiva que producía la corea o «baile de san Vito» era debida al cornezuelo del centeno, incorporado con la harina al pan de cada día, sobre todo en aquellas zonas europeas donde predominaba este cereal para la elaboración del pan. Los chamanes de las estepas basaban sus visiones y su arte curativo en el uso de las drogas. En las comunidades primitivas de Centroamérica, hoy todavía es común el uso del peyote, de los hongos y de la datura. La droga, obviamente, procura «otro» conocimiento que se puede asociar a la experiencia religiosa. En la Roma Imperial y en el Renacimiento, el uso de la datura, del estramonio, de la belladona y de la mandrágora está presente a cada paso. En *El asno de oro* de Apuleyo, sobre todo en los primeros capítulos, hay diversas referencias a los efectos de la drogas, lo que prueba lo corriente de su uso. La visión que el indio Juan (¡de nuevo el nombre esotérico por excelencia del cristianismo!) tiene del mundo, dice Octavio Paz, «es la de una civilización vencida y oprimida por el cristianismo virreinal».

Por esta causa, Don Juan y los demás chamanes mexicanos vuelven la vista a sus raíces y recurren a los alucinógenos para provocarse la iluminación espiritual. Estas drogas mexicanas, añade Octavio Paz, suponen

> el equivalente de lo que son el ascetismo para los sentidos y los ejercicios de meditación para el entendimiento. Apenas si debo añadir que, para ser eficaz, el empleo de las sustancias alucinógenas ha de insertarse en una visión del mundo y del transmundo, una escatología, una teología y un ritual. Las drogas son parte de una disciplina física y espiritual, como las prácticas ascéticas. Las maceraciones del eremita cristiano corresponden a los padecimientos de Cristo y de sus mártires: el vegetarianismo del yogui a la fraternidad de todos los seres vivos y a los misterios del karma; los giros del derviche a la espiral cósmica y a la disolución de las formas en su movimiento. Dos transgresiones opuestas pero coincidentes de la sexualidad normal: la castidad del clérigo cristiano y los ritos eróticos del adepto tantrista. Ambas son negaciones religiosas de la generación animal. La comunión huichol del peyote implica prohibiciones sexuales y alimenticias más rigurosas que la Cuaresma católica y el Ramadán islámico. Cada una de estas prácticas es parte de un simbolismo que abarca al macrocosmos y al microcosmos... y se inscribe dentro de un calendario sagrado. La práctica es visión y sacramento, momento único y repetición ritual.[7]

Hoy las drogas, fuera de su contexto religioso y ritual, son potencias destructoras que han perdido toda su trascendencia anterior, cuando se administraban de tarde en tarde y en función de unos ritos determinados. Medio no solamente de percepción a otro nivel del conocimiento sino también instrumento o apoyo en la meditación del neófito en las escuelas mistéricas, la droga en la época de Cristo era un medio para «devolver la vista» o para «ver en la oscuridad», como simboliza el murciélago templario-sufí de la señera valenciana. La droga, como el Verbo, como la palabra de Cristo, era una llave para abrir la puerta a otro mundo de conocimiento, a otra vida. A otra vida que está aquí, dentro de nosotros mismos, en esta otra realidad que, añade Octavio Paz, es el mundo de todos los días: «En el centro de este mundo de todos los días centellea, como el vidrio roto entre el polvo y la basura del patio trasero de la casa, la revelación del mundo de allá. ¿Qué revelación? No hay nada que ver, nada que decir: todo es alusión, seña secreta, estamos en una de las esquinas del cuarto de los ecos, todo nos hace signos y todo se calla y se oculta. No, no hay nada que decir».[8]

El maná

El maná bíblico, lamentablemente para los amantes del fundamentalismo religioso, también era una droga. Al menos eso es lo que podemos deducir a juzgar por los efectos que su ingestión producía. Según relata el Éxodo, al salir los israelitas de Egipto y cruzar el desierto, comoquiera que no tenían alimentos, se quejaban a Moisés. Al oír sus quejas, Jehová hizo descender sobre el real del campamento como un rocío hecho de «bolas menudas» a las que ellos llamaron gomores, tal vez por su parecido con la ligamaza, la excrecencia gomosa que sale del arbusto de tamarisco. Más adelante la casa de Israel lo «llamó maná, y era como simiente de culantro, blanco, y su sabor como de hojuelas con miel». Pasado el tiempo, los exilados siguen quejándose. Ya están hartos de maná y quieren también carne, pescado, cebollas y pepinos, como cuando estaban cautivos en Egipto. Jehová en esta ocasión se enfurece y les recuerda que antes lo recogían y bien que les gustaba, «molino o majado en mortero, cocido luego en el caldero o amasado en tortas cuyo sabor era como el sabor del aceite nuevo».

Si el maná bíblico era la ligamaza, o una destilación gomosa similar, no hay duda de que su fermentación produciría hongos alucinógenos semejantes a los del cornezuelo de centeno, lo cual, sin ninguna duda, les produciría visiones psicodélicas a más de uno. Para prevenir este efecto, Moisés les prohíbe que coman más de la ración diaria que les ha estipulado. Y pese a las quejas de los protestones, el maná fue considerado manjar divino y Moisés dispuso que se pusiera una copa de gomor dentro del Arca de la Alianza.

Robert Graves nos habla del «maná del Sinaí» y de la alegoría que la Biblia hace de él como de «la clemencia iluminadora de Jehová» y de como aquel «pan del cielo» les mitigó el hambre durante sus cuarenta años de travesía del desierto y de como gracias a aquel alimento (Nehemías) «de ninguna cosa tuvieron necesidad: sus vestidos no envejecieron y no se hincharon sus pies». En los Proverbios, Agur le pide a Jehová que aparte de él la vanidad y la palabra mentirosa, que no le dé pobreza ni riqueza, sino que le mantenga del «pan» que necesita. A este «pan» lo llaman en algunos apócrifos «comida de los ángeles» y «manjar ambrosíaco», lo cual entronca con la tradición griega, donde en las fiestas dionisíacas la bebida ritual, la ambrosía, incorporaba un hongo alucígeno entre sus componentes.

En Juan las alegorías se hacen aún más claras cuando compone los versículos que darán origen al *Padrenuestro*, oración que en él es un canto de gracias al divino maná: «Nuestros padres comieron maná en el desierto, como está escrito: Pan del cielo les dio Dios de comer». En los versículos siguientes es el mismo Jesús el que habla por boca de Juan: «De cierto os digo que Moisés les dio pan del cielo, pero es mi Padre quien os da el verdadero pan del cielo. Porque el pan de Dios es aquel que descendió del cielo y da vida al mundo. Yo soy el pan de la vida. El que a mí viene, nunca tendrá hambre; y el que en mí cree no tendrá sed jamás. Mas ya os he dicho que pese a que me habéis visto, no me creéis...».

Sin duda aquí Juan-Jesús alude a la propiedad alucinatoria del «pan del cielo», pues si bien los «santos» han visto a Jesús durante el período de euforia que sigue a la ingesta del maná, después, pasados sus efectos, no creen en él, es decir, en su presencia viva, sino que lo tienen sólo como una *visión*. Y son precisamente estos fenómenos de visiones o alucinaciones colectivas que sufrían los primeros seguidores de Jesús los que hacen dudar a algunos investigadores, entre ellos a John Allegro, de la existencia real de Cristo. En el polo opuesto, el dogmático toma siempre al pie de la letra la alegoría o el símbolo y así, en este caso, y con miope visión, la Iglesia transcribe literalmente y hace del «pan divino» el «pan profano» de la subsistencia cotidiana del hombre. El maná, «ambrosía celeste», se convierte de esta forma en la base de la alimentación humana, que Dios prové, y sólo a través del milagro de la transustanciación se convertirá por la magia de la misa en el cuerpo de Cristo.

6. La sangre del Cordero

Arrianos y visigodos

El proceso de ocultación en Occidente del carácter esotérico de Cristo lo inicia la Iglesia borrando todo vestigio del Jesús solar que los arrianos se habían encargado de transmitir a los visigodos a partir de la caída del Imperio romano. El proceso cobra dimensión histórica con la torpeza política del merovingio Clodoveo al convertirse en el más fiel aliado de la pujante Iglesia de Roma y combatir a los visigodos arrianos. Los visigodos, a caballo entre ambas vertientes de los Pirineos, son derrotados por Clodoveo y deben replegarse, primero a Carcasona, y desde allí a su último bastión en suelo franco, en Rhédae, la actual Rennes-le-Château.

Sin duda Dagoberto fue consciente del error de su padre y trató de enmendar la tremenda equivocación del rey merovingio, pero su nueva orientación debió ser tan peligrosa que tuvo como resultado el que fuera asesinado. La muerte de Dagoberto representa el fin, al menos aparente, de la estirpe merovingia y el inicio de la suplantación carolingia de la realeza, con la bendición de la Iglesia.

Los hijos de Dios, como se llamaban a sí mismos los godos, preservan la tradición iniciática del Camino de la Estrella a través de sus distintas ramas: los ostrogodos o godos brillantes y los visigodos o godos sabios, quienes procedentes de la mítica *Asgard* debieron emigrar hacia Occidente, hacia *Occitania*, siguiendo el mismo camino que siguiera la familia de Jesús al abandonar Palestina. Su lenguaje es doble, el germánico arcaico y el lenguaje mágico de las runas, un lenguaje que tiene poder sobre «la piedra, el árbol y la naturaleza entera». La civilización que extienden sobre las tierras de Europa es noble y justa, como proclama el español *Fuero Juzgo*. Su religión es herética, pues son arrianos, seguidores de Arrio, y por lo tanto Roma no les perdona, sobre todo después de que se adelantaran a la Iglesia creando la tradición iniciática de Compostela y desarrollando la peregrinación por el Camino hacia el Campo de la Estrella.

Entre ellos hay druidas celtas, supervivientes de las acometidas de Julio César contra la Galia, y también algunos *maxa jaun*, los magos de la mitología vasca. Cuando los visigodos desaparecen, a ambos lados de los Pirineos quedan unas seres extraños que se mantienen hasta prácticamente nuestro días, los *cagots* en la vertiente francesa y los *agotes* en el lado español, de quienes dice la leyenda que se ocultan en los montes a causa de la maldición que recae sobre ellos. Aquí de nuevo los símbolos se superponen, pues tal vez la etimología de *cagot* proceda de las voces cátaro y godo. Lo que es un hecho es que godos y visigodos serían odiados y perseguidos desde Roma. El mismo odio y la misma persecución implacable que Roma volvería a manifestar contra toda espiritualidad que tuviera ribetes cátaros, luciferinos, solares.

Influyendo en la leyenda popular, el asesinato de Dagoberto por su sobrino encuentra tal eco en el Sigfrido de los nibelungos que la Iglesia, para evitar cualquier culto paganizante, se apresura a hacerlo santo y fija su festividad el 23 de diciembre, el mismo día en que fue asesinado con su beneplácito. El asesino, el mayordomo de palacio Pipino de Heristal, le sucede en el trono y con él se inicia una estirpe que culminará con Carlos Martel, su nieto, y habrá de llegar apenas medio siglo después a su apogeo con la figura de Carlomagno, consumándose así la traición del pacto que tres siglos antes había establecido la Iglesia con la dinastía merovingia.

Muerto Dagoberto, su hijo Sigisberto IV se refugiaba con su madre, la princesa visigoda Giselle de Razès, en Rhédae. Con ello iba a iniciarse en la primitiva capital visigótica una renovación dinástica de la primera monarquía europea que se prolonga hasta nuestros días, y entre cuyos primeros representantes cabe destacar a Guillem de Gellone, a través de cuyos descendientes iba a mantenerse la estirpe de los reyes melenudos pese al empecinamiento secular de la Iglesia y los Capetos por exterminarla.

Con la muerte de Dagoberto la Iglesia nos empobrecía porque

no solamente ocultaba la figura del Cristo solar sino que cortaba las raíces cósmicas de la tragedia humana, los lazos de la historia estelar del hombre. Antes ya habían desaparecido los druidas y, después, con el aniquilamiento de merovingios y visigodos, con la masacre de cátaros y templarios, el panorama de renovación europea se oscurece por completo a la vez que en Oriente, tierras donde los templarios buscaron su modelo, los ismaelitas del Viejo de la Montaña están a punto de desaparecer también.

El doble qumránico de Cristo

Si se admitiera una posible conexión entre los comedores de hachís árabes, los primitivos asesinos ismaelitas, y los esenios, la imagen que tenemos de Cristo como apacible pastor de un rebaño de inocentes corderillos, sin duda quedaría muy mal parada y se acercaría más, en cambio, a la imagen de un Jesús derribando a patadas los tenderetes de mercaderes y cambistas del Templo. De cualquier modo, la imagen que Plinio nos da de los esenios es falsa. Como falsa es también la imagen que de los mismos transmite la Iglesia, curándose tal vez en salud por si un día se probara que Jesús fue realmente un esenio o, cuando menos, que esta secta (que la iglesia considera como una subsecta marginal) fue la precursora del cristianismo. Una premisa igualmente peligrosa puesto que la misma haría tambalear los cimientos de la Iglesia ya que destruiría la unánimemente aceptada «línea ideológica» de los orígenes cristianos, orígenes, por otra parte, que hoy empiezan a ser discutidos a la luz (si es que puede decirse así, dada su sistemática ocultación por parte de la Iglesia) de los manuscritos del mar Muerto, a través de los cuales se establece sin lugar a dudas la conexión entre el cristianismo primitivo y la comunidad esenio-celota de Qumrán, tal como establece Dupont-Sommer,[1] pese a que prudentemente se abstenga de llegar a la inevitable conclusión a que le llevaban sus planteamientos, es decir, que el «Maestro de Justicia» de Qumrán era, en muchos y diversos aspectos, el «exacto prototipo» de Jesús.

Este doble, o cuando menos epígono de Jesús, da al traste con toda la teología cristiana cuando sostiene la *unicidad* de Cristo y rechaza todo aquel material bíblico etiquetado como «sectario».

Como dicen Baigent y Leigh,[2] este material «sectario» es el más significativo puesto que agrupa «textos –reglas, comentarios bíblicos, teológicos, astrológicos y tratados mesiánicos– que pertenecen a la "secta" que se supone residió en Qumrán, y en los cuales expresan sus enseñanzas. Etiquetar este material como "sectario" supone, efectivamente y en primera instancia, desinteresarse por él. Así, por ejemplo, el hecho más pertinente y característico se pinta como una doctrina localista que practicó un grupo marginal cuyo pequeño "culto" no es representativo, pues no tiene más interés que señalar el divorcio, como toda la fenomenología periférica, entre la supuesta corriente principal del judaísmo y el cristianismo naciente».

La comunión de los santos

Así pues, para la Iglesia, la comunidad esenia que residió en Qumrán «sólo tiene un cierto interés como desarrollo marginal de unas ideas... que en realidad no marcan el menor interés ni influencia sobre las ideologías principales». La realidad sin embargo, como veremos, es muy distinta. Pues esos textos, desdeñosamente dejados de lado por «sectarios», demostrarán que constituyen un material de naturaleza verdaderamente explosiva cuando al Reino de Dios se le conecta con la Tierra Prometida o el Paraíso de la «Leyenda Dorada» de las primitivas religiones esotéricas. Con la evolución social que impone el desarrollo del imperio romano, desde luego, pronto el reino ya «no es de este mundo» puesto que las sociedades secretas y las escuelas mistéricas pierden casi toda su influencia, suplantadas por la «comunión de los santos», comunidad de creyentes que por su parte ha perdido todo vestigio de los componentes solares del Cristo: el Pez (Piscis), la Flecha (Sagitario), el Soplo (el alma) y la Sabiduría (Libra). El *karma de los cinco infiernos* y su contrapuesto *océano de salvación*, subyacente en el espíritu de Moisés para entronizar al Carnero (Aries) de Fuego y al Dios de lo Verdadero, son sustituidos por las simplificadas nociones del Saber (la Luz y las Tinieblas), y por las imágenes de la Virgen y del Enviado.

Pero en realidad este cambio, sobre todo en su aspecto cualitativo, ya se había dado mucho antes. Moisés, en efecto, estableciendo el núcleo de la sociedad sobre el pastor nómada, fortalece la tribu y ésta pronto vence a las ciudades, tradicional refugio de las escuelas de misterios. Moisés establece el símbolo de la Creación (Aries) pero no puede impedir que a la larga sus seguidores se asienten en ciudades, con lo cual la tribu como base social pierde su razón de ser puesto que el grueso de la población, en lo que se refiere al área mediterránea, ha desarrollado una civilización urbana. Al pueblo judío, en efecto, después de haber abandonado la tierra primigenia de sus orígenes, las provincias de Hijaz y Asir en la península arábiga,[3] su nomadismo le lleva finalmente a asentarse en Palestina, como dan a entender largos pasajes de los profetas Daniel y Ezra, y de los cuales emana también la original concepción del monoteísmo israelita.

Judas de Gamala, padre de Jesús

En la era de Aries el Carnero preside los cielos donde reinan el dios Belén y la diosa Belicena. Es la era del Vellocino de Oro, el pellejo del carnero Crisomalón sacrificado a Zeus: un precioso talismán que Jasón y sus Argonautas deciden buscar. Crisomalón, hijo de Neptuno y de la ninfa Teófana, «nadaba, corría y volaba mejor que cualquier otro animal». Pero al final de su era, como inocente Cordero, es sacrificado para dar paso a Piscis.

Con Aries desaparecen de Occitania los druidas y celtas. Con ellos desaparece el culto al roble y al haya, al laurel «que florece cada setecientos años». Con el ocaso de Aries enmudecen también las piedras sagradas, dólmenes y mehires que pautaban la música profunda de la tierra. Las piedras pierden su alma y sus adoradores, perdidos a su vez en un mundo que ya no es el suyo, sobreviven asimilándose a maniqueos y gnósticos. Con Piscis, Belén y Belicena pierden su entidad y el hombre de *afuera*, buscando en lo más profundo de su memoria, en la *minne*, trata de reencontrar la sangre del Carnero, ahora ya «del Cordero de Dios», la sangre del Cristo Solar de Juan el Evangelista, el hijo del Abris o del Abraxas hiperbóreo que unas generaciones después cátaros y templarios buscarían simbólicamente en el Grial, búsqueda que se prolonga todavía hoy, en los albores de Acuario.

Algunos esoteristas inician esta búsqueda de la sangre de Cristo en la figura de Judas de Gamala. De este héroe de la rebelión del Censo se dice era el descendiente más legitimado de David y, al mismo tiempo, encarnaba el poder espiritual de su estirpe a través de los zadoquitas, una subsecta del fariseísmo religioso. Apresado finalmente, Judas de Gamala fue crucificado. Un tormento que, según Josefo, años después compartiría, además de Jesús, otro de los hijos de Judas de Gamala, Santiago, llevado al martirio bajo el reinado de Nerón. El padre de Judas de Gamala, Ezequías, según algunos autores abuelo paterno de Jesús, habría sido a su vez crucificado por Herodes el Grande.

Según la audaz hipótesis expuesta por Robert Ambelain, Judas de Gamala sería en realidad el supuesto arcángel Gabriel que fecundó a María, al menos en cuanto su primogénito se refiere.

Particularmente nos parece más propio sin embargo buscar los orígenes de Jesús en la etimología que de su padre dan los Evangelios, es decir, en el nombre de «Hijo del Carpintero», que, como ya vimos, en arameo daría Nagara, siendo ese lugar de Arabia, plausiblemente, el que dio origen y nacimiento a Jesús. Y puesto que en ningún lugar se menciona que los hermanos de Jesús hubieran sido engendrados por José, cabe deducir que todos ellos debieron su paternidad al único progenitor conocido, es decir, al Zebedeo, el cual, lo mismo que sus hijos, y siempre basándonos en la etimología de su nombre, procedía de Wadi Jalil (Galilea). Pero de la Galilea árabe, de la cual pasaría Jesús a la Galilea palestina al reunirse con el Bautista e iniciar su vida pública. A partir de esta conclusión estaría justificado su nombre de Jesús el Galileo, pero seguiría sin demasiada justificación el hecho de sostener que Jesús fue el hijo del celote Judas de Gamala.

Flavio Josefo,[4] en cuyas palabras se basa el punto de partida de la versión de Ambelain, sostiene que Judas de Gamala era hijo de Ezequías, quien había sido crucificado por Herodes el Grande por los mismos motivos que lo sería su hijo. Judas, lo mismo que su padre Ezequías, aspiraba a su vez a los «honores de la realeza», honores a los que también aspiraba Jesús, según algunos hijo de Judas de Gamala y nieto de Ezequías, crucificado éste en el año 46 antes de nuestra era sin que la tímida defensa de Hircano, el sumo sacerdote de Jerusalén, pudiese hacer nada por variar el veredicto.

Judas de Gamala, el héroe de la revuelta del Censo, siguiendo los pasos de su padre, convulsionó junto con el fariseo Sadduk a toda la Palestina de la época y desató tal clima de inestabilidad social y política que la reacción de Roma fue de una brutalidad inusitada. Flavio Josefo atribuye el favor de que Judas de Gamala gozaba entre el pueblo a la influencia que una *cuarta secta filosófica* ejercía sobre la juventud del país.[5]

Ajusticiado Judas de Gamala durante los días de la revuelta del Censo, Jesús debería contar entonces unos veinte años de edad, pues presumiblemente había nacido alrededor de unos quince años antes de nuestra era y, contrariamente a lo que cabría esperar de un joven de su edad viendo ajusticiar a su padre, no se lanza ciegamente a la rebelión ni a la venganza. ¿Por qué no se deja arrastrar por un impulso que habría sido comprensible en un joven de su edad? ¿Tal vez porque Judas de Gamala no tenía nada que ver con él? Intuye sin embargo que la lucha abierta no conduce a nada, que los romanos son demasiado poderosos para vencerlos con sus propias armas. Conoce bien a su pueblo y sabe que el sacerdocio, en su mayor parte, apoya en las sombras a todas las fuerzas y grupos que se opongan a la dominación romana, ya se llamen zadoquitas, esenios, celotes o nazarenos y practiquen una oposición activa o una resistencia pasiva. Pero oposición y resistencia son fuerzas dispersas, sin cohesión, pues cada una va por su lado y prescinde de las otras. La única forma eficaz de vencer al ocupante es formar un bloque unido, cohesionado por una doctrina común. Y él, Jesús, podrá ofrecer a su pueblo esa doctrina. Sólo así, mediante el ingenio, conseguirá no solamente lo que ni su supuesto padre ni su abuelo igualmente supuesto pudieron obtener con la fuerza de las armas sino que, asimismo, una vez consiga liberar y pacificar a su pueblo, conseguirá ser reconocido como rey.

Ha llegado para él la hora de retirarse a meditar al desierto... al desierto de Qumrán.

Jesús en los manuscritos de Qumrán

La asimilación de Jesús a «Hijo de Dios» y «Mesías» es una interpretación tardía que no se da en el cristianismo primitivo, especialmente por lo que se refiere a los datos extraídos de los llamados manuscritos del mar Muerto, conjunto de escritos paracristianos que exaltan la figura del «Maestro de Justicia», líder religioso de la comunidad monástica de Qumrán que, en muchos aspectos, parece ser el mismo Jesús. En estos textos, en efecto, el «Mesías» es ciertamente un «hijo de Dios», pero en absoluto por esta denominación se da a entender que el Mesías sea un hijo directo o carnal de Dios ni, tampoco, en contra del dogma y de toda la tradición cristiana, que ese hijo de Dios sea el propio Dios. En realidad, en la tradición judía precristiana, hijos de Dios son los que viven de acuerdo con la ley (con la Ley de la Alianza) y Mesías son aquellos que descienden del rey David, como por supuesto era el caso de Jesús.

Lo que entronca al Cristo de Qumrán con la figura de un culto solar es que los nazaritas de aquella comunidad del mar Muerto, aparte de diversos rituales basados en la fertilidad, utilizaban el calendario solar de Hiperbórea, tal como fue establecido por Metón en el siglo VI antes de nuestra era. Refiriéndose a este curioso calendario, Diodoro de Sicilia escribe en el siglo I a. de C.:

> Hécates y algunos otros pretenden que más allá del país de los celtas hay en el océano una isla que no es más pequeña que Sicilia. Se extiende hacia el Norte y está habitada por los hiperbóreos, cuyo nombre les viene por vivir más allá de donde sopla el Bóreas, el viento del Norte...

Según la tradición que recoge Diodoro, el calendario hiperbóreo se basaba en el hecho de que Leto, la madre de Apolo, había nacido en esa isla mítica de Hiperbórea, la cual siglos después sería identificada como la no menos misteriosa Atlántida.

> En esta isla –prosigue Diodoro– la luna aparece a escasa distancia de la tierra y mostraría sus montañas claramente visibles, como sucede en la tierra. Cada diecinueve años, el dios vuelve a visitar la isla. Al cabo de este tiempo las estrellas vuelven a su primitiva posición, y es por esta causa también que entre los helenos un lapso de diecinueve años es llamado el año de Metón...

Evidentemente, se trata de un lugar al Norte donde cada diecinueve años la Luna aparece a corta altura sobre la Tierra y este ciclo se consuma cuando la luna llena vuelve a su misma posición respecto a las estrellas, o, mejor dicho, cuando éstas, que siguen el ciclo solar, vuelven a su posición primitiva, o sea al cabo de 6.793 días o 18,6 años. Según la tradición que cita Diodoro, en tiempos muy antiguos, un atlante o hiperbóreo llamado Abaris (¡el Abraxas de los cátaros!) había regresado a Grecia para establecerse allí y crear una estirpe entre los habitantes de Delos, isla donde precisamente, por haberse refugiado allí su madre, nacería Apolo, el dios de la luz, cuya olímpica función consistiría en transportar diariamente el carro del Sol por el cielo. Cada diecinueve años, al repetirse el eclipse, Apolo regresaba a la isla donde naciera su madre para luego volver rejuvenecido y poder así seguir protegiendo a los hombres del campo, a los navegantes, a los artistas y a los médicos.

Este espíritu paganizante por un lado y de protección hacia el hombre oprimido, por otro lado, que prevalece en los escritos de Qumrán, se manifiesta en todos los rollos del mar Muerto y coincide con las enseñanzas de Jesús, especialmente en aquellas referidas al Sermón de la Montaña:

«Benditos sean los pobres de espíritu, pues para ellos es el reino de los cielos», dice Mateo. Pero ¿quiénes son esos pobres de espíritu a los que les está reservado el cielo? En el «Rollo de la Guerra», uno de los manuscritos del mar Muerto, por «pobres» se entiende a todos los habitantes de Qumrán y, por extensión, a todos aquellos que viviendo fuera de la comunidad siguen sus doctrinas: «Entre los pobres de espíritu reside el poder...», añade el «Rollo de la Guerra». Otro de los manuscritos, la «Regla de la Comunidad», dice que «aquel que camina por la vía de la perfección es guiado por Dios», mientras que Mateo nos dice «sed pues vosotros perfectos, del mismo modo que vuestro Padre que está en los cielos es perfecto».

Coincidencias que se reiteran hasta la saciedad compulsando los Evangelios, los Hechos y las Epístolas de Pablo con lo poco que conocemos de los manuscritos: En la «Regla de la Comunidad», el «Maestro enseñará a los santos a vivir según el Libro...». El libro aquí es sinónimo de la «Regla de la Comunidad», del mismo modo que el apelativo de santo, aquí, lo mismo que lo utiliza Pablo en su Espístola a los Romanos, es sinónimo de cristiano: «Mas ahora parto para Jerusalén a ministrar a los santos...».

En la misma «Regla» se habla de como el justo debe seguir el camino de Dios y ser justo a sus ojos, pues Él manda por la mano de Moisés y todos sus servidores los Profetas. En el Sermón de la Montaña, según Mateo, Jesús nos dice:

> No penséis que he venido para abrogar la ley o a los profetas. No he venido para abrogar sino para cumplir. Porque de cierto os digo que hasta que perezcan los cielos y la tierra, ni una jota, ni una tilde, perecerá de la ley hasta que todas las cosas sean hechas...

Donde ya no hay coincidencia es en el mismo capítulo de Mateo, en los últimos versículos del Sermón, cuando Jesús nos habla de nuestro Padre que está en los cielos y hace que el sol salga sobre buenos y malos, porque, «si amaráis sólo a los que os aman, ¿qué recompensa tendréis? ¿Y si abrazaráis a vuestros hermanos solamente, no hacen también así los gentiles?... Mas yo os digo: Amad a vuestros enemigos, bendecid a los que os maldicen, haced bien a los que os aborrecen y orad por los que os ultrajan y os persiguen...». Esta mansedumbre de Jesús no coincide, desde luego, con el espíritu vindicativo de los celotes de Qumrán ni tampoco con la imagen que, en ocasiones, Jesús nos transmite.

El monopolio de la Iglesia

Obviamente, estas conclusiones, a las que se llega fácilmente estudiando lo poco que se ha filtrado de los manuscritos de Qumrán, explican lo inquietante que estas cuestiones pueden ser para la Iglesia de Roma ya que, de ser aceptadas, o cuando menos divulgadas, pondrían en tela de juicio unas tradiciones religiosas que se remontan a casi dos milenios. ¿Qué podría pensar el creyente si, de pronto, viera la coincidencia que hay entre las ideas expuestas en los rollos de Qumrán y las palabras de Jesús en el Sermón de la Montaña, por ejemplo?

Esta y otras notables coincidencias que sería prolijo enumerar aquí cabe sólo atribuirlas, generalizando, al hecho de que los cristianos primitivos (nazarenos y qumranios) eran un único grupo religioso, al menos durante la época de la revuelta de Judea, es decir, entre los años 66 y 74, cuando la muerte de Cristo estaba aún reciente y cuando la pugna entre Santiago y Pablo no se había decantado todavía a favor de este último.

De este contexto de lucha contra el invasor romano –en muchos casos lucha armada–, emana de los rollos un fervor de nacionalismo mesiánico que resulta difícil asociar a la imagen de los pacíficos esenios descritos por Plinio o a la imagen de un bucólico Jesús como pastor de hombres, pero que sin embargo sí se asocia fácilmente a la imagen que nos ha llegado de los celotes y, también, a algunos rasgos de la personalidad de Jesús, tal como nos lo describe los Evangelios. La Iglesia se ha empeinado en presentar a los esenios como a los habitantes de Qumrán, los cuales desaparecieron de su ciudad cuanto ésta fue destruida por los romanos en el año 37 a. de C. Pero la ciudad y la comunidad de Qumrán volvieron a ser reconstruidas en el año 4 de nuestra era y fue en ella –y también en la fortaleza de Masada– donde se ocultaron los rollos que recogían las enseñanzas de Jesús, o de su doble qumránico, hasta que con la ulterior destrucción de ambos lugares todos estos escritos sacros fueron ocultados en las cuevas próximas a Qumrán, en las orillas del mar Muerto. Los primeros rollos fueron descubiertos por una pareja de beduinos y, tras una serie de avatares, llegaron a manos de los monjes benedictinos de la Escuela Bíblica de Jerusalén, cuyo director, el padre De Vaux, habría de asumir por un lado la responsabilidad de la búsqueda arqueológica del material desperdigado por las cuevas vecinas a las ruinas de Qumrán, la responsabilidad del estudio de ese material y, por último, la responsabilidad aún mayor de ocultar al público los resultados de sus estudios.

El monopolio que la Iglesia católica ha ejercido y ejerce sobre el material de Qumrán, el hecho de que este acervo histórico y cultural esté bajo el control de la Congregación para la Doctrina de la Fe, institución vaticana creada en 1965 para recoger el testigo de la Santa Inquisición, presagian sin lugar a dudas el sombrío panorama que aguarda a todo investigador independiente que se aventure en el estudio del «material sectario» de Qumrán.

Naturalmente, estas conclusiones no pueden agradar en absoluto al cardenal Ratzinger, cabeza de la Congregación, institución que sucede, bajo su nueva denominación, a aquel Santo Oficio de triste recuerdo fundado por nuestro compatriota santo Domingo de Guzmán, fervoroso colaborador de san Bernardo en el exterminio de los cátaros: herejes que hace casi un milenio recogieron la esencia de las primitivas tradiciones cristianas, especialmente las emanadas del Evangelio de Juan, para reivindicar un Cristo que no tenía nada que ver con aquel otro impuesto por la Iglesia.

Tomás el gemelo

En «La Santa Cena», Leonardo da Vinci nos ofrece una doble imagen de Jesús: un rostro regular, de bellas facciones, enmarcado en una larga y sedosa cabellera. Al lado de Jesús, su hermano Tomás figura con rostro y expresión idéntica, pues, según la tradición, ambas hermanos eran tan parecidos que «cortaban el pan de la misma manera».

La doble imagen que a veces ofrece Jesús, violento y vindicativo o manso y pacífico, podría explicarse tal vez si se aceptara como real la existencia de Tomás como hermano gemelo de Jesús, pues, asumiendo a veces el primero las funciones de Jesús, sus distintas personalidades se manifestarían de forma diferente en los hechos y en las palabras del Maestro, el cual, para los no iniciados en la deliberada suplantación, evidentemente, es una sola y única persona. Esta explicación, sin embargo, pierde consistencia ya que los hermanos gemelos, normalmente, tienen un carácter similar

La pregunta, sin embargo, es cuál de los dos es el verdadero Jesús. ¿Aquel que dice que quien no esté con él está contra él? ¿Aquel que la emprende a latigazos contra los mercaderes que, instalados en el Templo, no pagan una tasa a la casa de David? ¿O aquel otro Jesús en cuyo lenguaje sólo hay palabras de amor y sabiduría? Charpentier insiste en la existencia no ya de dos personalidades distintas sino de dos personas diferentes, una la de Jesús Celote, hijo de Judas de Gamala, y la otra la de un Maestro esenio, refugiado en la comunidad de Qumrán, y al que se le conoce con el nombre de Maestro de Justicia en los manuscritos del mar Muerto.

De ser cierta la existencia del Dídimo, se explicaría sin necesidad del concurso de causas sobrenaturales las apariciones de

Jesús después que Tomás muriera en la cruz. Y esta circunstancia explicaría también por qué la misma crucifixión fue simulada, como algunos pretenden, pues Jesús no iba a llegar sin ninguna duda a permitir el sacrificio de su hermano. Las apariciones de Jesús tras su muerte se reiteran en Marcos y en Mateo y en Juan, pero cada uno de ellos las relata en lugares y en circunstancias distintas. ¿Iba Jesús apareciéndose por Galilea y Tomás lo hacía por Judea, simultáneamente? ¿Ambas apariciones eran de Jesús o una de ellas corresponde a Tomás, a quien el *Evangelio de Bartolomé* saluda así: «Salud a ti, gemelo, segundo Cristo...»?

De cualquier forma, fuera uno o el otro el que escapa de la tumba, lo cierto es que ni sus seguidores ni su propia esposa, María de Magdala, lo reconocen. Al salir del sepulcro, que guardan dos ángeles de blancas vestiduras, María de Magdala «volvióse y vio a Jesús que estaba allí, mas no sabía que era Jesús». La Magdalena, en efecto, cree ver en Jesús a un hortelano y le pregunta dónde se han llevado el cuerpo de su esposo. Cuando Jesús la llama por su nombre, ella al fin le reconoce y «dícele "Raboni", que quiere decir Maestro». Luego le dice Jesús: «No me toques porque aún no he subido a mi Padre, mas ve a mis hermanos y diles que subo a mi Padre y a vuestro Padre, y a mi Dios y a vuestro Dios». Más adelante, siguiendo el relato de Juan, Jesús se reúne con los apóstoles, pero «Tomás, uno de los doce, que se dice el Dídimo, no estaba con ellos cuando Jesús vino»... (Juan 20.24). No es hasta ocho días después, estando todos los discípulos reunidos, cuando aparece de nuevo Jesús y por fin Tomás, que no se había creído lo de la resurrección, puede tocar las heridas de Jesús y convencerse de la realidad del martirio.

La palabra que en hebreo expresa la condición de gemelo es *taoma* y en esta palabra se pretende ver el origen del nombre Tomás. *Taoma* o «gemelo», después de su primera versión aramea y tras su paso por el siríaco, dio *dídimo* en su traducción griega. Pero en estas primitivas versiones griegas Dídimo aparece en mayúscula, es decir no viene como sustantivo sino como nombre propio, por el cual se dedujo que tal nombre correspondía a un hombre de carne y hueso. Según esta interpretación, Tomás o Jesús ocultan en público su personalidad y sólo se manifiestan en lugares cerrados y discretos, ante la sola compañía de sus seguidores. Según el mismo *Evangelio de Bartolomé*, Pedro vende a

Tomás como esclavo a un mercader sirio para que así pueda salir discretamente de Palestina. Pasadas las fronteras de Judea, Tomás (o Jesús, pues igual puede ser éste el que vende Pedro) podrá comprar fácilmente su libertad y esperar en lugar seguro y ver cómo evolucionan los acontecimientos. El tema del gemelo de Jesús ha sido a menudo reiterado en el arte pictórico. En un rosetón de là catedral de Oviedo, aparecen juntos dos Niños Jesús gemelos.

Algunos esoteristas se esfuerzan en ver el apócrifo Evangelio de Tomás como una justificación del *Evangelio del Doble*, pero lo cierto es que no hay nada en este texto que permita abrigar semejante posibilidad. Contrariamente, es en el Evangelio de Juan donde sí pueden discernirse conceptos que podrían entroncar con ideas tales como la del cuerpo astral o del taoma. El gnosticismo, como corriente esotérica cristiana inspirada en una concepción solar del hombre, afirma que Cristo es hijo de un dios de amor, hijo de un dios desconocido, y que todos los profetas son acólitos de un dios falso. De las concepciones cristianas los gnósticos aceptan solamente la del Espíritu Santo, la *Sofía* que simboliza la paloma en la gnosis, y la *Gleisa* o el Amor para los cátaros y templarios, quienes conciben a un Dios dual: el Abraxas o el Abaris hiperbóreo, donde Dios y el Diablo van de la mano, idea del todo justificada a partir del llamado «Evangelio apócrifo del pseudo Juan».

Es en efecto el espíritu que subyace en el Evangelio de Juan el que cátaros y templarios asimilan para oponerse al cristianismo paulino, que consideran de concepción lunar, dogmática. Cátaros y templarios, efectivamente, se ocuparán de difundir una concepción solar del hombre o, dicho de otro modo, dar a la vida del hombre un sentido iniciático que encauce una dirección contraria a la que sigue la involución de la ortodoxia cristiana. Una tarea de titanes, ciertamente, y desde su inicio condenada al fracaso pese a que tratarán de desarrollarla políticamente intentando restaurar la realeza merovingia –la cual, según el esoterismo y las tradiciones del Grial, procedía de la estirpe de Cristo–, pues esta orientación concitaría la oposición de todas las fuerzas reaccionarias del momento: la Iglesia y la realeza europea, salvo escasas excepciones, como la de Pedro I de Aragón. Ni siquiera el acercamiento de templarios y cátaros a las masas populares, a las que apoyaban económicamente y para las cuales crearon todo un cuerpo de doctrina jurídica que las iba librando del vasallaje, pudieron equilibrar la balanza en una lucha que de antemano ya estaba decantada a favor de los vencedores de *afuera*.

Las Tres Marías

Los tres primeros evangelios sinópticos establecen el elenco de los familiares y discípulos que estaban presentes durante la crucifixión de Jesús Bar Nagara. Marcos, el más escueto, habla de «algunas mujeres mirando de lejos, entre las cuales estaba María Magdalena, María la madre de Santiago el Menor y de José, y María Salomé». Estas tres mujeres, las tradicionales Tres Marías, «estando aún Jesús en Galilea, le habían seguido y le servían, juntamente con otras muchas que juntamente con él habían acudido a Jerusalén... Y María Magdalena y María madre de José miraron donde fue enterrado Jesús».

Mateo, por su parte, coincide con Marcos en que aquellas santas mujeres ejercían ante Jesús las funciones de *diakoneo*, es decir, le «servían». Pero no coincide con Marcos al nombrarlas, pues cita la presencia de María Magdalena, de María la madre de Santiago el *Mikros* (el pequeño, el menor) y de José, junto, sin nombrarla, «la madre de los hijos del Zebedeo», la cual, si los hijos del Zebedeo eran hermanos de Jesús, sólo podía ser María la madre, pese a que Marcos la identifique como Salomé. Cuando Jesús es depositado en el sepulcro, Mateo dice que «estaban allí María Magdalena y la otra María», pero sin determinar cuál de ellas. Esta misma «otra María» y María Magdalena fueron tres días después a visitar el sepulcro y fueron testigos de la resurrección del Señor.

El mismo episodio en Lucas es aún más ambiguo: «Mas todos sus conocidos y las mujeres que le habían seguido desde Galilea estaban a lo lejos mirando estas cosas». Juan es sin duda el más explícito cuando dice que junto a la cruz de Jesús estaban su madre y la hermana –sin precisar si la hermana era hermana de la madre o hermana de él y del propio Jesús–, María la mujer de Cleofás, y María Magdalena». En los versículos siguientes, «como Jesús vio a su madre y al discípulo que él amaba, que estaba allí presente, díjole a su madre: "Mujer, he ahí a tu hijo". Después le dijo al discípulo: "He ahí a tu madre". Y desde aquella hora el discípulo la llevó consigo para que viviera en su casa».

Subyace también sin embargo cierta confusión en el relato de Juan, pues María la de Cleofás, madre de Alfeo y madre de Santiago el Menor, no tiene un papel significativo en la vida de Jesús y sin embargo aparece en primer plano durante su ejecución. Sin dar su nombre, Juan se cita a sí mismo como el «discípulo bienamado», como hijo de María y, por lo tanto, hermano o hermanastro de Jesús, quien le ha encomendado el cuidado de la madre. ¿Qué razón podría tener Juan para silenciar su propio nombre? ¿Por qué no lo citan Lucas, Marcos ni Mateo como testigo directo de la crucifixión? El misterio de la escena, sin embargo, se centra en María Magdalena. ¿Quién era realmente esta mujer misteriosa de la cual Juan no dice en absoluto que «sirviera» a Jesús en Galilea?

Lucas presenta a Magdalena como a una pobre prostituta que, estando Jesús en casa de un rico fariseo, acudió portando un vaso de alabastro lleno de un carísimo ungüento. Magdalena se puso a llorar a los pies del Maestro, tan copiosamente que se los lavó con sus lágrimas. Luego de enjugarlos con sus cabellos, se los perfumó con los óleos del vaso. Más adelante, Lucas habla de María Magdalena como de una mujer de la cual «habían salido siete demonios» y la asocia a Juana, la mujer de Chuzas, y a Susana, como servidoras de Jesús.

Diversos comentaristas bíblicos, por su parte, han asociado a la misteriosa Magdalena con María de Betania, la hermana de Marta y de Lázaro, sin duda por la alusión que hace Juan cuando relata que «María, cuyo hermano Lázaro estaba enfermo, fue la que ungió al Señor con ungüento, y secó sus pies con sus cabellos», sin hacer en absoluto alusión a la supuesta condición de prostituta que Lucas le atribuye al relatar la escena de Betania, que no tiene lugar ni en casa de Simón ni de Lázaro, como respectivamente precisan Mateo y Lucas, sino en casa de un innominado «fariseo».

La clave de la confusión a que inducen los diversos relatos evangélicos habría que buscarla en una incorrecta traducción al griego de los primeros originales arameos. Aparte, naturalmente, de que los Evangelios son unos escritos proselitistas en los cuales prima como primer imperativo el conmover la sensibilidad del creyente y en los que no cabe pretender hallar rigor histórico ni coherencia narrativa. Ello provoca algunas incoherencias tan evidentes que merecen un comentario específico.

María Salomé

Según Marcos, son tres las mujeres que acompañan a Jesús hasta la cruz: María (la madre del propio Jesús), María Magdalena (María de Magdala o María la Tejedora) y María Salomé, la presunta y oculta compañera de Jesús. Salomé o María Salomé, se casó por primera vez con Alexos, y la leyenda la identifica erróneamente con la bailarina que hizo cortar la cabeza del Bautista, pero para las mentalidades ortodoxas resulta tan difícil asumir que Jesús la hubiese aceptado como discípula después de haberle cortado la cabeza a su primo como aceptar que fuese realmente la compañera de Jesús. Pero, en los tiempos de Jesús, el que el Maestro tuviera una amiga íntima no escandalizaba a nadie. No es hasta después, con los Padres de la Iglesia, que tales uniones se estigmatizan (Tertuliano, *De virginibus velandis*) y se reprueba a los *agapetas*, es decir, a los clérigos y a las «vírgenes consagradas al Señor» que viven maritalmente. El propio Pablo, como reconoce no sin cierto rubor (Corintos), vive con una concubina: «¿O no tenemos potestad de traer con nosotros una hermana mujer, como los otros apóstoles y los hermanos del Señor, y el propio Céfas? ¿O sólo yo y Bernabé no tenemos derecho a *trabajar*?». Aquí, obviamente, Céfas es la transcripción cifrada del nombre de Pedro, jerárquicamente por debajo de Santiago, tal como se le llamaba en Qumrán. Al parecer, fue Pablo quien sugestionó a Céfas-Pedro, viudo y maduro, para que se casara con una jovencita que él le destinó. Igualmente es obvio el sentido que aquí implica Pablo al término «trabajar».

Evidentemente, la Salomé que la leyenda identifica con la mujer que hace cortar la cabeza a Juan el Bautista no puede ser la María Salomé discípula de Jesús. Los Padres de la Iglesia, en efecto, citan a Herodías y no a Salomé (la hija de Herodías y de su primer marido Herodes Filipo) como a la bailarina que exigió a Herodes la cabeza del Bautista. Desde luego, aceptar que Salomé fue la culpable del descabezamiento de Juan el Bautista hubiese sido un trago demasiado fuerte. Pero más difícil es aún aceptar que la joven Salomé (ya dos veces viuda, de Alexos primero y de su primo Filipo Antipas después) siguiese a Jesús por todas partes junto con sus dos doncellas, Susana y Juana, esta última esposa de Chuzas, el intendente de su padrastro.

Salomé permaneció en Palestina cuando su padrastro, Herodes Antipas, y su madre Herodías, fueron exiliados a las Galias. Salomé, que con Cristo había renunciado al «fruto de la amargura» o de la maternidad, no tuvo hijos tampoco con sus dos primeros maridos, pero sí los tuvo con el tercero, con su primo Aristóbulo III, quien parece que a su vez estaba emparentado con Pablo, a no ser que sea la propia Salomé su pariente, según da a entender aquel en su Epístola a los Romanos.

Tras el arresto de Pablo en Jerusalén por las autoridades romanas (según Clemente por haber orquestado una agresión contra Santiago), es trasladado, cono una fuerte escolta que no le vigila sino que le protege de la ira de los celotes, a Cesárea. Allí, en el palacio de Herodes Antipas, vive a cuerpo de rey durante dos años. Una curiosa situación para un prisionero. Cuando finalmente es trasladado a Roma, no es juzgado, como cabría esperar, sino que se instala en uno de los mejores barrios de la ciudad y uno de sus primeros cuidados es visitar a la princesa Salomé, a la cual, unos años antes, como él mismo expresa en su Epístola a los Romanos, ya le había mandado una expresiva salutación familiar:

Saludad a los que son de Aristóbulo y saludad a Herodión, mi pariente.

La expresión «los que son» significa, naturalmente, los hijos de Aristóbulo y de María Salomé, a saber: Herodión, el primogénito, y sus dos hermanos, Agripa y Aristóbulo. La expresión «mi pariente», sin embargo, no está nada clara. Pablo, evidentemente, no tenía relación familiar con Aristóbulo y, por lo tanto, si tenía alguna relación de parentesco con Herodión sólo podía ser a través de su madre Salomé. Una verdadera incógnita cuya solución, tal vez, explicaría el peculiar «encarcelamiento» de Pablo en el palacio de Herodes Antipas.

Esta noticia que nos da Pablo, sin embargo, contrasta con lo que dice la leyenda sobre Salomé, quien con las otras dos santas mujeres se refugió en Occitania tras la muerte de Cristo. Años después del saludo de Pablo a Aristóbulo, sin embargo, la madre y el padrastro de Salomé caen en desgracia y tienen que exiliarse a las Galias. ¿Es tal vez en este punto cuando la leyenda se superpone a la realidad y sitúa a Salomé en Occitania? ¿O tal vez hubo dos Salomé, la conocida hijastra de Herodes Antipas y otra Salomé desconocida, amiga de Jesús? Cronológicamente, a la muerte de Jesús, aunque ya viuda dos veces, la joven Salomé amiga de Jesús hubiera podido casarse y tener hijos con Aristóbulo, pues las andanzas de Pablo empiezan inmediatamente después de la crucifixión de Cristo.

¿Por qué Salomé no odiaba a Jesús, tal como hacía Herodes Antipas? ¿Precisamente por llevarle la contraria a su padrastro? Se comprende perfectamente la animadversión que sentía Herodes Antipas hacia Jesús, un revolucionario que no sólo·se le enfrentaba políticamente sino que encima se había amancebado con su hijastra, ¡con la nieta de Herodes el Grande, quien había hecho crucificar a Ezequías, abuelo de Jesús! ¡Salomé, cuya madre había hecho cortar la cabeza del Bautista, amancebada con Jesús! ¡La nieta del gran Herodes unida sentimentalmente a aquel risible galileo que no solamente se pretendía Mesías sino que también se arrogaba un derecho sobre el trono de Israel, un trono que correspondía a los verdaderos reyes idumeos, o sea al linaje de Herodes!

La paradoja histórica es tanto más sangrienta si se considera que hasta es posible que hubiese una relación de parentesco o de amistad entre las familias de Herodes y de Judas de Gamala. En efecto, a la muerte de Herodes el Grande, cuando su hijo Arquelao va a la capital del imperio para ser investido rey de Judea, se produce la revuelta contra Roma capitaneada por Judas de Gamala, el supuesto padre de Jesús, bajo el estandarte de *Los hijos de David*, bandera que acoge a varios parientes del propio Arquelao, entre ellos a Achieb, primo de Herodes el Grande, tío de Arquelao y tío abuelo de Salomé.

Según la leyenda áurea, María Salomé es también la Viuda, pues ha quedado viuda después de la crucifixión de su amado místico, de su *siddha* tántrico:

114

Traedme flores, pero flores de duelo.
Traedme siemprevivas. Quiero sembrarlas sobre su tumba.

Pero es el Hijo de la otra Viuda, de Magdalena, bajo el conjuro del cántico, el que se inmortaliza no sólo porque Salomé siembre siemprevivas –*inmortalles*– en la tumba de su Amado Místico, sino que alcanza la inmortalidad precisamente cuando las Tres Marías desembarcan en el Puerto de Venus de la costa catalana, según una tradición, o cuando su barca vara sobre las finas arenas de Saintes Maries de la Mer, en la Provenza, o, según otras tradiciones, cuando la única Viuda y sus dos santas compañeras arriban a la occitana Marsella huyendo, tras la muerte de Jesús, de la convulsionada Palestina.

7. La piel del Cordero

El Apocalipsis

Si Iberia es la piel de toro, Occitania es la piel *del* Cordero. Un territorio con entidad propia pero sin Estado, al cual, según la tradición, fueron arribando colonias hebreas desde los tiempos del Éxodo bíblico para asimilarse a los primitivos habitantes de la zona: pelasgos, iberos, celtas y druidas. Con la ulterior arribada de más migraciones del Próximo Oriente, antes de que se produzca la dispersión judía, se producen nuevos asentamientos o se integran a los ya establecidos. Si ya setecientos años antes del nacimiento de Cristo había asentadas colonias galileas, a comienzos de la era de Piscis acuden a Occitania precisamente los nazarenos, grupos israelitas que antes incluso de sufrir la persecución romana son hostilizados tanto por el judaísmo ortodoxo como por el naciente cristianismo paulino. Posteriormente, con la Diáspora, las migraciones judías a Occidente tienden a instalarse más al Sur, sobre Iberia o sobre las vecinas costas de África.

Si los galileos llegaron a lo que luego se conoció como las Galias, no sería difícil buscar en aquellos inmigrantes primitivos la denominación que daría origen al territorio. En aquellos tiempos, Occidente u Occitania eran todas las tierras situadas en el margen oeste del Mediterráneo. Y sin duda no sólo llegaron colonias galileas a lo que hoy es Francia, sino también a España, en cuya denominación podría también buscarse un origen judaico.

Mientras Roma pasaba su implacable rodillo por las tierras de la Europa Occidental, en el otro extremo del Mediterráneo, el haoma y la hidromiel de la época anterior daban paso al vino, la bebida sagrada de la era de Piscis. El vino, sangre de la tierra, se transmuta en el sangre de Cristo en el sacrificio de la misa para purificar de sus pecados a aquellos que creen en él.

Los cristianos primitivos asimilan la imagen de un Cristo-Pascua, el «cordero inmolado», al retrato de un dios solar que tratan de conciliar, en los avatares de su vida terrestre, con el contenido de las antiguas profecías y con otras imágenes cuyo origen es más pagano, más solar, que el estrictamente procedente de la tradición religiosa de Israel. Estas formas mítico-solares de la imagen de Cristo son particularmente notables en el Apocalipsis de San Juan, el libro que finalmente, en el siglo V, los Padres de la Iglesia declararon canónico al considerar que era el fruto de la revelación profética hecha por Jesucristo a Juan, a finales del siglo I, cuando el apóstol estaba desterrado en la isla de Patmos.

El Apocalipsis podría interpretarse como un poema hermético que recoge las profecías reveladas, unas ya cumplidas y otras por cumplir todavía, cuya doctrina y sentido es un verdadero arcano, un misterio aún no desvelado que sigue apasionando a los eruditos de cualquier credo, pero cuyo sentido primordial son las formas y símbolos solares que contiene.

Así, Jesús se le aparece a san Juan en medio de siete candeleros de oro, con la cabeza blanca como la nieve, sus ojos fulgurantes como el fuego vivo, su rostro como el sol en toda su plenitud cegadora, su boca esplendorosa por el brillo de la espada de doble filo que le sale de la misma. Sentado en su trono, salen de Jesús voces, relámpagos y truenos. A su alrededor, veinticuatro ancianos le glorifican, todos ellos vestidos de blanco y luciendo en sus cabezas coronas de oro en las cuales están grabados los anagramas de tres animales, el león, el becerro y el águila, además de un rostro humano. Frente al trono de Jesús lucen siete lámparas. Jesús tiene en la mano un libro con siete sellos, un libro que nadie, salvo el Cordero, puede abrir, pues sólo el Cordero, con sus siete cuernos y sus siete ojos puede leerlo.

No puede sorprendernos que el Apocalipsis haya inspirado una literatura abundantísima ya desde los orígenes, puesto que el libro de san Juan, lo mismo que el conjunto de los Evangelios, no son originales sino que son simples *excerpta* compilados para el uso privado o interno de cada una de las sectas que en un principio formaban lo que hoy se conoce como cristianismo temprano. Cada una de ellas, en efecto, ya fueran esenias, terapeutas o nazarenas, tenías sus propias versiones con un doble objeto: apoyar su doctrina en las enseñanzas de Cristo y desacreditar a sus rivales con la afirmación de que las enseñanzas que los demás recogieron eran espurias.

Cada cual, en efecto, trataba de llevar las aguas a su molino. Hasta el mismo Filón, como hacían los judíos helenistas y los terapeutas, bebe en las fuentes de la primitiva tradición cristiana. Todo es una fuente común que no comienza a diferenciarse sino a partir del segundo gnosticismo, cuando convertido en el *Logos*, el Cristo paulino comienza a ganar terreno y se distancia de los nazarenos de Santiago y de los auténticos seguidores de Cristo, quienes acusan a los paulinos de desnaturalizar la doctrina de Jesús y del Bautista y pervertir su rito simbólico. Con san Pablo, efectivamente, la buena nueva perdía su aspecto social para adquirir un carácter netamente teosófico y se cortaba definitivamente el nexo que unía a todas las comunidades cristianas primitivas.

El perdido «Evangelio de los Hebreos», citado por Papías, contenía las *Sentencias de Jesús*, único texto que los nazarenos –la secta que al parecer era la depositaria de las tradiciones de los desaparecidos habirus[1] o hebreos– consideraban era la real y legítima *doctrina secreta* de Jesús, la doctrina que no se divulgaba a los neófitos, a los cuales se les iniciaba solamente en los misterios nazarenos. Esta conclusión, al menos, es la que puede deducirse de tantas precauciones para no revelar los ritos y símbolos importantes que la élite nazarena transmitía sólo a unos pocos elegidos.

Los ortodoxos, naturalmente, se encogen de hombros ante estos datos cuyas pruebas son difíciles de documentar. Y, por su parte, los heterodoxos se contentan con afirmar que «el mito creó los Evangelios, el espíritu dogmático los conservó y la crítica los ha destruido». A la luz de la crítica, efectivamente, el Cristo legendario y dogmático de los Evangelios se difumina, pues, cuando se expone de cerca toda su figura, resulta difícil precisar la realidad y separarla de la ficción.

La sangre de Occitania

Con la invasión romana de las Galias, el poderoso aparato administrativo romano impone su lengua y su cultura y deposi-

118

ta el fermento que hará posible, antes de que se produzcan las siguientes invasiones bárbaras, dar origen a las lenguas de los distintos territorios ocupados: castellano, galaico-portugués, francés, italiano, catalán y lemosino, primera denominación que tuvo la lengua de oc, antes de ser llamada también gascón o provenzal o, más desdeñosamente por la Francia de más allá del Loire, *patois*.

Este territorio que se extiende desde los Pirineos a los Alpes, dividido primitivamente en provincias por la dominación francesa, recupera poco a poco su identidad primigenia y sus distintos habitantes –lemosinos, gascones, auverneses, languedocianos, provenzales, nizardos y delfineses– empiezan a recuperar conciencia de la lengua y de la cultura común de las cuales fueron despojados, si bien esta conciencia por el momento está impregnada solamente de un sentimiento de reivindicación política. Todavía los occitanos no han caído en la cuenta de que, además de su sentimiento político, hay un factor importante en su sangre: la huella de un pasado religioso que, aun siendo cristiano, es anterior al asentamiento en sus tierras del cristianismo romano. ¿Por qué si no tuvo la Iglesia tanto interés en extirpar de raíz todo reducto cátaro y templario de ese territorio que cubrió de sangre?

En Occitania se siente vivo el recuerdo de la piedra ancestral. Las pinturas murales de las paredes de las cuevas de Pech-Merle, los distintos yacimientos prehistóricos de Tautavel y Chacelade, aportan algunos datos sobre cómo eran aquellos hombres y mujeres de la Magdalene y del Mas d'Azil que hace treinta mil años cazaban el oso, el reno, el bisonte y el mamut, antes de que estas especies buscaran los fríos del Norte. Hombres megalíticos que dieron paso a los ligures, iberos y celtas, a los pueblos llegados por caminos de tierra o de mar, a los pelasgos y a los galileos tal vez, a los griegos que fundaron Agde, Antibes, Niza, Marsella, Ampurias. A los romanos, finalmente, quienes dos siglos antes de Cristo fundaron la Narbonense.

Con los romanos, establecidos en Narbona y Arles como centros de su rígida administración, llega el cristianismo y, en el año 313, es declarado religión oficial. Un siglo después, empero, vándalos, suevos y alamanes devastan la obra de Roma y, al desperdigarse, ocupan Occitania los visigodos, cuya realeza se proclama portadora de la sangre de Cristo. Ante esta proclama cabe preguntarse, sin embargo, si esa supuesta sangre de Cristo la traían ya de sus tierras de origen o si la incorporan a sus venas en tierras occitanas.

Una de las características de la dominación romana, tanto en las Galias como en Hispania, es la extirpación de las raíces ancestrales del mito y la poesía local para ser sustituidas por la vulgaridad administrativa del latín como idioma del imperio. Pese a esta opresión, sin embargo, la administración romana basa sus catastros y sus mediciones agronométricas en los datos elaborados por los mismos expoliados. Y así, Occitania e Hispania son parceladas por los nuevos señores respetando parcialmente los hitos existentes. Todo conquistador procede así, de forma que con el paso de los siglos no resulta difícil seguir el rastro de tal o cual comarca, de esta o de aquella región. Esto es lo que ocurre, por ejemplo, con el departamento del Ardéche, perdido actualmente en las estribaciones occidentales de los Alpes mientras que en los tiempos de esplendor de la Occitania, y luego con la denominación de Vivarais, se extendía desde los Pirineos a la Sión ginebrina, es decir, delimitando el territorio que primeramente ocuparían los visigodos y que después sería el solar de la mítica Camelot, el reino del legendario Arturo y sus caballeros, aunque algunos, erróneamente, lo sitúen en Inglaterra o en Bretaña. A este mismo territorio aspirarán igualmente los merovingios y la familia Plantard, los primeros reclamándose herederos de Cristo y los segundos, junto con la Orden de Sión, reclamándose igualmente portadores de la sangre de Jesús.

Pero no conviene idealizar el carácter de unos u otros ni, según las simpatías personales, pintar con tintas más favorables a una u otra causa. Así, los partidarios de los visigodos como herederos del linaje de Cristo se enfrentan a los partidarios de los merovingios reclamando la prioridad que les dan unos siglos de anticipación llegando a Occitania respecto a las mismas aspiraciones de los partidarios de los merovingios. Pero ni unos ni otros, en realidad, eran trigo limpio y la más elemental objetividad exige separar la paja del grano.

Hay que terminar también de una vez, por otra parte, con el carácter que tradicionalmente se atribuye a los invasores bárbaros. En primer lugar, los visigodos ni eran invasores ni eran bárbaros. Todo lo contrario, firmaron un contrato en buena y debida forma con Roma para ser autorizados a establecerse en la Galia meridional y, cuando ésta fue atacada por los hunos, rechazaron al invasor y Roma, como premio, les autorizó a ir a guerrear en España para defender el Imperio. Un siglo después, no obstante, mientras los reyes francos, burgundios y ostrogodos acatan la soberanía de Bizancio, vándalos y visigodos se independizan de la tutela imperial. Mientras que Teodorico, rey de los ostrogodos, ostenta el título romano de «Maestro de milicias» y reitera su fidelidad al Imperio, los visigodos saquean Roma y capturan a Gala Placidia, la princesa hija del emperador Teodosio.

En el año 413 Ataúlfo entra en Provenza y conquista Narbona y comienza a asentar un imperio que pronto se extenderá desde los Alpes al centro de España. Establecida su capital en Toulouse, Ataúlfo se casa con Gala Placidia en Narbona. Unido a la familia imperial, Ataúlfo elaborará un ambicioso plan que consiste en transformar la caduca «Romania» en una «Gothia» donde los godos sean los amos y señores del mundo. La prematura muerte del rey visigodo frustra sus planes y Gala Placidia, tal vez enterada de los mismos, se apresura a casarse con un general romano, y con éste tendrá un hijo que llegará a ser el emperador Valentiniano III.

Antes de que transcurra un siglo, sin embargo, tras no haber podido vencer al ostrogodo Teodorico en Italia (el Teodorico de Verona, el legendario Dietrich von Bern), los visigodos comienzan a padecer en su territorio los primeros embates de los francos de Clovis, pero, pese a las amenazas bélicas, los supuestos bárbaros asentados en la Galia occitana establecen una obra civilizadora que desarrolla el comercio y las comunicaciones, convirtiendo los puertos de Marsella, Narbona y Tarragona en sendos centros del tráfico marítimo con los países de Oriente. Los visigodos, en efecto, no tienen nada de bárbaros, pues restauran los aparatos administrativos romanos, asimilan el latín y el derecho de la antigua Roma. Las diferencias religiosas ni las reprimen ni las persiguen sino que a través de los «coloquios religiosos» tratan de armonizar las creencias de cristianos y arrianos, sucesores de los nazarenos.

La estirpe real

Con frecuencia se confunde a los visigodos con los merovingios por ser ambos pueblos bárbaros. Pero había entre los mismos una diferencia fundamental. Los visigodos eran arrianos, es decir, seguidores del sacerdote de Alejandría que comenzó a predicar su doctrina a comienzos del siglo IV, siguiendo las enseñanzas nazarenas. Para conjurar el cisma naciente, Roma se apresuró a convocar el primer Concilio universal de la cristiandad (Nicea, 325), del cual surgiría el *Credo* católico. Los merovingios, en cambio, cristianos ortodoxos, han sido celebrados en la historia como los autores de la epopeya de los francos (*gesta Dei per Francos*) contra los visigodos.

La *Lex romana visigothorum*, el llamado Breviario de Alarico (año 506) compila el código de Teodosio y el código gregoriano en una síntesis original que recoge las leyes romanas de la época y que asegurará, hasta bien entrada la Edad Media, la perennidad del derecho romano en Francia y en España. Con los visigodos la medicina, la ciencia, las técnicas y las artes cobran un gran impulso en Occitania, impulso que no disminuye cuando trasladan su capital de Narbona a Toulouse, de Toulouse a Barcelona, y desde la capital catalana a Mérida y Toledo, amenazados por la conquista del norte de las Galias por Meroveo, el primer caudillo de los francos que llega a París. Clovis, a continuación, conquista toda la Galia y la Renania y, posteriormente, Dagoberto establece con su dinastía de «reyes holgazanes» la precaria unidad de los francos. Asesinado Dagoberto con la complicidad de Roma, los «Mayordomos de Palacio» de Pipino de Heristal darán paso al primer rey carolingio: Pipino el Breve.

La obra civilizadora de los visigodos sólo mengua cuando Tariq conquista España y pone fin a la dinastía visigótica. Apenas diez años después de su vertiginosa conquista, Tariq, tras vencer a Rodrigo en Jerez (711), asienta su capital en la ciudad de mayor prestigio de Occidente: Narbona. Luego, prosiguiendo su impulso, conquista Nimes y extiende su influencia prácticamente a toda Occitania. Pero su conquista es más política que militar. Tras la derrota árabe en Poitiers, en el año 732, frente a Carlos Martel, los duques de Aquitania y de Provenza se unen a Tariq para contener los cada vez más insistentes ataques de los francos, cuyas repetidas razzias han sembrado el terror entre la población civil. Tanto es así que en el año 736 los habitantes de Nimes defenderán su ciudad, codo con codo con los musulmanes, contra las tropas de Carlos Martel.

El último reducto visigodo en Occitania, el condado de Razès o Rhédae, cerca de Carcasona, plantea ciertas dudas en cuanto a quiénes fueros los primitivos condes que lo ocuparon. Obviamente, en Francia, y dado el tradicional chauvinismo de sus historiadores y de sus esoteristas, tratan de relacionar a Guillem de Gellone y a los demás condes a partir del sofisticado argumento de que los tradicionales reyes merovingios, los «reyes cabelludos» de los francos, ya se habían rasurado (*rasé*, supuesto origen de Razès) al alcanzar Occitania con Carlos Martel, olvidando que si bien se aplica a los merovingios el título de «melenudos», los visigodos llevaban igualmente los cabellos muy largos. Aunque sí hay que reconocer que los merovingios eran realmente melenudos, pues sin ir más lejos, Wifredo I, conde de la Cerdaña-Conflent, Urgel, Gerona-Besalú y Barcelona, adopta el apelativo de «el Velloso». Pero también debe recordarse que sus adversarios, los visigodos condes de Ampurias, lucían igualmente largas barbas y melenas.

La relación entre merovingios y visigodos sin embargo existe realmente, pues Dagoberto II, antes de que fuera asesinado por Pipino el Gordo, se casó en segundas nupcias con Giselle de Razès, siendo su hijo, Sigisberto IV, el siguiente conde de Razès.

Hijo también de una viuda, para no correr la misma suerte que su padre, Sigisberto fue sacado de palacio a escondidas por su hermana y ésta lo llevó junto a su madre, en Rhédae. Ya mayor de edad, y sabiéndose perseguido todavía, adoptó el nombre de *rejeton ardent* o «vástago ardiente» en alusión a la vid o estirpe merovingia, si bien en su escudo real no campeaban ni el pámpano ni las uvas sino la modesta pero florida retama: el *genet*. Más tarde cambió su nombre adoptando el de «Plant-Ard» o «Plantard», recordando así más fielmente la denominación arcaica de la retama en lengua de oc y, destacando, cómo no, la raíz *ar*, pese a que en su escudo figurara por duplicado el suntuoso lis de los Capetos y de la realeza de Judá, sobre el exordio de *Et in Arcadia ego...*

Curiosamente, Sigisberto se casó con una muchacha llamada Magdala y mandó erigir una iglesia bajo la advocación de María Magdalena en Rhennes-le-Chateau, precisamente sobre las ruinas de un templo visigodo que a su vez había sido edificado sobre los restos de un santuario celta. Un siglo más tarde, aparece un nuevo Plantard que, al igual que hiciera su abuelo, cambia su nombre y adopta el visigótico de Teodorico (Thierry) y con este nombre, y pese a la desaprobación de Roma, los carolingios le autorizan a que se constituya rey en sus dominios de Rhédae. En el año 790, el hijo de este Teodorico, el legendario Guillem de Gellone –inmortalizado por Wolfram von Eschenbach, el autor del segundo *Parsifal*– hereda el título de conde de Razès.

Incorporado a la *familia del Grial*, Guillem de Gellone (o de Gerone, como aparece en algún antiguo documento, evocando con su resonancia tanto al Garona como a Gerona), se incorpora también a la familia carolingia al casar a su hermana con uno de los hijos de Carlomagno. Y desde su castillo en los Pirineos Guillem se une a las tropas del emperador para luchar contra los moros, entrando en el año 803 victorioso en Barcelona, con lo cual ampliaba considerablemente su reino de Rhédae. Uno de los sucesores de Guillem, Bernand Plantavelu («planta velluda», ¡de nuevo una alusión más a los «cabelludos»!), funda el ducado de Aquitania, territorio que sin embargo no se incorpora al efímero reino de Rhédae, el cual se prolongaría hasta Sigisberto VI, el llamado «príncipe Ursus», quien con la ayuda de dos nobles, Bernard de Auvergne y el marqués de Gothie, se haría coronar rey en Nimes el año 878, para, a continuación, declarar la guerra a Luis II de Francia. Desaparecido Ursus pero no los Plantard, una rama de esta familia con el nombre de Plantagenet se alía a la casa de Anjou y, a través de ésta, su estirpe llega a Inglaterra y da paso a una nueva familia real.

Pero antes de que esto sucediera, el empuje de Carlos Martel seguía siendo irresistible. En pocos años devasta todas las ciudades de Septimania, junto con Nimes, Arles, Aviñón y Marsella. Narbona sólo podrá resistir hasta el año 732, vencida finalmente por Pipino el Breve, el conquistador de Aquitania. Con el advenimiento de Carlomagno, trazando la frontera del Ródano entre el imperio germánico y el reino franco, se establece una paz precaria que no impide que la inseguridad impere por todo el territorio:

tras el pillaje generalizado de los francos, los sarracenos pillan el Rosellón y los normandos asolan el Limusin, la Auvernia, el Languedoc y la Provenza. La nobleza aprovecha el desorden para constituirse independiente y en Arles, en el siglo X, simultáneamente a la aparición de los primeros escritos en lengua de oc, aparece un reino propiamente occitano. Un reino precario y efímero, pues muy pronto una guerra mal llamada cruzada lo aniquilará despiadadamente.

Los albigenses

En las postrimerías del siglo X existe en Francia un imperio germánico y un reino franco que cortan en dos las tierras de Occitania, cuyos nobles son teóricamente a la vez vasallos del rey de Francia y del emperador germánico. En la práctica, sin embargo, los feudales occitanos son independientes y pronto, los señores de Aquitania, de Toulouse-Saint-Gilles y de Barcelona aspirarán al control político de Occitania, unas tierras que, en esta época, ante la hambrienta Europa, se autoabastecen de trigo, de vino, de aceite, de ternera y, sobre todo, de cordero.

Las florecientes ciudades, feudos de la activa burguesía, acuñan su propia moneda. El comercio, financiado por las primeras sociedades anónimas, florece a su vez con sus continuados intercambios regionales e internacionales, favorecido por la lengua única del país, por un lado, y por otro lado favorecido más aún por el constante conflicto que enfrenta a la nobleza y al clero. La burguesía ciudadana impone los *Consulados*, o sea la administración urbana mediante consejos de elegidos, lo cual constituye el primer paso de las repúblicas ciudadanas, las cuales se rigen pronto por sus propios *Fueros*, al margen del derecho feudal.

Pero las grandes familias se oponen a esta revolución y los duques de Aquitania, los condes de Toulouse-Saint-Gilles y los reyes-condes de Barcelona intentan buscar la unidad occitana a base una complicada política de alianzas, matrimonios y guerras, desdeñando el factor religioso, el catarismo, que tal vez hubiese podido aglutinar una verdadera unidad, y se obstinan en

125

cambio en seguir oponiéndose unos a otros. Barcelona, por ejemplo, tanto se opone a Toulouse y a Saint-Gilles como se alía con Toulouse para oponerse a los Plantagenet de Aquitania. No es hasta el año 1204 que Barcelona y Toulouse se unen ante la inminente guerra que el rey de Francia y el papa van a desencadenar. Pero ya es tarde, los pasados enfrentamientos, que naturalmente favorecían la política de los Capetos en su designio de dominar de una vez por todas la rica Occitania, están a punto de dar su fruto, pues no en balde Inocencio III lleva ya once años predicando la santa cruzada.

El papa, valedor de los Capetos, presentada la ocasión, consigue al fin en 1209 que se ponga en marcha la cruzada contra los albigenses, esos herejes también llamados cátaros que no solamente reniegan de los sacramentos sino que creen en un principio del Mal asociado a Dios. Pero el brío ortodoxo del papa Inocencio III no puede ocultar su verdadero interés de crear una Europa vaticana, a la cual compromete la pujanza de una Occitania cátara, mientras los reyes de Francia, por su parte, no disimulan tampoco su interés por abrirse paso al Mediterráneo y someter de una vez por todas a una nobleza y a una población que se resiste a pagar impuestos, pero, sobre todo, su interés principal es adueñarse de una civilización que les fascina.

Si, en efecto, tres clases sociales se oponen en Occitania, cada una de ellas aporta unos valores propios a la civilización. Los clérigos han alzado al más alto nivel la arquitectura y la escultura, la pintura y el arte de los esmaltes. El arte romano es a la vez un hecho religioso y civil, rural y ciudadano, sacro y mundano. Los conventos son lugares de estudio y de producción literaria en latín y en occitano, lugares de investigación artística de toda naturaleza. Los judíos, bien integrados en una sociedad anticlerical y en vías de laicisación, aportan su contribución al pensamiento filosófico. La nobleza, formada intelectualmente por el clero pero influenciada por los feudales musulmanes, se organiza en cortes y comienza a crear por su cuenta. El primer trovador conocido es el más grande señor feudal de Occitania: Guillermo IX de Aquitania. A él seguirán centenares de poetas-compositores, nobles en su mayor parte, pero también burgueses y monjes. Las mujeres participan también en esta creación.[2]

Una civilización que, efectivamente, diferenciando sutilmente el *animus* masculino del *anima* femenina no se planteaba en absoluto la duda que corroía a la Iglesia de Roma: *¿habet mulier animam?* Pero esta cuestión teológica no era la única que enfrentaba a los albigenses con el dogmatismo vaticano, irritado más si cabe por la caracterización social que había logrado imponer el catarismo: el sentimiento de generosidad humana, de igualdad entre los hombres, la valoración lírica y social de la mujer, la libertad sexual fuera del matrimonio, la exaltación de la juventud como fuerza social dinamizadora, la exaltación de la convivencia, el respeto religioso, la tolerancia y la comprensión hacia los demás, la admiración hacia la burguesía y su aura de «liberalismo del pensamiento y del espíritu democrático».

Todo esta panorámica idílica, sin embargo, iba a ser aniquilada, a sangre y fuego, por el despotismo de unos reyes y el fanatismo de unos papas.

El Cristo cátaro

Después de la masacre de Béziers, donde «toda la población es exterminada», Simón de Monfort ataca Carcasona y Toulouse, cuyo conde llama en su auxilio a Pedro II, el «muy católico» rey de Aragón, el cual, de hecho, es rey de Occitania. Pedro II, sin embargo, es asesinado en Muret y su muerte representa el fin de la política occitana de los reyes catalanes y aragoneses. Con el triunfo francés, los vencedores se despojan de todo pretexto religioso y muestran su verdadero rostro en el tratado de Pamiers: confiscación de tierras y sustitución de los feudales occitanos por los guerreros franceses. En 1216 Monfort es nombrado conde de Toulouse y ya no quedará más reducto cátaro que la fortaleza de Montsegur.

En el transcurso de pocos años, toda Occitania ha caído en manos francesas. Solamente el joven conde Raymond VI, haciéndose fuerte en Marsella y Beucaire, se opone a los franceses y con un alarde de audacia reconquista todo el territorio, venciendo y matando a Simón de Montfort en Toulouse en el año 1218. La Iglesia se apresura a excomulgar a Raymond VI y finalmente, en 1229, éste se somete a Luis VIII, consiguiendo conservar una cierta independencia en lo que queda de su condado. Unos años después, aliado a los Plantagenet de Inglaterra y a los reyes de Aragón, Navarra y Castilla, será definitivamente derrotado por los franceses. Y dos años más tarde, en 1244, Montsegur, el último bastión de la guerrilla occitana, cae a su vez y con su pérdida muere toda resistencia cátara. Políticamente, el desastre es aún mayor, pues según los acuerdos firmados por Raymond VI con Blanca de Castilla (¡la mejor reina de Francia!), el rey de Saint-Gilles se avenía a cumplir unos acuerdos matrimoniales según los cuales la Auvernia, el Languedoc y la Provenza pasaban al poder real francés. Solamente la Aquitania, bajo la tutela de los Plantagent, se salvaba del poder francés, poder cuyos tentáculos administrativos (senecales) y sus brazos ideológicos (universidades e inquisidores) organizaban ya la represión del pensamiento. Hasta los trovadores, el florón más representativo de la cultura occitana, deben buscar asilo en Cataluña y en Italia.

Si por ei momento los Plantagenet se mantienen a salvo en sus tierras de Aquitania, el destino del resto de Occitania es muy distinto. Instalados los Capetos en Aigues Mortes, la interminable guerra de los Cien Años acabará por desgajar todo el territorio a pesar de la creación del efímero reino pirenaico del Bigorre, instaurado por Febo (Gastón III) a través de una complicada operación diplomática gracias a la cual los príncipes franceses de la casa de Anjou se convierten en los reyes de Nápoles en 1266, entrando así en colisión con las políticas de Aragón y Cataluña, que buscan su expansión mediterránea. Pocos años después, en 1282, los catalanes se vengan mediante las famosas Vísperas Sicilianas y, finalmente, expulsados del Mediterráneo, los de Anjou aceptan ser anexionados por Francia a cambio de que los papas se instalen en Aviñón en el año 1309. La herencia de los trovadores se pierde para siempre, pero unos años después, en 1333, los papistas todavía podrán quemar a Belibasto, el «último cátaro» conocido.

El Evangelio gnóstico

No se conservan textos gnósticos y lo único que conocemos sobre estas sectas que agrupaban en Egipto a los primitivos focos cristianos no paulinos, se lo debemos a los comentarios de los

Padres de la Iglesia sobre los mismos. El gnosticismo, de alguna manera, era un desafío poético a lo chato del pensamiento religioso que se iba imponiendo. Era también un desafío político en oposición a un dogma en el cual para engrandecer a Dios había que entenebrecer a Lucifer. Una larga lucha ideológica que un milenio después ensangrentaría el altar solar de Montsegur.

Pero ¿qué significa esa definición, tan aséptica como ambigua, de que gnosticismo es «conocimiento»? ¿Qué era lo que los gnósticos de hace dos milenios «conocían»? La respuesta es muy sencilla. Los gnósticos conocían o sabían lo mismo que un hombre del siglo XX puede saber o conocer, por poco sentido crítico que posea. Es decir, el hombre sensato actual, lo mismo que el gnóstico, no se traga la mentira de las ideologías, rechaza las intervenciones militares aunque se etiqueten con el marbete de «guerra justa» para encubrir determinados intereses del capitalismo o del marxismo, rechaza la degradación cotidiana de la libertad, la fascinación de la violencia.

La mirada del gnóstico sobre el mundo que le rodea está desprovista de toda indulgencia. Ve a sus contemporáneos luchar por unos intereses que jamás van a ser los suyos, por unos bienes de los cuales apenas recibirá unas migajas. Incluso ese hipotético cielo que le prometen cada día lo tiene más lejano o no ser que acepte la sumisión total. El gnóstico, frente a un mundo que ve gobernado por sombras, apuesta por la insumisión. Rechaza todo lo que representa el orden establecido, rechaza a los profetas y predicadores profesionales que con Pablo se extienden por todas las riberas del Mediterráneo y, marginal, se agrupa en torno a aquellos modestos pensadores –sin ningún prestigio social– que le guían en sus reflexiones, en su búsqueda personal del esotérico Maestro Jesús. Una búsqueda que cada hombre debe emprender por sí solo. Una búsqueda basada en el conocimiento y no en la creencia y en la fe. Una búsqueda que, basándose en las enseñanzas secretas de Jesús –esos textos misteriosos oportunamente «desaparecidos»–, facilitan al gnóstico el conocimiento del mundo y de las cosas y le llevan a ver, en todo lo que es la producción material, la mano de un dios enemigo del hombre.

El gnóstico rechaza el mundo de «afuera», se niega a ser un animal «social», a constituir una familia, a comprometerse con el sistema establecido, a prestar obediencia al poder temporal y busca en el interior de su ser, en su espíritu, los elementos necesarios para su propia salvación. El gnóstico es piedra de escándalo durante los primeros siglos cristianos y el gnosticismo continuará siendo escandaloso al fin del primer milenio no sólo por crear en el hombre una conciencia propia gracias al rigor de sus pensamientos y de sus actos sino, y más especialmente, por haberse constituido –en el caso de Occitania– en un país sin Estado, un país gobernado por la cordura donde no hay hambres ni guerras, un país donde cada cual es sí mismo porque cada cual es, en su dualidad, su propio Cristo.

Esta dualidad del hombre y de Cristo se hace patente en el Evangelio de san Juan, texto que en muchos aspectos transmite el esfuerzo de su autor por situar a Jesús en la historia, por ajustar su figura terrestre a una realidad gnóstica en contra de la figura de ficción, novelesca, que ofrecen los otros tres Evangelios. Se establece aquí, por primera vez en los textos cristianos, una correlación entre el concepto del dios-Cristo y los avatares de la existencia humana de Jesús. El cristianismo johánico refleja sin duda la esencia de nuestra religión, en clave gnóstica, en oposición a la intencionalidad de los sinópticos, los cuales representan la reacción judaica en contra del espíritu helenizante que prima en la obra de Juan.

Por otra parte, la cuestión cronológica de los hechos narrados, más rigurosa en Juan (y que algunos comentaristas destacan para atribuir el Evangelio de san Juan un valor histórico), resulta ociosa si consideramos que el cristianismo primitivo es un verdadero gnosticismo. Por lo demás, la conocida versión de que el cuarto Evangelio lo escribiera realmente Juan o su discípulo Prócoro es una tesis cada vez más desacreditada entre la erudición, mientras gana terreno la evidencia de que su probable autor fuera Filón, el judío helenista, el llamado «Platón hebreo».

En el terreno estrictamente literario, es una evidencia incuestionable que los primitivos Padres de la Iglesia se inspiraron en el neoplatonismo de la escuela de Alejandría, con todas las concomitancias que esta fuente de inspiración supone. Para algunos comentaristas, incluso, Jesús es el trasunto de *Serapis*, el dios muerto y resucitado en Egipto, lo mismo que el *Logos* o el Verbo de Filón es el Cristo, es decir, un dios, pero no el Dios Supremo, si bien reivindica el apelativo de Hijo Primogénito de Dios Padre. El Hijo de Dios o el Angel del Señor, como también llama Filón a Cristo, es la imagen que se reitera con frecuencia en el Antiguo Testamento, donde el ángel (verbo) es la entidad que media entra el pueblo de Israel y su dios.

Para el cristiano, el Logos o el Verbo es el mismo Dios. Para los albigenses o cátaros, y antes que ellos para los bogomilos, el Verbo o el Logos era una entidad de naturaleza divina, pero no el mismo Dios. Estos conceptos, tan familiares en Filón, alientan la sospecha de que fuera él realmente el verdadero autor del Evangelio de san Juan. Aunque esta hipótesis resulte imposible de confirmar, lo que sí es cierto es que Filón incide profundamente en el terreno de lo esotérico cuando escribe sobre *Serapis*, el dios bueno muerto y resucitado en Egipto. En estas páginas de Filón, si sustituimos Logos por Cristo, la similitud con el cuarto Evangelio es más que notable, sobre todo en pasajes tales como el de Jesús con la samaritana o en el de su comparecencia ante Pilatos. Tal vez, incluso, para justificar todo el clima esotérico que subyace en el texto de Filón, los ulteriores copistas cristianos lo justifican con la alusión del misterioso viaje de Jesús a Egipto.

A diferencia de lo que ocurre con los tres primeros evangelios, al cristiano le resulta difícil comprender la doctrina del cuarto si desconoce la teología de los egipcios, teología que recogería Filón de los filósofos alejandrinos para adaptarla a la revelación judaica. En efecto, «el cuarto Evangelio vino a resultar como un producto de la fusión del helenismo politeístico con la forma judaica del monoteísmo, cuya fuente común podría ser hallada en la civilización egipcia más primitiva».[3]

De esta síntesis, en efecto, surge el carácter gnóstico del Evangelio de san Juan, pues mientras en los tres primeros Evangelios la figura alegórica del Verbo se convierte en un hombre de carne y hueso llamado Jesús, quien debe desempeñar una misión divina, san Juan rechaza la evemerización que los otros evangelistas proponen y sigue presentando a Jesús con toda la carga alegórica que le es propia. Esta concepción del Cristo de los tres primeros evangelios, más moderna, está por tanto más adaptada a la mentalidad del vulgo de la época, pues ya se ha diluido en ella la fuerza de los símbolos, alegorías y conceptos gnósticos de los primeros tiempos cristianos.

El Evangelio cátaro

Los cátaros, los gnósticos medievales de Occitania, rechazando los tres primeros Evangelios como biografías legendarias de Jesús, adoptan el de san Juan pues éste se acomoda bien a su concepción del mito de los ciclos solares impuesto por los poetas griegos de la Antigüedad, especialmente a través de la figura de Hércules. En realidad, sin embargo, sabemos muy poco sobre los cátaros y cuáles eran sus verdaderas creencias. Aparte de los nombres de su sacramento principal, el *consalamentum* (o segundo bautizo para santificar el segundo nacimiento que suponía para el neófito el abrazar las creencias cátaras) y de su ceremonia principal, la *manisola*, se desconoce cuál era su significación esotérica. Su símbolo de la Paloma, semejante al del Parakletos o al del Espíritu Santo, representaba su *Gleisa*, es decir, a su Iglesia o Comunidad.

Ferozmente perseguidos en Occitania, en Aragón, en Cataluña, en Italia, en Alemania y en Inglaterra, el templo principal del catarismo estaba en la ciudadela solar de Montsegur, al pie de los Pirineos. Dualistas al igual que los maniqueos (y tal vez fuese a través del nombre del fundador de esta secta, Mani, de donde derivara su misteriosa *manisola*) y los gnósticos, Lucifer no es para los cátaros el diablo sino el portador de la Luz.

Contrariamente, para los cátaros el demonio era Jehová, el demiurgo creador de la Tierra, quien no tiene nada que ver con el verdadero Dios, el cual reina en el cosmos a partir del séptimo cielo.

Vegetarianos, pretendidamente misóginos, videntes y dados a practicar la magia en opinión de la ortodoxia, los cátaros, además de negarse a hacer la guerra y a pagar impuestos, rechazaban el matrimonio y el bautismo cristiano. En el evangelio apócrifo del pseudo Juan, el apóstol le hace una serie de preguntas a Jesús y éste le responde:

Ángeles caídos del cielo pasan a los cuerpos de las mujeres y reciben la carne de la concupiscencia de la carne. Porque el espíritu nace del espíritu y la carne de la carne, y así es como se consuma el reinado de Satanás en este mundo y en todas las naciones... El diablo, que ha caído de la gloria de mi padre, y que ha querido realzar su propia gloria, envió a sus ángeles, irradiantes de fuego, a los hombres, desde Adán hasta Enoch, su ministro...

Y yo Juan, de nuevo interrogué al Señor, diciendo: ¿Puede un hombre salvarse por el bautismo de Juan y sin tu bautismo?

Y el Señor me respondió: Nadie puede ver el reino de los cielos si yo no le bautizo para la remisión de los pecados por el bautismo del agua, porque yo soy el pan de la vida, que ha descendido del séptimo cielo, y los que coman de mi carne y beban de mi sangre serán llamados hijos de Dios.[4]

El Cristo gnóstico

Desde el quinto cielo para abajo, es el caos y la nada, las tinieblas que no pueden desvelar los ojos del hombre vulgar. Para poder hacerlo, el hombre debe *iluminarse*, renunciar al pensamiento tradicional y entrar en un nuevo orden mental. Debe asumir el conocimiento, la *gnosis*, y, partiendo de ella, arrancarse las telarañas de los ojos para acceder a una nueva dimensión desde la cual el iniciado, el iluminado, ya no puede admitir la autenticidad de los hechos que narran los Evangelios, la historicidad de la mayor parte de los relatos evangélicos y, mucho menos, aceptar su condición de canónicos solamente por la prueba de la fe, tal como impone la Iglesia, sobre todo teniendo en cuenta que Roma, al no establecer orden y fechas con total certeza, ha dispuesto dichos textos según una arbitraria escala serial, sin ninguna razón crítica, recurriendo simplemente a la imposición del dogma. Más grave todavía es que la verdad histórica que puedan aportar los Evangelios es sacrificada implacablemente (mediante interpolaciones, enmiendas, supresiones, añadidos) en aras de fines proselitistas o en aras de acopiar argumentos para sostener controversias teológicas.

Lo que en los orígenes se llamaba *buena nueva* (*besora* en hebreo y *evangelion* en griego) era simplemente la transmisión de tradiciones orales. Más adelante, cuando los autores de los Evangelios (canónicos y apócrifos) emprenden la tarea de relatar por escrito aquellas tradiciones primitivas, están formulando en realidad una suerte de literatura gnóstica que, un par de siglos después, se la apropia la Iglesia sin rubor alguno. El fraude, sabido es, como la mentira, para que prospere hay que «sostenello y no enmendallo». Si los Evangelios existían antes de la aparición de la Iglesia, ¿cómo es posible que la ortodoxia juzgue infaliblemente entre cuáles eran los auténticos y cuáles eran los falsos? Para la Iglesia, los cuatro Evangelios canónicos son la crónica de los hechos reales de la vida de Jesús, contada a partir del testimonio directo de sus autores. En los evangelios heréticos, especialmente en los de origen gnóstico, la idea que se da de Cristo es muy distinta:

> Los ofitas, por ejemplo consideraban a *Christos* como una *Ennoia* o emanación y esencia misma del *Pneuma* o espíritu del Padre innominado, y le llamaban *Ophis* o símbolo de la sabiduría divina sumida en la materia. Otros gnósticos daban nuevos y misteriosos significados simbólicos a la dicción general *Christos*, y los de origen judío, verbigracia, le consideraban como encarnación de aquella sabiduría en cuanto perfecta y distinta de la imperfecta o *hakhamoth* y lo concebían como mediador entre los mundos intelectual y material, o sea, entre el Dios más elevado y todo lo que es espiritual en el hombre.[5]

Todas estas concepciones gnósticas, que la Iglesia ha estigmatizado y perseguido a sangre y fuego durante siglos, pudieron sin embargo ir germinando a lo largo del tiempo a pesar de la oposición de Roma. Tildando de absurdas las ideas que combatía, la Iglesia caía en un absurdo aún mayor proclamando que la autenticidad de los Evangelios se basa en la autoridad de la Iglesia y que esta autoridad, precisamente, se prueba por los mismos Evangelios. Afirmación que en absoluto se halla reflejada en los Evangelios ni tampoco en los demás libros del Nuevo Testamento, ya que en éstos el concepto de «Iglesia» sólo cabe interpretarlo como «reunión de hermanos». Pero a partir del siglo II, cuando la fe individual ya no se basa en la creencia personal (en la *piedad* del creyente) sino en la adhesión a una doctrina ortodoxa, surgen las primeras corrientes de disidencia y éstas, muy pronto, son aplastadas despiadadamente. Y es a partir de este hito cuando el gnóstico se ve en la necesidad de preservar su vida y, si desea seguir comunicándose con otras almas gemelas, debe alambicar su expresión, recurrir a la alegoría, al lenguaje cifrado. Y esta necesidad de misterio, de ocultación de los símbolos que le son transmitidos, paralela a las creencias cristianas pero muy opuesta a ellas, dará origen a todo el esoterismo occidental, cuyas claves, naturalmente, hay que buscarlas en Juan.

Juan y los gigantes

Los gigantes o los atlantes son los *Jaun* de la lengua vasca, es decir, los sabios, los señores o los magos. Según la tradición esotérica, en el Pirineo consiguieron salvarse algunos gigantes tras los cataclismos del Diluvio bíblico y allí, entre los ásperos montes que separan la península ibérica de las planicies occitanas (cuyo nombre de Pirineos lo reciben de Pirena, la amada de Hércules, enterrada en ellos según la leyenda), la tradición atlante es celosamente conservada primero por los *jaunes* vascos y por los cátaros después. Estos primitivos habitantes de los montes no permanecen del todo aislados y se mezclan con los distintos pueblos que se aventuran hasta las alturas: celtas y druidas, romanos y visigodos. Algunas colonias de *jaunes* se asientan en el llano y descienden hasta la cercana cuenca del Mediterráneo. Con el paso del tiempo inspiran la primera literatura europea, la de los trovadores en Provenza y la de los minnesänger en Alemania o la de los *fedale d'amore* en Italia. Unos y otros cantan al *recuerdo*, al amor perdido de los orígenes los *minne* y al amor recuperado los trovadores. Unos y otros cantan en clave cerrada (*trova clus*) e imponen unas pruebas iniciáticas rigurosas, a base de prácticas esotéricas, para poder acceder a su clan. Para algunos eruditos, los trovadores fueron altos dignatarios del catarismo, quienes, guiados por Lucifer, eran los iniciadores en el amor místico a la Dama, personificada por la señora del castillo, pero en alusión siempre a la diosa que la secta adoraba: la Belisema o Belicena de celtas e iberos, la Isis negra o la Venus egea, la diosa que encarna la *Sophia* o la Sabiduría y cuyo culto iniciático desvirtuaría posteriormente la devoción mariana. Al mismo tiempo, con la destrucción de los cátaros, se pierde la significación iniciática del amor espiritual. Los últimos trovadores pasan a ser sólo poetas, pues, perdidos los símbolos, ellos se pierden en el marasmo del amor individualizado.

135

El vaso viviente

Existe la opinión generalizada de que eran los templarios quienes custodiaban el Grial, pero hay datos sin embargo que apuntan a que eran sus antecesores los cátaros quienes realmente detentaban su posesión. Según la tradición, antes de que los cruzados de Simón de Monfort se adueñaran de Montsegur, cuatro caballeros cátaros, descolgándose con cuerdas por la noche desde lo alto de la fortaleza, consiguieron poner a salvo su tesoro cruzando entre las líneas enemigas. En los archivos de la Inquisición se da por cierto que esos cuatro caballeros pusieron a salvo el tesoro de los cátaros. Pero, evidentemente, ese tesoro no podía ser muy grande para ser transportado durante la noche sólo por cuatro hombres, salvando riscos y barrancos. Al parecer, durante la segunda guerra mundial, comandos especiales de las SS alemanas buscaron en vano este tesoro por las grutas de Sabarté. Pero ¿este tesoro a que alude la tradición esotérica y los archivos de la Inquisición era realmente el Grial? Investigadores de prestigio niegan sin embargo tal posibilidad y creen en cambio que eran los templarios quienes custodiaban el Grial.

Pero ¿qué es realmente el Grial? ¿La mítica copa donde José de Arimatea recogió la sangre de Cristo en la cruz? ¿Cómo podía haber llegado a sus manos si, según la tradición, fue esta la copa que utilizó Jesús durante la Última Cena? ¿Cómo fue a parar a manos de un amigo suyo, es cierto, cuando éste no era apóstol? ¿Lo hubieran tolerado Pedro y los demás apóstoles? ¿O será el Grial, como afirma la tradición de Parsifal, la copa tallada en el rubí que Lucifer perdió, desprendido de su frente cuando fue precipitado a los infiernos? La *piedra* del Grial aparece en todas las tradiciones, tanto orientales como occidentales. En los arcaicos cantos germánicos, la piedra cae dentro de una montaña de fuego donde viven los héroes, cuyo paladín es Thor en unos relatos y Arturo en otros, el señor de la Mesa Redonda y del Grial. Pero el Grial es también la piedra filosofal en la alquimia y el «tercer ojo» de los tibetanos y, teoría audaz y fascinante, Gérard de Séde sostiene que los cátaros eran maniqueos y que su ceremonia del *manisola* derivaría *mana-chei*, es decir, del vaso que contiene el maná o alimento de vida eterna. Pero, siguiendo aún más allá esta hipótesis, podríamos añadir que *mana-chei* puede también traducirse por *vaso viviente*, en cuyo caso, el Grial podría ser realmente un hombre de carne y hueso, el cual, según las creencias tan caras al esoterismo cristiano, podría ser un descendiente del linaje de Cristo. Esta posibilidad, todo lo remota que se quiera, la abonaría el hecho de que de los cuatro caballeros que escapan de Montsegur, solamente se sabe el nombre de tres de ellos. Jamás se ha citado el nombre del cuarto caballero. ¿Tan peligroso era divulgar su nombre?

8. El cuarto caballero

El Grial cátaro

Peligroso e inquietante podía resultar para el poder el hecho de que inesperadamente apareciera un descendiente directo, o más o menos directo, de Jesús Bar Nagara. Y esta inquietud todavía era manifiesta en el siglo XVI, cuando el papado no vaciló en abrir una investigación para ver qué quedaba de los albigenses, ¡trescientos años después de haber sido exterminados! Tanto celo y prudencia sólo es comparable al de la leyenda de Herodes mandando exterminar a todos los niños nacidos en Judea. El temor era el mismo: que apareciera un rey legítimo, el verdadero «Rey del Mundo».

Aunque motivos de inquietud, sin duda, tenía el Vaticano. En la tradición del Mediodía francés todavía se refieren a los cátaros como a «los santos albigenses», hombres «puros» y «perfectos» que recibieron su sabiduría de «Oriente» y cuyos trovadores estaban inspirados por «los pájaros de los Pirineos». Se decía también de ellos que morían solos, como todos debemos morir, «frente a frente con su estrella invisible». Estos conceptos de la poesía y de la sabiduría popular entroncan con el misterio que siempre ha envuelto a los cátaros, y cuyo espíritu, asociándolo a la alquimia, recogiera Valentín Andreade, uno de los primeros rosacruces.

Estas mismas tradiciones, a un lado y a otro de los Pirineos, han sostenido durante siglos que los albigenses nacían y nacen con una marca en la frente, el «signo invisible de Dios», para que pudieran reconocerse entre ellos. Y decimos nacen porque de los cuatro caballeros escapados de Montsegur, tres de ellos se sabe tuvieron descendencia: el valiente Raimundo de Alfaro, quien consiguió escabullirse una y otra vez de los cientos de trampas que le tendieron los tenaces dominicos de la Inquisición, tanto en tierras del Languedoc como en tierras riojanas. Y descendencia tuvo también otro de los cuatro caballeros, Amiel Aicart, al cual persiguió infatigable el catalán Montagnol y su cuadrilla de bandoleros, bien pagados por la Inquisición, pues había corrido la voz de que buscó refugio en el castillo de Bellcaire, junto a los condes de Ampurias. Protección idéntica a la que, según la misma tradición, obtuvo Hugues, el tercer caballero, por parte de los condes de Perahelada.

Pero del cuarto, del cuarto caballero, no se sabe nada. Algunos le llaman cariñosamente «Pichel de Vino», en alusión a la copa que sirvió para la transubstanciación del vino, si bien para despistar escriben su nombre como Poitevin, con el significado cierto pero engañoso de «natural del Poitu». Otros más lo llaman Patarín, que viene de «patera» y significa lo mismo. Al otro lado de los Pirineos a los cátaros también los llamaron «patarines». Pero, aunque lo supieran, del cuarto caballero nadie dice su verdadero nombre. No lo dirán tampoco en el potro de tortura ni lo dirá el anciano Ramón de Perahelada (o Raimon de Pereille, según otras crónica, o el señor de Perilla, nombre que da Wolfram von Eschenbach al defensor de Munsalvaesche) ni lo dirá tampoco su joven lugarteniente Roger de Mirepoix, comandantes ambos de la defensa de Montsegur. No lo dirán tampoco los demás defensores de la fortaleza, combatientes sin armas que se entregan inmóviles en sus torreones, rodeados de sus mujeres vestidas con blancos hábitos.

Han pasado una noche en vela esperando ver surgir al otro lado del valle, en la cumbre del Bidorta, la llama que les anunciaba que su *tesoro* había sido puesto a salvo. Al ver la llama en la noche, según la crónica de los sitiadores, surgió de la fortaleza un gran cántico de júbilo que expresaba la confianza de sus defensores en la vida eterna y en la perennidad del Grial, aunque ellos estuviesen a punto de morir.

Nadie dijo su nombre. Ninguno de los defensores del templo solar de Montsegur habló bajo la tortura. Su muerte fue tan inútil como la de los once mil habitantes de Béziers. Pero en la memoria colectiva occitana existe la seguridad de que Él no pudo haber buscado otras tierras puesto que no hay tierras más sagradas que las de Occitania, donde ya antaño se asentaron los celtiberos de largas cabelleras que les llegaban hasta los talones, aquellos hombres legendarios que trajeron de Delfos la sabiduría de su mística. No, el cuarto caballero forzosamente tenía que continuar allí, oculto como siempre, pero presente y vivo en su presencia de arquetipo en todas las mentes languedocianas, presente entre las peñas de las cumbres donde los druidas habían ocultado también los misteriosos símbolos griegos que les permitían deducir «los acontecimientos terrestres a partir de la geometría de las estrellas». Tenía que estar allí, en Carcassonne, donde Alarico llevó la clavícula de Salomón, la tablilla que el rey de los godos había saqueado de Roma, lo mismo que los romanos la saquearon del templo de Jerusalén.

Y aunque ni siquiera Parsifal, Hijo de la Viuda, sepa tampoco su nombre, la búsqueda continúa. ¿Dónde está el Grial? Nadie lo sabe, pero nadie en Occitania ignora que si un anciano prolonga su vida prodigiosamente, sólo puede ser porque ha tenido contra su pecho la copa de la sangre de Cristo. Hay que localizar pues a esos ancianos, enterarse de las tradiciones familiares, de las tradiciones locales, en busca de esa pista al final de la cual está el Grial. Además, hay otras evidencias. La evidencia simpática del contacto. Porque, si la sangre de Jesucristo reposa durante mucho tiempo en un lugar, acabarán manifestándose señales que indicarán ese lugar. ¿No se asocia una fuerza milagrosa a los objetos divinos? ¿Y qué fuerza hay más milagrosa que la de la sangre? Sobre esta evidencia, por ejemplo, parte el abate Saunnières hasta hallar la tumba visigoda de Rennes-le-Château, intuición maravillosa que luego contrasta con la imagen que de la misma tumba habían pintado siglos antes Tenniers y Poussin. Y aquí la arqueología y la pintura se unen a la creencia mística de que la materia física –la reliquia– acumula la fuerza espiritual de los santos.

Pero las influencias benéficas de una reliquia santa pueden trocarse también en influencias malsanas. Esto en Occitania, y, más específicamente, en el Triángulo Catalán lo saben bien pues sus habitantes se hallan sometidos a fuerzas extrañas de las cuales ignoran el origen pero no sus efectos. Algunos achacan la causa a la tramontana y a la gran carga telúrica de esta zona comprendida entre Foix, Béziers y Figueras, pero esta clave no explicaría en absoluto las correspondencias entre un mundo y otro a que alude el esoterismo, las fuerzas opuestas que se ponen en acción cada vez que alguien emprende la búsqueda del Grial.

No explicaría tampoco el gran interés de la Iglesia por desvirtuar la búsqueda del Grial y el hacer de todo su contenido esotérico un mero objeto de investigación literaria. Con el *Perceval* de Chrétien de Troyes, la primera novela del Grial, se asientan las bases de una verdadera búsqueda espiritual que la segunda versión de *Parsifal*, la de Wolfram von Eschembach, desvirtúa para dar paso a un proceso de cristianización del tema que no puede ser más aprovechado ni aberrante, puesto que los dos grandes mitos de la Edad Media, el de Tristán y el del Grial, no son cristianos. Pero ¿no es una contradicción cristiana ver la codicia de los príncipes del Norte precipitándose contra Occitania enarbolando la bandera de una cruzada que no tiene más objeto que pillar unas riquezas y aniquilar una civilización propia? Y esta contradicción se reitera cuando la Iglesia fagocita unos mitos ajenos para ser sí misma, para permanecer fiel a su esencia de apropiación permanente.

Este espíritu «cristiano» se refleja como en un espejo en el pensamiento de Francia, «la hija mayor de la Iglesia». Hace poco más de un siglo, por ejemplo, Michelet reivindicaba la certeza de que *la France a fait la France*», es decir, que Francia es por sí misma: «Poderoso trabajo de sí sobre sí... en el cual del elemento romano municipal, de las tribus alemanas, del clan céltico, nosotros hemos extraído a la larga resultados muy distintos e incluso contrarios, en gran parte, de todo cuanto lo precediera...». La ceguera de Michelet es monumental, ya sea inconsciente o deliberada, pues de la obra de Roma primero y de la Iglesia después no hay para vanagloriarse sino todo lo contrario, puesto que ambas han privado a Europa de sus raíces autóctonas, de la herencia órfica y dionisíaca que los griegos nos legaron.

La búsqueda de Parsifal

A través de una dialéctica interior que lo conduce y lo gobierna, la búsqueda del Grial por Parsifal es algo más que un relato literario: es el desarrollo de un mito y, al mismo tiempo, es el propósito de *abonar*, de acondicionar la mente del hombre para que éste acepte a unos reyes que poco tienen que ~r con los que nos gobiernan en el mundo exterior. Da la sensación, ~'~ ~rgo del relato, como si Chrétien de Troyes estuviese anunciando un devenir trascendental que está muy próximo en el tiempo. El poeta despierta en nuestra consciencia una serie de ecos oscuros que entroncan como lo que Jung ha definido como la doctrina del arquetipo, entendido éste como la simbiosis entre la imagen y la emoción que la misma despierta en la mente del hombre. Cuando el hombre sólo posee la imagen, el estímulo psíquico que la misma produce es insuficiente. Para que sea eficaz, la imagen debe estar cargada de numinosidad o energía psíquica.

Me doy cuenta de que es difícil captar este concepto, porque estoy tratando de emplear palabras para describir algo cuya verdadera naturaleza lo hace incapaz de una definición exacta. Pero, puesto que hay mucha gente que se empeña en considerar los arquetipos como si fueran parte de un sistema mecánico que se puede aprender de memoria, es esencial insistir en que no son meros nombres ni aun conceptos filosóficos. Son pedazos de la vida misma, imágenes que están íntegramente unidas al individuo vivo por el puente de las emociones. Por eso resulta imposible dar una explicación arbitraria (o universal) de ningún arquetipo. Hay que aplicarlo en la forma indicada por el conjunto de vida-situación del individuo determinado a quien se refiere.[1]

Pero la saga de Chrétien de Troyes no sólo está cargada de numinosidad sino también de pistas. El mismo nombre de su autor, «Cristiano de Troya», ya es revelador por sí mismo. Según la tradición, los primeros cristianos o nazarenos, antes de llegar a Occitania, pasaron por Troya camino de Arcadia, como revela asimismo la divisa de los Plantard, descendientes de los reyes godos y de Godofredo de Bouillon, el príncipe flamenco que fue el primer rey cristiano de Jerusalén. Una pista más en este sentido es la que nos ofrece el mismo Chrétien de Troyes cuando afirma que la inspiración de su poema la extrajo de un libro que le prestó el conde Felipe de Flandes. Otra pista, volviendo al componente griego del cristianismo primitivo, es que para algunos críticos la escena clave del relato, la procesión del Grial, es una pura analogía de la misa de la Iglesia griega. Esta escena, cargada de arquetipos, posee un significado simbólico que es fácilmente asequible tanto·para el hombre actual como para el hombre de hace dos mil años.

Parsifal, el joven Hijo de la Viuda, abandona a su madre y corre en pos de aventuras caballerescas. Muy pronto conoce a un viejo ermitaño que le habla del Grial y le enseña una plegaria que contiene muchos de los nombres del Señor. Es una plegaria terrible, compuesta por las palabras más poderosas, «que ninguna boca humana debe pronunciar». Perceval va cumpliendo paso a paso la accesis de la búsqueda de ese alimento divino que es el Grial. Paso a paso va desentrañando las claves de cada uno de los elementos. No sólo se trata de constatar que la lanza sangra sino que se trata de saber por qué sangra. Y cada pregunta que se formula le lleva hacia los orígenes, pero nadie puede ayudarle en su búsqueda, ni siquiera el poderoso Arturo, el hijo del gran Uterpandragon y de la reina Ygerna. Ni Arturo ni su esposa Ginebra, pese a su deseo, pueden ayudar a Perceval en su búsqueda de la copa y la lanza misteriosas. Tras su dramática visita al Monte Doloroso, Perceval llega por fin al castillo de Anfortas, el Rey Pescador, donde tiene lugar la escena de la procesión con el Grial y la Lanza.

Seguidamente, en una de las continuaciones anexas al primitivo relato de Chrétien de Troyes, ya «cristianizada», el Rey Anfortas cuenta a Parsifal cómo la Lanza y la Copa llegaron a sus manos:

Amigo mío, se lo voy a contar puesto que se lo he prometido. José de Arimatea nos lo trajo aquí cuando Vespasiano lo sacó de la prisión donde los judíos lo habían metido. José y sus amigos predicaron en Jerusalén y bautizaron a muchas gentes, cuarenta y cinco de las cuales le acompañaron cuando abandonaron el país llevándose el Santo Grial. Llegaron un día a la gran ciudad de Saras, donde el rey Evalico tenía consejo con sus barones en el templo del Sol, a causa de la dura guerra que le hacía su enemigo. José le prometió la victoria con sólo que el rey aceptara batirse bajo la protección de un escudo blanco barrado con la cruz roja. Y Evalico fue en efecto el vencedor. Se hizo bautizar con el nombre de Mordrain, arrastrando a todo su pueblo a la nueva fe. José partió de Saras con sus compañeros, predicando, sufriendo y bautizando, y por todas partes donde iba, llevaba consigo el Santo Grial y establecía la fe en Jesucristo. Es en nuestro país donde José vino a morir. Construyó este palacio donde yo moro cerca de él, pues soy de su linaje, con el Santo Grial que él nos legó y que permanecerá siempre conmigo, pues es la voluntad de Dios.[2]

No es necesario insistir sobre los evidentes puntos añadidos ya que todas las *continuaciones* son en su totalidad anexos posteriores al relato original de Chrétien de Troyes con la clara intención de cargar a los judíos con la muerte de Jesús y aprovechar también la fuerza del mito para hacer proselitismo religioso, pero sí cabe destacar algunos puntos donde afloran con fuerza los arquetipos. En primer lugar, la indicación de que el santo cáliz llega efectivamente a tierras occitanas y, en segundo lugar, que la sangre de Cristo corresponde al linaje de Anfortas, pese a la clara tergiversación de que el Rey Pescador se lo atribuya a José de Arimatea. Son hechos tan evidentes en la memoria colectiva que negarlos no hubiera conducido a nada. ¿Cómo podía admitir la Iglesia que en la Europa medieval hubiera una realeza descendiente de Jesús y por lo tanto divina cuando ella, la Iglesia, había apostado por otra realeza profana? ¿Cómo asumir que el Emperador de la Barba Florida había sido coronado por la «gracia de Dios» cuando sus antepasados, con la complicidad de la Iglesia, habían asesinado a Dagoberto? Como enseñaba la dialéctica de la escolástica, no era necesario siquiera negar, bastaba con tergiversar, confundir.

En algunas otras de la *continuaciones* de Parsifal aparecen también reveladores *lapsus calami* situando la corte del rey Arturo no en Camelot sino en Corbières, en pleno Triángulo Catalán. En otras más, como en la versión de Wolfram von Eschembach, la sede está en Beurepaire, la «bella guarida» en mitad de los Alpes del Isère, a cuyo castillo va Parsifal a buscar a su esposa Blancaflor y a su hijo Lohengrin.

La historia de Parsifal, con todas sus *continuaciones*, la reitera con mayor o menor fortuna toda la literatura europea de los siglos XII y XIII. Los cistercienses la hacen suya y los benedictinos también. Los clérigos de la abadía de Glastonbury descubren en las proximidades de su cenobio, en el año 1191, las tumbas del rey Arturo y de la reina Ginebra. ¡Un *hallazgo* que colma las aspiraciones de «prestigio político, dinástico y monástico» de los ingleses!

144

La corte de Arturo

Como tan certeramente han establecido Baigent, Leigh y Lincoln, la corte del mítico rey Arturo sólo pudo haber estado situada no en Britania sino en Bretaña, siendo su capital Nantes, la capital del legendario Camelot. Según esta tesis, se deshace la sostenida afirmación de que la corte de Arturo estaba en Wales o Gales, pues Wolfram von Eschembach situaba la misma en Waleis, pero, como demuestran los autores citados,[3] Waleis sólo puede corresponder, geográficamente, al Valais suizo, lugar montañoso que coincide plenamente con las descripciones topográficas de los paisajes por los cuales se mueve Parsifal, quien precisamente había nacido en Snowdonia o Sidonensis, la ciudad que debe identificarse como la actual Sión, vecina a Ginebra, y al lago Leman.

Este territorio del Valais coincidiría a su vez con el del antiguo Ardèche y con Occitania. Wolfram sitúa uno de los castillos de Arturo en Corbières, como dijimos, y afirma en las primeras páginas de su relato que la inspiración para el mismo la obtuvo de Kyiot el Provenzal (el trovador Guiot de Provins), quien a su vez la había recibido del judío gerundense Flegatanis. La esencia de la leyenda del Grial procedería, pues, de fuentes hispánicas, es decir, de los árabes y judíos que convivían armoniosamente en la península. En el romance de Robert de Boron, Parsifal es del santo linaje judaico de José de Arimatea. A veces, Wolfram da a su personaje el nombre no de Parsifal sino el de Helios o Elie o Eli, en clara alusión al Sol y al Elías judío.

Elías es a su vez el patrón de los cabalistas, del mismo modo que «Elías Artista» lo es de los rosacruces. La escuelas cabalistas medievales más famosas estaban situadas en Toledo, Gerona, Montpellier y Troyes. De esta última ciudad surgiría el autor del primer *Parsifal*. En el cabalismo occitano, la forma más habitual de iniciación se basaba en el rito del *tiferet*, entre cuyos símbolos se incluían «un eremita o guía o anciano sabio, un rey mayestático, un niño, un dios sacrificado».[4] La alegoría de estos símbolos es meridiana si la aplicamos a la descendencia de Jesús. Pero más esclarecedor todavía es el hecho de que los occitanos eran consumados micófagos, en contra de la micofobia que sufrían los restantes pueblos de la Europa medieval. Pero no solamente apreciaban al hongo culinariamente, sino que los cátaros utilizaban también el jugo de la *amanita muscaria* en algunos de sus ritos de iniciación, ritos en los cuales el neófito debía *morir* simbólicamente para renacer como un hombre nuevo, como un «puro».

En la genealogía que da Wolfram von Eschembach de Parsifal, éste es sobrino del rey Anfortas, mutilado en los genitales. De Anfortas ya no puede manar el «agua de vida» que propiciaba el primitivo culto de Lázaro como dios de la fertilidad. El padre de Anfortas fue Frimutel y el padre de éste, Titurel. Un antepasado de ellos fue un misterioso Laziliez, cuyo nombre tal vez podría asociarse al del Lázaro amigo de Jesús. Antepasados anteriores a éste último son Mazadán y Terdelaschoye, palabra germánica que sería la transcripción de «Terre de la Choix»,[5] es decir, «Tierra de Elección», nombre que a su vez sugiere el de «Tierra Prometida» que las primitivas inmigraciones judías hallaron en Occitania.

La historia de Parsifal, auténtico fenómeno literario que durante los siglos XII y XIII conmueve a toda Europa, se debe inicialmente a un hombre del que apenas sabemos que nació probablemente en Troyes hacia el año 1135 y que sirvió en las cortes de la Champaña y de Flandes, viviendo en esta última del patronazgo del príncipe Felipe de Alsacia. Se supone también que Chrétien residió algún tiempo en Inglaterra y que su profesión primera era la de heraldo de armas. Se supone también, y éste es un dato que resulta particularmente curioso, que la reina Eleonor de Aquitania, «la Provenzal», con lo magnánima que era su corte en la protección de las artes y de las letras, rehusara otorgar su patrocinio a Chrétien de Troyes.

¿A qué pudo deberse esta negativa de la reina provenzal? ¿A solamente el hecho de que Chrétien fuera un hombre del norte de Francia? ¿Al hecho de que el mito fuera inmediatamente asimilado por los Capetos? ¿Por despecho, dado que ningún trovador provenzal se había anticipado a Chrétien? ¿O por otra clase de despecho, por haberse Chrétien aprovechado de un mito archiconocido en Occitania?

El propio Chrétien admite que se inspiró en un libro que le prestó Felipe de Flandes, pero no dice qué libro era ése. ¿Se trataba de una historia preliminar de Parsifal, con rasgos y topónimos estrictamente occitanos, como puede deducirse del hecho de la confusión de nombres, atribuidos la mayor parte de las veces a la antigua Armórica e incluso a Inglaterra, cuando ni en la una ni en la otra aparecen los paisajes que describen Chrétien de Troyes, Robert de Boron y Wolfram de Eschembach? ¿Y por qué, en cambio, esos paisajes son fácilmente identificables con los de la Provenza, con los de los Alpes, con todo el antiguo territorio del Vivarais, es decir, lisa y llanamente con toda la tierra occitana?

Sin pretender en absoluto desmerecer la obra creadora de Chrétien de Troyes ni la de Robert de Boron ni la de Wolfram von Eschembach, fruto todas ellas del arte de *contar* que entonces se daba en Europa, sí queremos destacar que la materia prima de estos relatos era una obra viva que circulaba de boca en boca hasta plasmarse en cuentos y en novelas escritas que terminarían informando todo el género, épico o paródico, de los libros de caballería. Lo que también queremos apuntar es que toda esta materia viva de que se nutren los autores de *Parsifal* es la materia primera del arquetipo, la materia que informa la memoria colectiva de un pueblo en cuya mente está el recuerdo de un rey de origen divino asesinado por los hombres. No es de extrañar, pues, que en las distintas versiones del mito de Parsifal sus diversos autores beban en la fuente de la tradición popular, que busquen en ese fondo común de su cultura esos recuerdos y relatos que se han mantenido vivos de generación en generación, sin agotarse jamás.

La influencia del catarismo

Por supuesto, no hubiera sido de buen tono, ni conveniente para el poder, situar las andanzas de Parsifal en una tierra maldita como Occitania, en una tierra de herejes que el poder ya se disponía a aniquilar cuando Chrétien de Troyes dio a conocer su *Parsifal*.

Sin embargo toda la aventura albigense iba a tener lugar, precisamente, sobre aquellas tierras por donde Parsifal cabalga y guerrea contra los tiranos que menoscaban la santa justicia. Y este proceso tiene lugar en el seno de una sociedad que, normalmente, la crónica histórica deforma ya sea por enfocar el avatar de los hechos bajo el prisma religioso o bajo el prisma de la mirada siempre interesada de tales o cuales intereses políticos. A veces, necesariamente, para discernir el marco en que tuvieron lugar unos hechos determinados, es preferible proceder por aproximación y no ir directamente al centro de la cuestión. Así, por ejemplo, para comprender mejor lo sucedido en Occitania, podemos analizar lo ocurrido simultáneamente en Cataluña, tierra muy influenciada por el Languedoc, y hermanada por los mismos orígenes y condicionantes, pues, lo mismo que Occitania estaba sometida a la incomprensión y codicia de los Capetos, Cataluña estaba sometida, entra otras cosas, a la incomprensión de las restantes tierras hispánicas.

En contra de la repetida situación de luchas sociales que se daba en Castilla, en Cataluña la lucha política predominó siempre sobre las querellas sociales, ya superadas. Esta diferenciación respecto a las demás tierras de la península, alentada primero por la proximidad del equilibrio occitano y después por la influencia templaria, determinó en Cataluña el desarrollo de una clase de navegantes y mercaderes que, pronto enriquecida, constituyó, más que una burguesía, casi una segunda nobleza. A este nuevo grupo social dominante intentaba poner coto la *remença*, que tanto había contribuido a la manumisión del labriego catalán, y cuyas reivindicaciones en tantos apuros pusieron a la primitiva Generalitat. Y esta presión determinada por un partido sólido se prolongaría dos siglos después con las reivindicaciones de la *Busca* (la «paja», partido de las clases populares, artesanos y menestrales) en sus enfrentamientos contra la *Biga* (la «viga», partido de la nobleza y de los plebeyos enriquecidos por el comercio marítimo), intentado ambos predominar sobre el Consejo de Ciento.

El Mediodía francés se había insertado en Cataluña produciendo un fluido trasvase cultural gracias sobre todo a la lengua hermana que desarrollaban los trovadores, voceros por un lado de las gestas místicas y guerreras y por otro lado propagadores de la semilla cátara que habría de facilitar el camino templario. La influencia cátara en Cataluña, en efecto, fue más profunda de lo que a primera vista pudiera juzgarse, más como germen de fermentación de un equilibrio social que como contestación religiosa.

Políticamente es otra cuestión, pues los reyes-condes catalanes no acababan de entender tampoco a Occitania, país con entidad propia que, deliberadamente, renunciaba a constituirse en Estado. Los occitanos, en efecto, se encogían de hombros ante el hecho de que los reyes de Aragón consideraran como propio el Languedoc y, olímpicamente, se desinteresaban de la política catalano-aragonesa. No iba con ellos aquel desmedido afán aragonés de involucrarse en asuntos foráneos, de participar en las querellas entre güelfos y gibelinos, lo cual finalmente, con sus disensiones ante Roma, llegó a determinar el interdicto papal en contra de Pedro I, tal vez porque no se podía terminar de admitir el escaso entusiasmo catalán y aragonés en la lucha contra los cátaros.

Social y culturalmente, Cataluña competía en liberalismo con la vecina Occitania. Las dos escuelas catalanas, en Vic y en Ripoll, podían competir en desarrollo cultural con Córdoba en cuanto a saber, y hasta podría decirse que aventajaban a la escuela andaluza gracias a su trasvase entre la cultura árabe y la europea. En Ripoll, precisamente, tuvo su primera formación Gebert, futuro papa Silvestre II y precursor de las ideas del Temple. Más tarde, las universidades de Lérida y Perpiñán, junto con la influencia esotérica de Raymundo Lulio, condicionan más aún el talante de tolerancia de Cataluña, donde es significativo que no llegara siquiera a arraigar el popular dicho castellano de la época: «Es un hombre de mal temple».

En la memoria arquetípica catalana había en cambio arraigado profundamente el espíritu de benevolencia y tolerancia de los primeros reyes de Aragón, quienes poseían además importantes feudos occitanos e incorporarían, mediante el matrimonio de Raymond Berenguer III, el condado de la Provenza a la corona de Barcelona. El mismo Pedro I, con su actuación frente a los albigenses, ofrece el más contrastado relieve de esta tolerancia. Rey de Aragón y de Occitania, Inocencio III no le confía la cruzada contra los albigenses, pese a que ella se desarrollará principalmente en los feudos del rey de Aragón. Pedro, en lugar de ponerse el frente de sus tropas, tal como el papa le había ordenado, lo que hizo fue reunir en Carcasona, a comienzos de 1205, a los cátaros y a los legados pontificios a fin de mediante «un coloquio religioso» tratar de llegar a un acuerdo que abortase la cruzada. Al no haber acuerdo, acepta a regañadientes ir contra los cátaros, pero, en lugar de hacerlo, corre con sus huestes a Castilla para intervenir en la batalla de Las Navas de Tolosa. De regreso, sigue sin atacar a los cátaros. ¿Cómo atacar a unos herejes y defenderlos al mismo tiempo de la codicia de Felipe Augusto?

Difícil dilema del cual trata de salir políticamente forzando a su feudatario, el conde Raymond VI de Toulouse, a que abdique en favor de su hijo. Como quiera que las tropas de Simón de Monfort ya se han puesto en marcha, antes de que el papa dé la orden definitiva, y la masacre ha comenzado, Pedro I hace una última tentativa en el Sínodo de Lavaur, ofreciendo la sumisión a todos los cabecillas cátaros. Y al negarse éstos a perder su libertad, finalmente emprende la guerra... pero no contra los cátaros sino contra Simón de Montfort y contra los designios anexionistas de Felipe el Hermoso de Francia. Lamentablemente, tras una noche de crápula en el castillo de Muret, sin esperar los refuerzos que le hubieran hecho invencible, presenta batalla al De Montfort y pierde la vida (parece ser que no en lucha leal sino asesinado a traición) y con ella todo el Mediodía de Francia.

Del cáliz de sangre al cáliz ensangrentado

Vencidos los catalanes en Muret y los cátaros en Montsegur, la Inquisición cubre de sangre las tierras de Occitania y la búsqueda del Grial se hace más difícil aún. El celo sanguinario de los inquisidores siembra el dolor y la muerte entre todos aquellos hombres pacíficos que, desdeñando toda política, su único anhelo era encontrar el Grial, el místico cáliz en que José de Arimatea recogiera la sangre del costado de Cristo, herido por la lanza de Longinos.

Con las prisiones atestadas, con las hogueras ardiendo incesantemente, los inquisidores no juzgan sobre los hechos sino sobre las intenciones. Todos los reos son culpables puesto que, pese a la tortura, su fe sigue siendo inalterable. Una fe que, herejes y extraviados, encuentran en la admirable perfección de un cuerpo de mujer, en la belleza de la estrella de la mañana, en la sangre sutil de Cristo que ven en una copa quimérica, en el espíritu arborescente del roble que, anclado en la tierra, tiende sus ramas al cielo para abrigar entre sus hojas a los pájaros, a los insectos e incluso «a criaturas más pequeñas aún que no tienen nombre». ¡Locos iluminados que encima se burlan de los verdaderos creyentes afirmando que sólo ellos, los «puros», son capaces de comprender el lenguaje que el roble y el tilo susurran dejando agitar sus hojas por la brisa!

El escándalo inquisitorial se hace aún mayor cuando descubren que los cátaros edificaban sus iglesias sobre antiguos templos dedicados a Apolo, pues estos lugares, afirmaban los reos, son mágicos ya que en ellos se siente más cerca el hálito de Dios. A los inquisidores les indigna también el fervor de los cátaros hacia sus antepasados druidas, ancianos de largas barbas vestidos de blanco, mientras no disimulan su desdén hacia los sacerdotes romanos, tonsurados y vestidos de negro. Les indigna el poco respeto de los cátaros hacia los santos cristianos, vestidos de humilde estameña, mientras se les ilumina la mirada cuando hablan de sus antiguos reyes visigodos, bárbaros vestidos con pieles de zorro y tocados con un bonete octogonal. Y a los inquisidores les subleva también el respeto que muestran los cátaros hacia los árabes que, al ser expulsados de España, habían buscado refugio en sus tierras. Les subleva que, en lugar de seguir las admoniciones del clero y cazar a pedradas a todos aquellos infieles, los cátaros les socorran y ofrezcan trabajo en sus huertos y refugio en sus casas.

Mientras la tierra occitana se encharcaba de sangre cátara, en su vecina Cataluña el panorama era harto distinto. El hijo de Pedro, Jaime I, manifestaba el mismo carácter tolerante que su padre (pese a que Simón de Montfort hubiera reclamado ocuparse personalmente de su «educación»). Resulta significativo que durante su reinado, la Inquisición catalana, dirigida por el dominico Raymundo de Penyafort, no se centrara en el castigo del infiel ni del hereje sino que se dedicaran sólo a la conversión de judíos y moros mediante una catequesis forzada. Hábiles teólogos y al mismo tiempo hombres influenciados por el medio temporal, a los dominicos catalanes, prescindiendo de la utopía del Grial, más que esforzarse en demostrar la verdad de su religión y la falsedad de las creencias de judíos y mahometanos, lo que les preocupaba eran otras cuestiones más inmediatas. A la naciente organización social en Cataluña, su creciente y justo equilibrio, debido a la poderosa influencia occitana, seguiría luego también una significativa influencia templaria, tanto en los asuntos temporales como en los asuntos religiosos, lo cual determinaría que, contrariamente a lo que estaba sucediendo en Castilla y en Francia, en Cataluña, y durante más de tres siglos, la Inquisición no encendiera ni una sola hoguera.

Claro que, trascurridos esos tres siglos sin fuego, las hogueras catalanas intentarían recuperar el tiempo perdido. Y lo mismo que había sucedido en Occitania, donde los motivos religiosos fueron sólo un pretexto para terminar con una civilización meridional cuyo brillo oscurecía el de los Capetos, en Cataluña sucedió algo similar respecto a los reyes de Castilla. Pese a que las querellas sociales y políticas en Cataluña nunca habían tenido gran trascendencia al estar las fuerzas equilibradas entre los partidarios de la Busca y los de la Biga, se buscó la forma de romper ese equilibrio y, durante más de doscientos años, las políticas fratricidas de Alfonso el Magnánimo –llamado así porque ponía a escote su «generosa magnanimidad», pues en Baleares, por ejemplo se hizo pagar 150.000 libras a cambio de su «magnánime clemencia»–, de Fernando de Aragón y de Carlos I ensangrentarían a su vez Cataluña del mismo modo que san Luis de Francia había ensangrentado Occitania.

Proceso a los muertos

Con la aniquilación de los cátaros se aniquilan también los principios de libertad democrática que existían en Europa, principios instaurados por los visigodos. Fue este pueblo, efectivamente, el primero que creó los mecanismos legales necesarios para controlar sus propias instituciones. Los concilios de Toledo, por ejemplo, imponían a cada nuevo rey la famosa norma que regía la monarquía electiva: «Tú serás rey si obras según la justicia. Y si no obras según la justicia, tú no serás rey». Estas reglas, establecidas en el reino visigodo de Asturias, no fueron seguidas sin embargo por los restantes reinos peninsulares, pues éstos preferían seguir con el uso de la monarquía hereditaria según el modelo impuesto por los merovingios y los francos.

Pocos años después, con la aniquilación de los templarios, el cesarismo de los reyes acababa imponiéndose en toda Europa a la vez que terminaba con el feudalismo, por un lado, y marcaba grandes diferencias dentro de un mismo reino, ya que esta política favorecía a unas regiones y marginaba a otras. Tal sería el caso, por ejemplo, de Occitania respecto a Francia y de Cataluña respecto a Castilla. Y, como es natural, los nuevos señores no estaban dispuestos a tolerar desviacionismos de ningún tipo. La Inquisición seguía ojo avizor dispuesta a reprimir cualquier veleidad de orden religioso o moral, lo cual, obviamente, contribuía a reforzar el aparato del Estado.

Pero esta situación poco importaba a los herederos de los cátaros, los cuales seguían buscando el Grial pese al ambiente cada vez menos propicio para esta clase de aventuras. Por otra parte, la Iglesia, consciente de la fascinación que ejercía el mito, se empeñó en desvirtuarlo y sembró de griales gran cantidad de iglesias de España, Francia, Inglaterra, Alemania e Italia. Cada cual, naturalmente, poseía el verdadero, el auténtico cáliz donde José de Arimatea recogió la preciosa sangre de Cristo.

De esta forma el mito se cristianizaba y los exégetas buscaban interpretaciones piadosas, pero ortodoxas, en cada una de las páginas del ciclo arturiano. Aunque esta política, naturalmente, tampoco engañaba a los fieles seguidores occitanos del Grial, los cuales, es obvio, buscaban algo más que una copa, por preciosa que ésta fuese.

El Grial como talismán es una de las constantes de la literatura popular europea. Esta idea estaba alentada por la misma Iglesia después de que hubiera confirmado que el Grial depositado en la catedral de Génova era la verdadera copa donde se recogió la sangre de Cristo. Según el razonamiento de la Iglesia, pese a la probada autenticidad del Grial de Génova, no por ello podía afirmarse que todos los demás vasos sagrados de las iglesias de Occidente fueran falsos, pues todos ellos poseían una fuerza inigualable ya que las partículas de la sangre de Cristo que contenían poseían un gran poder milagroso, si bien este poder, en manos malvadas, podía ser un gran agente de destrucción.

Resulta difícil discernir si realmente la Iglesia se creía las historias que ella misma inventaba, pero, aunque fuera una actitud esquizofrénica la que el clero adoptaba, podría deducirse que efectivamente estaba convencida no solamente del poder milagroso de todos aquellos litros de falsa sangre diseminada por las iglesias sino también que los cuerpos purificados de los grandes

santos poseen el mismo poder. Pero también creía, el clero occitano en particular –y ahí reside el elemento esquizoide, determinado sin duda por su mala conciencia–, que los cuerpos de los
«puros», de los «perfectos» a los cuales había exterminado su Inquisición, poseían ese mismo poder milagroso.

La obsesión no confesada del poder de la época era que realmente pudiera existir una dinastía de Jesús. Si tal temor se reve-
lara cierto, los resultados de que tal noticia saltara a la luz inevi-
tablemente produciría la quiebra tanto de la Iglesia como de las
monarquías «por la gracia de Dios». Un temor similar, ya en
tiempos contemporáneos, podría atribuirse a Israel con su política de censura musical prohibiendo Wagner a causa de la peregrina razón de que sus óperas inspiraron el nazismo. En esta decisión insólita del gobierno israelí se advierte, lo mismo que en la
quema de los cátaros, no sólo determinadas razones políticas sino
que también se adivina el ancestral conflicto que se produce al
negar el hombre sus arquetipos. ¿A qué si no la supersticiosa negativa de Tel-Aviv a permitir que en Israel se den conciertos de
Wagner o se represente «Parsifal»? Cierto que Wagner visitó
Montsegur, cuando componía «Parsifal», buscando las huellas de
la estirpe de Cristo, ¿pero esto es suficiente para que de pronto el
pueblo judío recuperara la memoria arquetípica de un heredero
pretendiente legítimo al trono de Israel? A este temor ancestral,
más que a oscuras connivencias con el Vaticano, podría también
atribuirse el silencio sepulcral que el gobierno israelí adopta en
torno a los manuscritos del mar Muerto, cuyo principal stock está
en sus manos desde que en 1966 el ejército judío ocupó el sector
este de Jerusalén y se adueñó del Museo Jordano, donde estaban
depositados los rollos.

Y así, mientras algunos frailes desenterraban a los cátaros
para hacer reliquias con sus huesos, la Inquisición perseguía esta
práctica supersticiosa. Pero no procesando a los clérigos violado-
res de tumbas, como hubiera sido lo justo, sino a los cadáveres
desenterrados. ¡Procesos a los muertos! ¡Hogueras con despojos
humanos para que con las llamas se consumiera su *sustancia*!

154

9. La sangre de Cristo

La búsqueda del Grial

La herencia griega de todos los pueblos del Mediterráneo, el pálpito de los mitos precristianos en todas las tierras de Europa, fue aniquilada durante los siglos de dominación romana mediante la imposición de una literatura retórica surgida del latín, vehículo muy tranquilizador sin duda para el aparato del Estado, pero que nos ha valido a los europeos, salvo raras excepciones, no poseer mas que «una mitología de pobres» llena de frías alegorías y de símbolos desnaturalizados, perdiendo para siempre aquella riqueza ancestral que poseía el hombre mediterráneo, aquellos componentes espirituales que le permitían interpretar –mediante leyendas, dramas y creencias– el misterio y la grandeza de su condición.

La dominación romana nos empobreció en más de un aspecto pues con ella se perdió la memoria arquetípica del europeo. Y el mismo fenómeno sucedería a continuación con la imposición del dogma cristiano, si bien en la mente del hombre europeo actual perdura todavía el arquetipo de Cristo, por un lado, y el mito de su sangre o santo Grial por otro. Durante un milenio, en Europa reina la oscuridad del mito, el silencio de la saga, y no es hasta entrada la Edad Media que el hombre reemprende la búsqueda de los paraísos perdidos, la búsqueda de su esencia y de las palabras milagrosas susceptibles de cambiar el orden de las cosas, la búsqueda de las tierras prometidas –tan lejanas y tan próximas a la vez–, pues ya en Europa reina el rey Arturo pese a que nadie le vea. Pero el rey Arctus, Arturo, está ahí, al frente de sus caballeros de la Mesa Redonda, y Chrétien de Troyes nos revela la justicia santa de su corte mientras relata las aventuras de Parsifal en su búsqueda incesante del Grial.

155

Pero la búsqueda del Grial, ya la efectúe Parsifal o Lancelot, no es una «obra» cristiana pues está impregnada de todos los ecos sofocados del paganismo, ecos en los cuales se reflejan las danzas de las coribantes, los símbolos fálicos de la lanza o de la copa, los ritos de fertilidad de la tierra, su muerte simbólica y su resurrección. Todos estos elementos, sofocados durante un milenio, surgen de pronto con una fuerza tremenda y se concretan en esa maravillosa alegoría de la copa portadora de vida, esa vida milagrosa que habrá de restaurar tanto las fuerzas de la tierra agostada como las flacas fuerzas del rey pescador.

En apenas medio siglo eclosionan todos los relatos del ciclo arturiano, como si de pronto los distintos autores se encontraran frente a *un motivo arquetípico inagotable* que, cosa curiosa, les atrae como motivo de creación literaria mientras desdeñan los acontecimientos históricos de su tiempo –las cruzadas–, fenómenos de gran trascendencia social y religiosa en la Europa de entonces. Ya sea el autor De Troyes, Boron o von Eschembach, de los diversos relatos emergen tres elementos inalterables: la copa, la sangre y la lanza. La copa, naturalmente, es en su aspecto exotérico el vaso donde José de Arimatea recogió la sangre de Cristo, pero es también simbólicamente Occitania, el primitivo Ardéche, territorio que como ya dijimos corresponde con el legendario Camelot y, también, con el de los patarines o cátaros. La sangre es la que corre por las venas de Parsifal o de Merlín, cada uno de ellos Hijo de una Viuda, una sangre en la cual pese al discurrir de las generaciones se encuentran todavía vestigios de la sangre de Jesús, cuya familia, según las tradiciones que Roma y la Iglesia se ocuparon de sofocar, arribó a las playas occitanas. En cuanto a la lanza, arma de los caballeros de la Mesa Redonda, es también la del legionario Longinos, el cual perforó el costado del Señor, es también un símbolo fálico con topónimo –Llansá, de clara etimología y de más claro simbolismo aún como instrumento elemental de la vida– en el extremo sudoriental del Triángulo Catalán, cerca de Figueras, ciudad que a su vez habría que asociar a los ritos de fertilidad que propiciaba el árbol que le da nombre.

El mito es para el hombre un elemento de liberación espiritual y este fenómeno se hace patente tanto en una actividad como la alquimia como en la creación literaria de los autores de Parsifal, donde a veces un mismo elemento, por ejemplo la copa, es vasija o es piedra caída del cielo. No importa lo que sea, pues la piedra filosofal o el oro potable son también la misma cosa. Además, como demostrara Emma Jung, los dos símbolos son correspondientes ya que reflejan ambos, mediante la reconciliación alquímica de los contrarios, «la irrupción de lo divino en el corazón del hombre».

Los símbolos, en efecto, rebosan a través de todos los relatos del Grial, incluso en el de Wolfram von Eschembach, pese a sus esfuerzos por cristianizar el mito. Anfortas se afana pescando, es decir, extrayendo del agua peces, los símbolos de la vida en las antiguas religiones. El pez es también, en la primera imaginería cristiana, el símbolo de la vida divina. Se ve también en el Grial simbolismos fácilmente asociables al gnosticismo, lo cual no deja de causar cierta perplejidad, pues la cultura medieval era absolutamente impermeable respecto a todo lo no cristiano. Pero «los poetas, como los soñadores, saben escuchar en sí mismos la voz colectiva de los mitos ancestrales».[1]

El Templo de Salomón

La estampa estereotipada de los templarios nos muestra a unos altivos monjes guerreros, impulsores y héroes de las cruzadas contra el infiel. Con su hábito blanco y la cruz roja trebolada en el pecho, estos caballeros errantes del Templo ofrecen una imagen tan deformada que resulta difícil discernir en ella qué hay de real en toda su tarea histórica, pues su afán por conquistar el Santo Sepulcro era una pura entelequia puesto que ellos no ignoraban que la tumba de Jesús no estaba en Jerusalén, como afirma la tradición piadosa, como no ignoraban tampoco que la supuesta tumba de Jesús en Samaria había sido destruida por Juliano siete siglos antes. Entre la cristiandad empero seguía persistiendo la idea, alentada por el iniciado Gerbert de Aurillac, el futuro Silvestre II, de que bajo las ruinas del Templo de Salomón se ocultaba un valioso tesoro.

Pero ni el clero ni la nobleza ven con buenos ojos a aquellos monjes que tratan de restaurar en Occidente la herencia de celtas y druidas, depositarios de las antiguas tradiciones relativas a la Tierra Santa Interior. Su propia condición de guerreros es paradójica y los reyes tampoco la entienden. Para los templarios la guerra no es la lucha por el botín, tal como la entendían los demás, sino una suerte de iniciación, una disciplina de su caballería mística –*perinde ad cadaver*– que, al igual que para los ismaelitas del Irán, les lleva a renunciar al proselitismo religioso y buscar en otras tradiciones las huellas de una memoria, de un pasado perdido.

Las cruzadas se inician con tal fervor popular que todos corren a enrolarse. Los flamencos bajo el mando de Balduino de Flandes, los loreneses bajo la bandera de Godofredo de Bouillon, los provenzales bajo la enseña de Raymond de Saint-Gilles y los italianos al mando de Tancreo y Bohemondo de Tarento. Todos embarcan para Constantinopla y, tres años después de su partida, llegan a las puertas de Jerusalén. Quince días después, toman la ciudad y hacen ondear las banderas de la cristiandad sobre las ruinas del Templo de Salomón. El mensaje que llega de Jerusalén a Occidente es que se emprende la búsqueda de la tumba del Salvador, cuando según todos los indicios históricos ésta fue destruida por Juliano en el año 362, en Samaria.

Con el regreso de los primeros cruzados, Cristo se hace aún más eclesiástico, menos solar. Todo vestigio de su divinidad esotérica parece haberse perdido. Ni un solo testimonio de la época alude a él como al *antropos* de los gnósticos o al Kristos Cósmico, el arquetipo del Hombre Total. No es hasta después del regreso de los templarios que Cristo recupera sus rasgos de divinidad solar. Los alquimistas, a su vez, comienzan a hablar de aquel espíritu que Platón afirmaba estar «crucificado en los cuatro reinos» o cuatro elementos de la naturaleza. Para los templarios, como sería después para los rosacruces, Cristo es el Sol que hace «florecer la Rosa en la confluencia de la horizontal y la vertical», verdadero símbolo de la cruz. Por ello también para los cátaros la cruz es el símbolo del hombre puesto en pie, con los brazos abiertos, saludando a «la Luz Increada de Venus que anuncia la venida del Sol».

La crucifixión del Espíritu

Están lejos aún los tiempos en que esos mismos reyes exotéricos que han alentado las cruzadas verán un peligro en aquellos monjes del Temple que tan decisivamente han contribuido a asentar sus monarquías trazando caminos seguros y estableciendo eficaces redes comerciales y bancarias. Están lejos aún los días en que estos «paladines de Cristo» serán acusados de blasfemar de Jesús, acusados de pisotear y escupir en la cruz, pese a que en realidad, según reiteraron en diversas declaraciones antes de ser llevados a la hoguera, renegaban del crucificado pero no del símbolo de la cruz.

La literatura romántica los pinta como déspotas codiciosos, como manipuladores astutos, como siervos de Satanás que se entregan «a toda suerte de ritos obscenos, abominables y heréticos». Otros los pintan como las víctimas propiciatorias de las «maniobras de la Iglesia y el Estado». La masonería, por su parte, considera a los templarios como «adeptos e iniciados místicos, custodios de una sabiduría arcana que trasciende al cristianismo».[2] La opinión de la masonería, no obstante, no merece excesivo crédito puesto que esta sociedad siempre se ha mostrado interesada en boicotear los cimientos de la Iglesia, tal vez con ánimo de suplantarla un día.

Realmente es un enigma discernir cuáles eran los objetivos secretos de la Orden, pero lo que parece cierto es que, más que a luchar contra el infiel, fueron a Palestina a entrar en contacto con el esoterismo árabe, a cotejarlo con el suyo propio y a desarrollar a partir de ahí una serie de acciones que les enlazaba con las pautas de todo el perdido esoterismo pagano: la Estrella de la Mañana o Mensajero que anuncia la luz del Rayo Verde y señala el camino hacia el Sol Negro, hacia la lejana Tule de los Dioses Blancos, los primeros hiperbóreos. Pero quizás no era necesario trasladarse a Jerusalén para buscar las trazas de los descendientes de los perdidos hiperbóreos. Al sumergirse la Atlántida, ya no quedaba nada de Hiperbórea. Aquellos pocos que consiguieron salvarse, adaptándose a las duras condiciones de una Europa en plena evolución climática, transmitieron su saber a celtas y druidas, como atestiguan las viejas tradiciones de Merlín.

Grandes navegantes, los templarios aprenden a su vez perdidos secretos náuticos que guardan celosamente. Si vikingos, normandos e irlandeses llegaron a América antes que Colón, no es menos cierto que las tres carabelas lucen en sus velas no el pendón de Castilla, sino la cruz trebolada y roja del Temple. ¿Por qué, después de que la Orden hiciera ya casi tres siglos que había desaparecido? ¿Tal vez porque Colón, al casarse con Felipa, la hija del gobernador portugués de Madeira, Caballero Hospitalario, se vinculaba de alguna manera a la Orden heredera del Temple? ¿No se origina también la leyenda portuguesa del *sebastianismo* cuando el rey desaparece en la batalla de Alcazarquivir, precisamente con el barco que enarbolaba la misma bandera? Lo cierto es que cuando los españoles llegan a América se sorprenden al ver que allí conocen a Cristo, cuyo Evangelio predicaron siglos atrás unos «apóstoles blancos».

Los templarios niegan la «Unidad del Verbo Encarnado» que emana del Evangelio de San Juan pero al mismo tiempo parecen aceptar los temas maniqueos y gnósticos del mismo evangelio que exaltan los conceptos del Hombre Total, del hombre cósmico entendido como un microcosmos unido al macrocosmos, tema tan caro al gnosticismo. Aceptan también el dualismo entre «los hijos de la luz» en lucha contra «los hijos de las tinieblas», tal como proclamaban igualmente los esenios, en cuyo esoterismo, según Josefo, se «exaltaba el desprendimiento del cuerpo» mortal para integrarse, a través del alma inmortal, en la esencia del cosmos.

Niegan también los templarios la crucifixión de Jesús y sostienen la tesis de que Cristo no murió en la cruz a manos de los romanos, sino que fue lapidado por los judíos. Aceptan sin embargo el simbolismo de la cruz y, partiendo del axioma que afirma que «lo que está arriba está abajo», proclaman que al final de la época de Aries, el Cordero o el Espíritu sufre una crucifixión cósmica que tiene su correspondencia aquí abajo, donde el hombre, con su «piel terrestre», es arquetípicamente crucificado para que se cumpla la ley hermética.

La Orden

En el año 1118 Hugo de Payen fundó la Orden del Temple bajo la primera denominación de Pobres Caballeros de Cristo y del Templo de Salomón. Patrocinados por el rey de Jerusalén, Balduino I y por su hermano, el legendario Godofredo de Bouillon, conquistador de la Ciudad Santa, los templarios fundadores de la orden se trasladaron a Jerusalén y se instalaron en el Templo. Apenas 20 años después, Inocencio II exoneraba a los templarios de toda obligación para con los reyes, príncipes y prelados. Era el primer paso para establecer «un imperio internacional autónomo».

Gerbert de Aurillac, monje benedictino que ocuparía la sede papal bajo el nombre de Silvestre II, fue el iniciado que proyectó la primera cruzada a Tierra Santa. Sus estudios en Ripoll y en las arabizadas ciudades de Toledo y Córdoba le llevaron a concebir la idea de que había un tesoro oculto en las ruinas del Templo de Salomón, pero la primera cruzada, con el ánimo de rescatar tal vez ese misterioso tesoro, no se lleva a cabo hasta el año 1096, bajo la égida de otro papa benedictino, Urbano II. El pretexto oficial era rescatar de manos infieles la tumba de Cristo.

Si la primera cruzada en el año 1096 constituyó un éxito, pese a que su objeto de rescatar la tumba de Cristo era ilusorio, tuvo el efecto de permitir al papa Urbano II –gracias al fervor exaltado de la cristiandad– el emprender una reforma profunda de la Iglesia que se traduce por figuras tales como la *Paz de Dios*, regla que «impone a los ejércitos la prohibición de vejar al enemigo, de saquear y matar a los pobres, a los siervos y a los mercaderes». Otra regla, la llamada *Tregua de Dios*», proscribía «la venganza y la guerra durante la cuaresma y las demás fiestas religiosas». Estas reglas, naturalmente, serían papel mojado al emprender Roma la guerra de exterminio contra los cátaros.

Estos imperativos guerreros, no obstante, más que dar nacimiento a las órdenes de caballería, lo que hacen es darles carta de naturaleza dentro de la cristiandad, pues las mismas ya existían desde más de medio milenio antes a través de los cuerpos sacros de policía de celtas y druidas. Gregorio VII y Urbano II, al proyectar esta política, tratan de asimilar y no destruir. ¿Qué mejor medio para canalizar los anhelos de la juventud, para encauzar el ánimo aventurero de los jóvenes que se miran en el espejo de la caballería errante?

En cuanto se inician las cruzadas, los jóvenes caballeros cristianos ya no necesitarán mirarse en los paganizados espejos de las leyendas de Arturo, de Lancelote del Lago, de Sigfrido, de Tristán el Leonés, de Amadís de Gaula, de Hildebrando el Matador, de Gauthier de Aquitania. Se les ofrece una lucha por Cristo y la aceptan con entusiasmo, lo cual, obviamente, cumple con los designios del papa y los reyes.

Pero una cosa son las luchas en el mundo de los sueños y de la fantasía y otra muy distinta enfrentarse a un enemigo de carne y hueso. Disipado el fervor inicial, tras la desastrosa segunda cruzada, entre el año 1146 y 1150, son los templarios quienes evitan la derrota total y vergonzante. Las crónicas de la época les rinden homenaje: «Todos, ricos y pobres, cumplieron la palabra dada de no dejar el campo y obedecieron a su Maestre en todo cuanto éste les ordenara». Una tropa reducida, es cierto, pero decidida, valiente y capaz de asegurar, al menos temporalmente, la presencia francesa y cristiana en Tierra Santa. El mismo Luis VII de Francia, en una carta a su corte, escribe: «No queremos ni imaginar cuánto hubiéramos durado Nos en estas tierras sin su ayuda y asistencia. Su apoyo nos ha sido muy valioso desde el día de Nuestra llegada hasta el momento en que Nos os enviamos esta carta».

Pese a los triunfos y fracasos de las cruzadas, las órdenes religiosas van adquiriendo un prestigio social que en el transcurso de los años poco tiene ya que ver con las hazañas guerreras. Los reyes son ya los «muy cristianos reyes» y reciben en sus palacios, como si de una institución escolar se tratara, a los hijos de los señores feudales, los cuales forman la corte del soberano. Educados desde adolescentes en la admiración de los hechos de armas, en el culto del honor, en el desprecio de la mentira y la traición, en el respeto de los santos y de la Iglesia, a los quince años los chicos, los *varlets* o *valets*, pasan a ser *escuderos* primero y *caballeros* después, al cumplir los veintiún años, tras pasar una noche en vela y oración.

La Orden del Temple se mantiene al margen de esta «actividad social» mientras por un lado desarrolla otros tipos muy distintos de actividades sociales, basadas en la aplicación de una idea de justicia a las clases populares, y, por otro lado, despliega una actividad creciente en el estudio y desarrollo de una búsqueda espiritual, de un esoterismo propio que quiere representar en el 8, símbolo disfrazado apenas en su emblema del doble trébol, figura que la cruz templaria de dos aspas iguales insinúa también. Misteriosamente, es este mismo emblema del doble trébol el que hace colocar en la lápida de su tumba la hermana de Moctezuma, la princesa Papán, cuando viene a morir al Pirineo catalán para ser enterrada allí.

El simbolismo del 8 que utilizan los templarios no era exclusivo de su orden. Ya en la Antigüedad el «doble par binario» era el número mágico por excelencia. El movimiento que dibuja el 8 lo practicaban los caballeros errantes haciendo molinetes con sus adargas, en las cuales la forma de la empuñadura recuerda al mismo 8. El número 8 era también el signo mágico de los druidas, precursores de la Caballería Errante y de la Caballería del Temple.

El círculo, que es posible dibujar siguiendo los puntos de los cuatro extremos de la cruz templaria, es también la convergencia donde confluyen las corrientes telúricas que los primitivos señalaban clavando piedras verticalmente en la tierra, los dólmenes. Hallado uno de estos puntos de convergencia, se alzaba en él un Templo Circular, el cromlech, como el de Stonehenge. La representación gráfico-simbólica de estos puntos es el trébol de cuatro hojas, flor emblemática de los druidas que simbolizaba el ciclo de su iniciación sacerdotal. Cada hoja representaba un grado iniciatorio de cinco años, completando las cuatro hojas el ciclo de veinte años. Su misma organización social se basaba en el esquema de cuatro oficios: agricultor, comerciante, constructor y guerrero.

Los pecados del Temple

Cuatro actividades u oficios que los templarios trataron de desarrollar en la Edad Media limpiándolas de todas las lacras a que los siervos de la gleba estaban sometidos. El símbolo de esta evolución social que ellos patrocinaban lo representan en el giro del doble trébol de cuatro hojas, en la revolución trascendente que forma ese 8 que gira sobre su propio centro y que señala el camino de eternidad destinado a aquellos *nacidos dos veces*: una señal que los templarios ven asimismo en el símbolo de la cruz cristiana.

El símbolo, como ha demostrado la psicología jungiana, es la expresión del inconsciente colectivo del hombre y posee una trascendencia capital en la mente del hombre como individuo. Es esta carga del subsconciente la que los publicistas modernos intentan estimular con sus mensajes publicitarios, a veces expresando sólo el anagrama de unas marcas comerciales, pues basta sólo la exposición del símbolo para despertar el eco deseado. En la Antigüedad, los babilonios hallaron la correlación celeste de todos sus dioses y simbólicamente incorporaron sus imágenes a las constelaciones del Zodíaco: el cangrejo, el toro, el escorpión, el pez, etc. La mitología griega está asimismo llena de símbolos y hasta el cristianismo temprano incorpora también símbolos animales: Lucas es representado como el toro, Marcos como el León y Juan como el águila. Jesús es el Cordero o el Pez, pero es también la serpiente enroscada en la cruz, el león y, en la tradición alquímica, el unicornio.

Esta predilección que a su vez muestra el Temple hacia los símbolos animales sería una de las piezas principales de la acusación, a la cual se le añadiría también la bestialidad y otras perversiones sexuales. Pero la mayor acusación que debieron sufrir los templarios en su proceso fue que renegaban del crucificado y en cambio exaltaban el simbolismo de la cruz. La perplejidad de los acusadores no les impedía añadir cargo contra cargo. Acusaron también a los templarios de adorar al misterioso *Baphomet*, un ídolo de dos cabezas cuyo color negro le hacía proceder de Egipto, de donde también procedía la *Kimia* o tierra negra de los alquimistas, voz que al incorporar el prefijo árabe daría nacimiento a la ciencia hermética: la *Al-Kimia*. Les acusaron también de ser seguidores del blasfemo Marción, quien había asegurado que «Cristo no tiene nada que ver con Jehová. El Antiguo Testamento es inmoral. Cristo es hijo de un Dios de Amor desconocido y todos los profetas, hasta el mismo Juan el Bautista, son acólitos de Jehová, el dios falso...».

Se les acusó de aceptar a Abraxas, es decir, la idea de que Dios y el Demonio forman una unidad, que el principio del Bien implica la del Mal opuesto. Se les acusó de buscar en las ruinas del Templo de Jerusalén no las piedras de la tumba de Cristo, sino la piedra desprendida de la corona de Lucifer durante su caída. Se les acusó de tergiversar las doctrinas de san Bernardo de Clairvaux con su afirmación de que éste y san Benito se inspiraron en las enseñanzas de los druidas. Se les acusó de estar detrás de los trovadores y de los *minnesännger* que desarrollaban el mito de Parsifal, «el loco que perdió los valles» (en clara alusión al apellido desvirtuado de *los claros valles* del fundador de la orden del Císter). Se les acusó de dar a la música del papa Gregorio, la gregoriana, los mismos acentos y tonos de la pagana música órfica. Se les acusó de poner en boca del papa Silvestre II la peregrina afirmación de que la tierra es redonda. Se les acusó de atribuir no solamente a san Benito la enseñanza del cultivo de la vid sino también los secretos de la construcción románica a partir del dolmen y del menhir druida.

El Temple exotérico

Según la tradición piadosa, san Benito fue educado por san Colombano, un monje irlandés que, según todos los indicios, debía ser druida. En el año 529, Benito se instaló en una cueva en un monte cerca de Casino, a mitad de camino entre Roma y Nápoles. Aplicando el esquema organizativo de san Pacomonio, y quién sabe si también el de los eremitas esenios, Benito agrupa a sus seguidores en pequeñas comunidades o cenobios. Quinientos años después de la muerte de san Benito nacería Bernardo de Clairvaux, fundador de la Orden del Císter. San Bernardo se opone al naciente dialectismo, se enfrenta abiertamente a las herejías y predica la segunda cruzada. Opone también san Bernardo la fe a la razón y afirma que la verdad reside en la comprensión del misterio de la crucifixión y que su finalidad es la unión mística con Dios, concepto que, de alguna manera, entronca con las posteriores ideas templarias. Tanto entre los primitivos benedictinos como posteriormente entre los cistercienses flota una cierta aura que bien podríamos denominar druida o, cuando menos, céltica, pues son ambas órdenes religiosas las que recogen el espíritu de la caballería céltica irlandesa que, con el paso de los siglos, daría origen a la Caballería del Temple.

Las distintas órdenes de caballería de la Baja Edad Media buscan el Grial y la del Temple no es una excepción, si bien cabe preguntarse si era el mismo «Grial» que buscaban las demás el que buscaban los templarios. Sus propios escudos de armas reproducen signos gnósticos y herméticos que no guardan ninguna similitud con las demás órdenes cristianas, pero Bernardo ve con buenos ojos la propuesta de fundación de la Orden del Temple y la nueva caballería es autorizada en el año 1128 en el Concilio de Troya.

Pero sus símbolos herméticos no son lo único que diferencia a los templarios de las demás órdenes religiosas. Así como todas asumen como naturales los esquemas sociales establecidos, en el Temple se preconiza una organización social que pretende hacer realidad la impronta de las monarquías visigodas y de toda su esencia jurídica, es decir, pretenden hacer fructificar la primitiva semilla de democracia medieval que sembraron los godos, semilla que desaparecidos los visigodos pronto había quedado desvirtuada por la constante colisión entre los intereses de la Iglesia y de la realeza. Todos los reinos de este período eran monarquías hereditarias donde el hombre bajo no contaba para nada, ni para el rey ni para los señores, que muchas veces se mostraban iguales al rey. Y las bases democráticas de la sociedad, instauradas por los visigodos en Occitania y en España, pronto habían quedado abolidas. Incluso en los territorios donde más habían arraigado, el Languedoc, Cataluña e Italia, pronto fueron violadas por un poder real que ejercía su totalitarismo a través de la tiranía de los nobles y de la Iglesia.

El Temple, en su afán de intervenir en las políticas nacionales de la época para devolver o instaurar en el hombre unas libertades y unos derechos de los que había sido despojado, impregna ya el espíritu de las Cortes de Lérida de 1214, donde se reúnen por primera vez los tres estados ya diferenciados: el eclesiástico, el militar y el real, que incluía en sí mismo a las clases populares, es decir, a sus siervos. «Nosotros, de los cuales cada uno vale tanto como Vos y todos juntos más que Vos, os juramos fidelidad...», juraban ante su rey los catalanes y aragoneses, mucho antes que los ingleses de la Carta Magna hicieran lo propio ante sus monarcas, pues aunque dictada en 1215, la carta inglesa no entra en vigor hasta casi a finales del siglo XIII, a consecuencia de la derrota que Simón de Montfort inflige a Enrique III, si bien esta imposición, dictada por Felipe el Hermoso de Francia no tiene más finalidad que la de minar el poderío de su rival británico y no la de mejorar la penosa situación de las clases populares inglesas de la época.

La influencia del Temple

El recelo del poder y de la Iglesia aumentaba tanto por las reivindicaciones de orden social que el Temple preconizaba como por el lenguaje en clave que los templarios utilizaban, un lenguaje obviamente destinado sólo a los iniciados de la Orden. La Iglesia comenzaba a considerar a los templarios como nuevos gnósticos, pese a que en realidad en Europa se ignorara qué había sido realmente el gnosticismo, de cuya doctrina sólo se conocían las citas que hacían los Padres de la Iglesia y sus comentarios llenos de sarcasmos para desacreditar el pensamiento de aquellos místicos que, contemporáneos a Jesús, se habían extendido como un reguero de pólvora por Palestina, Egipto, Siria, Anatolia. Todo el clero sospechaba que el Temple era un centro de estudios secretos sobre la gnosis, y el propio Himno Templario, recuperación de un himno gnóstico, les escandalizaba pese a no entenderlo:

Yo vivía en un mundo de tinieblas
desde hacía miríadas de años
y nadie supo jamás que yo estaba allí...

Algunos comentaristas aseguran que el Temple fue el patrocinador oculto de la literatura arturiana y el inspirador del *Parsifal*, pero esta tesis pierde toda consistencia si se lee la trova de Giot de Provins dedicada al Temple:

Mejor cobarde y vivo
que muerto y honrado por todos.
La Orden de los Templarios la conozco bien,
gracias; es bella, excelente y segura,
pero si quiero mantenerme sano
debo guardarme de la guerra...

Este desdén que manifiesta Kyot el provenzal, el trovador que según toda probabilidad inspiró el *Parsifal*, desacredita la idea de que fue precisamente el Temple el patrocinador secreto de la obra de Chrétien de Troyes y del conjunto de la literatura arturiana. El Temple, en realidad, era un contrapoder, un poder opuesto al de la monarquía y al de la Iglesia, pero lo mismo que le sucede a toda forma de poder, al Temple debía resultarle altaınente sospechosa la poesía en particular y la literatura en general. El poder tiende siempre al lucro económico, y la poesía, para la mentalidad del «tecnócrata», es la obra más inútil del hombre y, en ocasiones, también la más peligrosa. Los templarios, verdaderos tecnócratas de su época, lo mismo que sucede hoy en día respecto a los hombre de idéntica mentalidad, debían ver en la poesía un elemento perturbador y subversivo. Lo que el poder no entiende, siempre es subversivo. Y el tecnócrata, efectivamente, no puede concebir un proceso creador que, tal es el caso de la poesía, es «ilógico» o «irracional» en sí mismo, pues «el poder de la verdadera poesía, al contrario de la versificación académica, es de un poder tal que los científicos no lo pueden reconocer: el poema, cuando alcanza un grado intenso funciona en la quinta dimensión sin tomar en cuenta el tiempo».[3]

Al margen de esta consideración, el error del Temple, sin ninguna duda, fue creer que podría luchar contra la Iglesia enquistándose en su propio seno. Tal vez su labor hubiera sido más eficaz actuando como una orden laica o como una sociedad secreta, si bien debemos convenir que la obra histórica de ambos tipos de instituciones no ha tenido influencia positiva –ni política ni esotéricamente– en la evolución del Occidente europeo. La Orden de los Caballeros Teutones, que recoge la herencia del Temple en Alemania, ni la de Calatrava respecto a España, ha tenido trascendencia significativa.

¿Qué queda hoy después de que los nueve caballeros fundadores se instalaran entre las ruinas del Templo de Salomón en Jerusalén? Resulta difícil admitir que aquellos primeros templarios buscasen datos de origen histórico entre las piedras de aquel templo, destruido seiscientos años antes de nuestra era, restaurado por Herodes el Grande y vuelto a destruir por Tito en el año 70 d. de C. ¿Buscaban una suerte de revelación? ¿Los rastros de la sangre primigenia del Grial, es decir, las huellas de la estirpe de Cristo? Pero si los templarios admitían que los primitivos reyes visigodos o los reyes merovingios eran los descendientes legítimos de Jesús, ¿necesitaban moverse de Francia, donde tantas pistas había? ¿No tenían suficiente certeza de que el Grial se hallaba oculto en los Pirineos?

Las contradicciones del Temple

Una de las causas del aniquilamiento del Temple fue la codicia de Felipe IV de Francia y su afán de apoderarse del tesoro de los templarios. Pero del legendario tesoro del Temple prácticamente no se encontró nada. Sus arcas estaban casi vacías. Su contenido, escaso, fue atribuido en parte a los Hospitalarios de San Juan de Jerusalén, antecesores de los caballeros de Malta. Las tierras y posesiones pasaron a poder del rey, pero del oro, del cuantioso tesoro, apenas pudieron hallarse algunas migajas. ¿Recibieron acaso los templarios alguna filtración de aquella eficaz estructura administrativa que ellos habían contribuido a crear? Lo extraño, sin embargo, es que aquella Orden que, por su implantación internacional, escapaba a la autoridad real, se dejara aprehender sin resistencia por aquella misma autoridad a la que, si no quería suprimir, sí parece que al menos pretendía privar de poder. Los templarios, en efecto, pretendían restaurar la concepción de la realeza visigótica, el reino del Rey Justo, que es aquel que no gobierna directamente sino que lo hace, podríamos decir, por «persona interpuesta», como el imán de los ismaelitas, reflejo de *Otro Imán* celeste. Este ánimo político templario, sin embargo, carecía de la radicalidad necesaria para hacerlo posible. Parece ser que su lucha por hacerse con el control del poder era más de carácter espiritual que una actividad estrictamente política. Los templarios, en efecto, preconizaban algo semejante a lo que Jung llama el *unus mundu*, es decir, la armonía, el equilibrio entre las distintas tendencias que gobiernan el mundo, pero sin querer intervenir del todo directamente en tal equilibrio. Su intervención directa la limitaban al medio social y, mediante sus finanzas, al medio del poder, pero sin dar nunca el paso decisivo.

Ésta es una paradoja que se reitera una y otra vez en cuanto se examinan las escasas ideas de los templarios, que a través de la instrucción de su proceso han llegado hasta nosotros. Parece como si, en el instante decisivo, algo les detuviera. Se diría que están sometidos a una dramática contradicción y que, en todo momento, este peso que llevan encima les impide seguir adelante. Y si bien en ellos no se manifiesta claramente ninguna contradicción interna, no hay duda de que en su seno se enfrentaban diversas tendencias y que era precisamente este enfrentamiento in-

169

terno el que les maniataba. Cuando se les interroga, intentan llevar su esoterismo hasta la exasperación, como si de antemano hubieran renunciado a todo concepto y expresión mundana. Pretenden no ser de este mundo y, sin embargo, con su renuncia al compromiso, se manchan igualmente las manos.

Con la masacre de los cátaros, los templarios se lavan las manos, como si aquel asunto no les concerniera. Se ponen a mirar a otro lado mientras los cruzados de Felipe Augusto masacran a la población indefensa de Occitania, mientras destruyen ese espíritu de solidaridad humana que ellos mismos han intentado transplantar a otros lugares de Europa. Esta indiferencia suprema ante la muerte de miles y miles de inocentes les hace a su vez culpables de la misma masacre, pues, sin duda, con su gran influencia frente a la corte de París y frente a la Iglesia de Roma hubieran podido detener la hecatombe.

Diríase que la masacre cátara no concierne a nadie, salvo a la Iglesia y a Felipe Augusto, quien no vacila en mancharse las manos pese a que delegue en Simón de Montfort el mando de la cruzada. Y en esta situación, en lugar de oponerse, los templarios se cruzan de brazos y asisten indiferentes al exterminio de los cátaros, sin darse cuenta de que a su vez ellos, con el tiempo, correrían la misma suerte ya que, paralelamente, entrañaban el mismo peligro para la Iglesia y las monarquías que los cátaros, quienes pretendían vivir una religión propia y desarrollar una civilización y una economía igualmente propias.

El catarismo, tanto desde el punto de vista moral de la Iglesia como desde el aspecto de independencia política que llevaba respecto a Francia, era un peligro tan grande para Roma como para París. Inocencio III, pues, se dispuso a poner remedio a tal situación, y como quiera que su legado pontificio no fuera bien atendido —según algunos historiadores fue asesinado—, el papa no vaciló en excomulgar al conde de Toulouse, Raymond VI, y mandar contra él una cruzada. Felipe Augusto evitó intervenir directamente y confió el mando de las tropas a un barón de la Ile-de-France, el aventurero Simón de Montfort. En pocos meses, las masacres y los incendios, frente a una población que no ofrecía resistencia, arrasa las fértiles tierras de Occitania. De nada sirvió que Raymond VI se entregara ni que se dejara azotar desnudo en la iglesia de Saint-Gilles. Durante doce años se prolongó el exterminio, matando o quemando vivos a todos los cátaros, desde Carcasonne a Béziers, desde Agen a Toulouse, desde Narbona a Aix. El papa regala las nuevas tierras cristianas a Simón de Monfort, quien muere al fin de una pedrada en Toulouse. Su hijo, Amaury de Montfort, ofrece las provincias a Felipe Augusto, quien, con gran olfato político, las rechaza. Pero su hijo, Luis VIII, en 1226, las aceptará sin vacilar. El Temple a su vez aprovecha las circunstancias y se instala más allá del Mediodía para, desde la catalana Coulliure, controlar a través de España la ruta de Santiago, pues ya los caminos compostelanos son apetecibles itinerarios comerciales para una Orden que ha conseguido casar a su rey con una reina española, la autoritaria Blanca de Castilla, «una de las mejores reinas de Francia», según aseguran los cronistas del país vecino.

10. Los Hijos de la Viuda

El loco puro

En el hermetismo masónico, el título de «Hijo de la viuda» es uno de los más apreciados a causa, justamente, del hermetismo que este concepto encierra. Hijo de la viuda lo es Jesús en la tradición occitana, lo es Parsifal en la saga arturiana y lo es Merlín asimismo en la saga del mismo nombre. Los tres son al mismo tiempo hijos de una «virgen». Pero los Hijos de la Viuda, lo mismo que los caballeros que escaparon de Montsegur con el Grial, son cuatro. ¿Cuál es el cuarto?

Concepto caro al esoterismo, el título de Hijo de la Viuda fue utilizado también por las sectas gnósticas, la mayoría de las veces para designar al mismo Jesús. En el romance de Robert de Boron, Perceval es también el «Hijo de la Dama Viuda», si bien la historia parte de otro desarrollo, pues está basada en Galahad, el hijo de José de Arimatea. Aquí la estirpe de Jesús se establece no a través de él y la Magdalena sino a través de María, la hermana de Jesús, y de Brons, su marido, el cual llevó el Grial a Inglaterra, tierra donde Brons se convertiría en el Rey Pescador.

A Jesús se le llama también el Hijo de la Viuda, lo cual causa cierta perplejidad pues, en relación a José, en parte alguna se dice que María enviudara. Su condición de viuda estaría más justificada si hubiese sido la esposa de Judas de Gamala. No es tan extraño que su nacimiento se atribuya a una madre virgen, pues esta era la condición obligada que debían cumplir los dioses de la Antigüedad. Lo que parece evidente es que toda esta enorme confusión que entrañan los orígenes de Jesús se debe a las anomalías de orden lingüístico que desde su origen acompañaron al relato de su vida. Así como los árabes escribieron su Corán en árabe y los judíos escribieron sus libros santos en hebreo, los primitivos cristianos –nazarenos y cristianos primitivos de Jerusalén– no escribieron sus textos en arameo, la lengua que les era propia. Y no los escribieron en primer lugar porque se las apañaban con tradiciones orales. Cuando estos primitivos seguidores de las doctrinas de Jesús fueron barridos por los cristianos de Pablo –san Pablo es el primero que llama «cristianos» a sus seguidores–, sus Epístolas constituyen por el momento el primer material escrito de su religión, material que no se escribe en arameo sino en siriaco. Respecto a los Evangelios, parece ser que sus primeras versiones fueron escritas en griego por conversos sirios cuya habla materna era el siriaco, o sea un dialecto del hebreo del todo diferente al arameo. No puede haber por lo tanto garantía ninguna respecto a que Jesús dijese exactamente las palabras que los evangelistas ponen en su boca, lo mismo que seguramente no pudo hacer tampoco lo que dicen sus exégetas que hizo, sobre todo a partir del hecho que setenta y dos sabios alejandrinos tradujeran el Antiguo y el Nuevo Testamento al griego. Pero por si la confusión fuera poca, con la escisión de las dos Iglesias se produce también una mayor confusión lingüística. La Iglesia de Roma adopta la versión latina de san Jerónimo mientras que la Iglesia Oriental sigue fiel a los textos griegos.

La lúcida visión de Robert Graves expresa muy gráficamente los resultados a que esta permanente tergiversación ha dado lugar:

> Una de las razones primordiales para la cada vez menor asistencia a la iglesia en todo el mundo occidental, exceptuando aquellos casos en que los grandes negocios prefieren reclutar a sus ejecutivos entre los respetables miembros de alguna creencia religiosa, es que muchos de los hechos supuestamente científicos e históricos contenidos en la Biblia hace ya tiempo que han sido rechazados por los expertos en estas cuestiones. Desgraciadamente, el fundamentalismo, es decir la aceptación literal de mitos y metáforas utilizadas en toda la Biblia, es una enfermedad común al cristianismo, y el honrado agnóstico que siente que su mente se parte en dos mitades irreconciliables, la religiosa y la práctica, se siente obligado a dejar la Iglesia para proteger su cordura.[1]

Del «loco puro» cátaro, la literatura pasa con el *Parsifal* de Eschembach al «loco que perdió los valles». Con la «cristianización» del mito los símbolos se diluyen. Los primitivos símbolos del cristianismo pierden con el auge de su doctrina todo su significado. El hijo de una virgen ha de tomarse literalmente como tal, aunque para ello haya que recurrir a los argumentos más esquizoides. «Cristo» significa literalmente «Mesías» o «Ungido», títulos ambos reservados por la tradición judía al rey de Israel. Tanto cátaros como templarios practicaban el rito del doble bautismo para ilustrar el símbolo del «doble nacimiento», clave precisamente del *ungimiento* o declaración formal de su realeza en los príncipes de Israel. Jesús se hace «bautizar» en el Jordán por su primo Juan, pero esta ceremonia no tiene nada que ver con el rito que la Iglesia católica ha sacramentado. En la tradición hebrea, la condición de ungido se otorgaba mediante una ceremonia de ahogamiento simbólico que representaba la muerte igualmente simbólica del rey. A continuación, el renacimiento se producía pasando el rey por debajo de las faldas de una *virgen*, la cual a su vez lo «paría» también simbólicamente. Y a partir de esto, el rey cambiaba su nombre. Así Jesús, después de ser «bautizado» por Juan, adopta el nombre de Netzer, que significa «El Vástago» o «El Hijo».

Jesús, como Hijo, es evidentemente el hijo del Padre. Y si se le consideraba hijo de una virgen, sólo podía ser a partir de su simbólico nuevo nacimiento con el acto de la unción. En el contexto del mundo real Jesús no podía ser el hijo de una virgen –pues no podría explicarse satisfactoriamente cómo María tuvo seis hijos más, además de Jesús– ni tampoco el hijo de una viuda puesto que, según todos los indicios, María le sobrevive. La tradición de que Jesús era el «amado místico» de su tía María, la madre de Santiago el Menor, y que ésta se sintió *viuda* al morir su «amado» en la cruz, no parece que haya ningún elemento que la justifique. El apelativo, pues, se emplea inadecuadamente si se aplica a Jesús. Pero es perfectamente legítimo si se aplica al segundo Netzer de la tradición, es decir, al hijo de la Magdalena nacido en una cueva pirenaica.

El mito de las Tres Marías desembarcando en Port Vendres procede seguramente de la alegoría que recoge Platón respecto a las tres hermanas que guardaban el jardín de las Hespérides, «al otro lado del mar». Una de ellas era blanca, negra la otra y roja la tercera. En la tradición china, los colores se asocian a la «prima materia» que empleó el gigante para reparar el desgarrón que se había hecho en el cielo. La prima materia alquímica adquiere a su vez los tres colores simbólicos: *Albedo, nigredo, rubedo*. Y estas tres claves alquímicas se reiteran en el hábito templario: blanco y negro del hábito, con el sólo añadido de la cruz roja en el pecho. En la obra alquímica, el amarillo está entre el rojo y el blanco. Es el oro, símbolo real y color de la *transformación*: el paso que da nacimiento al hombre interior que llevamos dentro y que los cátaros alumbran con su rito del *doble nacimiento*. Los templarios, por su parte, intentan exteriorizar ese hombre nuevo mediante la adoración de su misterioso Baphomet, imagen bifronte «que ilumina más que el pensamiento».

Perlesvau o Parsifal es «el loco puro», hijo de una viuda, a quien su madre crió en el bosque porque «perdió los valles». No dice qué valles ni quién los perdió. ¿Se refiere tal vez a los valles del Jordán, perdidos cuando fracasa el intento de Jesús de proclamarse rey de Israel? Cuando crezca Perlesvau, el rey Arctus o Arturo, el *ártico* rey polar, le esperará en la Mesa Redonda, cuyo duodécimo asiento permanece vacante en espera de que llegue el héroe que recupere el Grial. Von Eschembach, continuador de la leyenda de Parsifal en el siglo XIII, sitúa el castillo del Grial en Montsalvatge, es decir, en el Monte de la Salvación o Montsegur, la escarpada montaña de donde escapan los tres misteriosos cátaros custodiando al más misterioso todavía cuarto hombre. Y este cuarto hombre, con toda probabilidad, era el que llevaba el Grial dentro de sí mismo. Es decir, este cuarto hombre era el mismo Grial, o sea el receptáculo humano por cuyas venas corría la sangre de Cristo.

De Sede afirma que la forma *egu* corresponde a la palabra celta *sol*, lo cual hace pensar que Montsegur no fuera una fortaleza al estilo medieval sino los restos de un templo druida, un templo de iniciación solar. En mitad de los Pirineos, Montsegur es el Monte de la Salvación. Con el Grial a salvo, cuyo anuncio es la señal convenida de la hoguera que se enciende en la noche en la cima del Bidorta, Raymond d'Alfaro rinde la fortaleza a Simón de Montfort. La sangre del Hijo de la Viuda ya está a salvo. La estirpe, o cuando menos la tradición, seguirá manteniéndose.

Merlín el encantador

Perlesvau no es el único Hijo de la Viuda. Este título lo luce también Merlín, que en muchos rasgos se asemeja a Parsifal, si bien el Encantador no fue estrictamente hijo de una viuda sino de una virgen, la cual, es cierto, tras su único encuentro con el Adversario pasa sola el resto de su vida, como una viuda. Según la leyenda, Satán se queja amargamente ante sus huestes infernales de que el ángel inmaculado de la Anunciación ha descendido de los cielos para informar a la Virgen de Judea que el Cristo nacerá de su seno.

Adversario y eterno imitador de Dios, finalmente Satán asciende a la tierra y en las Galias encuentra a una joven virgen que ha jurado no tener por esposo más que a Jesucristo. Una noche, la joven olvidó al acostarse hacer el signo de la cruz. Y el diablo que vela en las sombras ruge de anticipado placer: «¡Es ella! ¡Es mía!» El diablo parte al amanecer y, nueve meses después, nace Merlín. La madre llora de vergüenza, pues no podrá seguir ocultando aquel ser que no tiene padre. «No llores, madre mía», le dice el bebé con voz de hombre, nada más abrir los ojos.

Es el primer prodigio, al cual siguen otros en cuanto el niño es iniciado en los misterios de los druidas. Pero su madre sigue sufriendo pues ve al pequeño más orientado hacia el paganismo que hacia el cristianismo. «¿No ves, madre, que el Carnero pasa por el cielo luciendo los cuernos de Júpiter Ammon? Y puesto que sigue llevando los cuernos, ¿cómo dudar de que Júpiter conduce el rebaño de los mundos?» Discípulo de Taliesino, Merlín aprende muchas cosas, pese a que su maestro muere prematuramente. Merlín enterró piadosamente al anciano bajo unas piedras musgosas, en una colina «que aún hoy en día se llama el Cuerno de Arturo».

Tema sin duda inspirado en leyendas occitanas y visigodas e impregnado de todos los mitos paganos, Merlín penetra en la corte de la Mesa Redonda, par entre pares del propio rey Arturo, de su aliado Hoel de Armórica, de Ossian, de Marco de Cornualles, de la reina Ginebra, de la rubia Isolda y del misterioso Faramonde el Caballudo, el faraón o Rey del Mundo de largas melenas.

Personaje contradictorio, hijo de una santa y de un íncubo, profeta, rey, encantador y bardo, Merlín fue iniciado por su maestro en la funesta ciencia de la magia. Y así, pese a la ignominia de su origen, es un sabio pero ignora muchas cosas todavía. Mas afortunadamente la joven Viviana –la última druidesa, la última hija de las aguas– se las revelará antes de que irremediablemente se separen, tras haber recorrido el bosque tupido de Broceliande, el Crâ de Provenza, los lagos de los Alpes y visitado a Arturo en su castillo.

A veces, en su soledad, el abatimiento le abruma, sus pensamientos le martirizan y Merlín profetiza:

Hay tres caminos, tres estancias, tres reinos, tres mundos, y soy yo quien los conduce a través de esas tres vías.

Yo no profetizo por el vuelo del pájaro, por el borde de la rama, por la órbita del escudo. Mis runas están escritas en mi corazón.

Otros hacen sus encantamientos con la varita de avellano, con los simples recogidos en el bosque. Mis encantamientos están en mi alma.

Todos han anunciado dolores, pestes, hambrunas. Yo anuncio alegrías, bendiciones, sonrisas.

Yo digo al invierno: «Habrá una primavera». Le digo a las lágrimas, «habrá una sonrisa». A la injusticia, «un juez»; a las enfermedad, «una curación»; a la muerte, «un renacimiento».

Yo también he vivido en el llanto. El mundo se había cerrado a mis penas. Todas mis esperanzas se trocaban en espadas que me traspasaban...[2]

Nos parece estar escuchando, en los lamentos de Merlín, el mismo acento del Cristo gnóstico. A ambos les duele no ver en el mundo de los hombres un lugar para la justicia y la fraternidad, pero los dos mantienen la esperanza de que aunque la iniquidad cubriera toda la tierra, si la justicia hubiera podido ocultarse tras una brizna de hierba, bastaría para que ella arraigara, creciera y perfumara «los tres mundos».

En la saga de Merlín, lo mismo que en la de Parsifal, al haber pasado estos relatos por tantas manos, se incorporan elementos que no siempre son los originales. Así, un día que reposaba en su reino, Merlín es perturbado por el estrépito que arman los invasores bárbaros. Los supone hambrientos y agotados y sale a su encuentro. Al llegar al río ve como un anciano huye precipitadamente de aquellos hombres rudos, vestidos de pieles, que ya están vadeando el río bajo las piernas de un gigantesco hércules llamado Cristóbal que, con un pie en cada orilla, sostiene sobre su cabeza al niño Jesús. Merlín ofrece cobijo y alimento a todos en su palacio, pero los extranjeros rehúsan. No pueden aceptar su invitación hasta que hayan acomodado dignamente al niño-dios que les ha guiado hasta allí y, lamentablemente, en el reino de Merlín todo son prados, no hay piedras para construir una iglesia. Merlín obra el prodigio: en pocos momentos, sin ninguna ayuda, del rocío inventa la ojiva, transforma los troncos, ramas y hojas de un bosque en un templo de piedra labrada que siembra de pájaros de granito, de flores de mármol y de porfirio, de esmeraldas, hasta rematar una catedral inmensa, profunda, más oscura que el bosque más tenebroso.

Cuando el prodigio se difunde, el arzobispo Turpin, inseparable compañero de Carlomagno, quiere a su vez que Merlín construya una catedral para él. Merlín, en primer lugar, golpea con su bastón de viaje las desoladas rocas y de ellas surge un manantial de aguas cristalinas. Luego clava en el suelo su bastón y el caduceo florece al instante como un laurel, el cual, según la tradición, todavía puede verse en el desfiladero de Vaucluse, cerca de Aviñón.

Merlín no construye sin embargo la catedral que le pide el arzobispo. Lo que le hace desistir es la silueta enflaquecida de un anciano que se oculta en la grieta de una roca. Merlín lo reconoce. Es al mismo anciano que vio ocultarse precipitadamente cuando él llegaba al río que cruzaban los bárbaros. Merlín se acerca al eremita, atraído por una fuerza oscura. Bajo su piel lacerada se dibujan sus sarmentosos huesos. Pero su mirada es serena y dulce como la de un niño. «¿Por que huyes de los hombres?»; le pregunta Merlín. «No huyo de los hombres, sólo de ciertos hombres». El anciano es taciturno, pero Merlín, poco a poco, consigue extraerle su historia.

Su familia procedía de un lugar de Oriente. Allí, el rey, su antepasado, había sido crucificado. Su esposa pudo escapar y llegó a Occitania. Dio a luz un hijo que, pese a su estirpe real, tenía que vivir como un humilde campesino, dueño sólo de una cabaña y un campo. Pero consiguieron sobrevivir un tiempo, pese a que cada mes aparecía el procurador romano y les quitaba el pan de la boca para llevárselo al César. Por fortuna, nuevos emigrados se agruparon en torno a su madre y a su tía y las cosas volvieron a ser un poco como en el pasado. El hijo, joven ya, se casó con una princesa que como él procedía de Oriente, pero cuya familia hacía ya muchas generaciones estaba asentada en Occitania.

Era una familia feliz y el hijo que tuvieron también lo era. Después el hijo creció y a su vez fundó una familia, la cual tuvo también descendencia. Los nuevos vástagos de la vid occitana arraigaban con fuerza y eran felices, pasando de aquí para allá, instalándose a uno u a otro lado de los montes. Pero la felicidad no duró mucho. Por allí pasaron los vándalos, los peores hombres que jamás se hayan conocido, quienes los despojaron de todos sus bienes. A él, un niño aún –cuarto o quinto descendiente, no recordaba ya, del rey cuya madre vino de Oriente–, se lo llevó el jefe de aquella cuadrilla, un hombre que llevaba una gran trenza colgando y unos cuernos de búfalo en la cabeza. Aquel salvaje, a quien se le caía la baba oyendo hablar latín, quiso que el niño aprendiera la lengua y, por qué no, un poco de teología también. Pero lo que más le dolió es que lo arrancaran de brazos de sus padres y lo llevaran con ellos, no al Sur, a las soleadas tierras de Hispania, donde se dirigía el grueso de la expedición para fundar Vandalucía, sino hacia las frimas del Norte. Allí el niño creció entre bárbaros y, como quiera que poseía ya algunos rudimentos de latín, un buen día se encontró tonsurado y convertido en cura, lo cual le llenó de desolación hasta que Etzel, el rey de aquellos hombres, lo hizo su capellán. Etzel, el caudillo que la historia llama Atila, era ya un anciano de más de cien años y, contrariamente a lo que sostienen las crónicas, era un hombre muy piadoso cuyo único defecto era el juego.

Un buen día estando con Dietrich de Berna, ese príncipe que fundó Verona y que algunos llaman Teodorico, Etzel se puso a jugar a los dados con él. Cuando hubo perdido todas sus monedas, se jugó a su capellán y lo perdió también. Luego Dietrich le echó un collar de oro al cuello y se lo llevó consigo como esclavo.

–¿Y no pudo escapar? –interrumpió Merlín el relato del anciano.

–Sí lo hizo. Añoraba la lengua de su país, sus claros valles, su pasión por escribir sobre hermosos pergaminos los relatos que su padre le hacía en torno a las vicisitudes de su familia, y cuyo recuerdo se esforzaba en conservar y no siempre lo conseguía.

Pero, además, había otra razón. Detestaba aquella religión que le habían impuesto, no pudo acostumbrarse nunca ni a la cerveza ni a la hidromiel que bebían aquellos bárbaros y conservaba aún el recuerdo del perfume del vino que bebía su padre, verdadera sangre de la tierra. Recorrió interminables tierras, cruzó bosques profundos, vadeó amenazantes ríos. Pero cuando al fin alcanzó su hogar, nada quedaba de él, todo había sido destruido.

Tras un profundo silencio que Merlín no se atrevió a perturbar, pues adivinaba los motivos del abatimiento del anciano, el encantador reflexionó al lado de su compañero sobre las turbias historias de los hombres, que no vacilan en falsear una religión mientras los herederos de la familia que dio origen a la misma deben vivir ocultos, marginados, velando siempre por su precaria seguridad personal.

Guillem de Gellone

¿Tuvo descendencia el anciano ermitaño del cual nos habla Merlín? ¿La había tenido antes de que con el paso de los años, las penurias y las privaciones lo agostaran? ¿Por qué se pierde, al menos durante tres siglos, la pista, real o literaria, de los supuestos descendientes de Jesús? ¿Tan hostil era el medio en que vivían?

Incógnitas que las crónicas no resuelven, pues se limitan a consignar que Sigisberto, al morir su padre, fue llevado por su hermana hasta Rennes-le-Château, el bastión occitano de Gisella de Razès, la princesa visigoda viuda del asesinado Dagoberto II. Años después, ya mayor de edad, Sigisberto hereda los títulos de la rama materna: duque de Razès y conde de Rhedae, títulos que a su vez heredarán sus descendientes, conocidos ya bajo el apellido de Plantard que Sigisberto adoptara.

Resulta curioso, no obstante, que Sigisberto IV tienda a extender sus tierras hacia el Oeste y no hacia el Mediterráneo y el Ródano, como hubiera cabido prever dadas sus raíces visigodas –y tal vez judaicas–, raíces bien asentadas en el primitivo Ardèche, territorio de límites imprecisos que durante un tiempo se extendió desde el Ebro hasta el lago Leman. Otra nota curiosa es que la esposa de Sigisberto se llamaba Magdala.

Curioso también es que este territorio, que ni siquiera poseía un nombre bien determinado, se convierta a mediados del siglo VIII en un reino independiente y autónomo que Roma, aunque a regañadientes, reconoce. Así pues este nuevo rey, denominado por unos Thierry y por otros Teodorico, tiene un hijo llamado Guillem de Gellone. Este personaje, mal documentado históricamente, es sin embargo el héroe de distintas canciones de gesta, y hasta Dante, en su *Divina comedia*, le hace figurar ensalzado. Wolfram von Eschembach, el autor de *Parsifal*, compone asismismo una gesta sobre Guillem de Gellone, cuyo castillo estaba situado en los Pirineos. Y en su obra póstuma, inacabada, *Willehalm*, el protagonista no es otro que Guillem de Gellone.

Guillem de Gellone se emparentaría con la familia imperial al casar a una de sus hijas con uno de los hijos de Carlomagno. Bajo la bandera de Carlomagno, en el año 803 Guillem de Gellone conquista Barcelona. Según los documentos de la Prieuré de Sion, uno de los descendientes de Guillem fue Bernard de Plantavelu, fundador del ducado de Aquitania, quien estaba emparentado con los Plantard. Si esto fuera cierto, Guillem de Gellone estaría emparentado con los respectivos linajes de los reyes merovingios y de los reyes visigodos, linajes que convergerían en una sola rama a partir de Bernard de Plantavelu.

Lo sorprendente es la obsesión de esta familia por cambiar de apellido, pues lo mismo se llaman Plantard que Plantagenet, Gellone que Gerone, Plantavelu que Argila. Hay por un lado el afán de ocultar el origen de su sangre y, por otro lado, el mismo afán por proclamarlo de forma simbólica. Guillem de Gellone es también el hijo de una viuda y como tal se incorpora a la tradición del Grial. Si prescindimos del carácter literario de la leyenda del Grial y asumimos en cambio su carácter de crónica simbólica, en la cual se trata de establecer la trayectoria histórica de «la sangre de Cristo», tal vez entenderemos mejor la elusiva figura de Guillem de Gellone, en el cual, efectivamente, parecen converger las dos ramas reales que se proclamaban a sí mismas como portadoras de la sangre de Cristo. Y entenderemos también por qué el «santo Grial» es también el anagrama de «sangre real», de «sang real» o «san greal».

Esta explicación, tal vez, no satisfacía a los templarios, quienes, dudando tanto de los merovingios como de los visigodos

181

como depositarios de la sangre de Cristo, se trasladan a Jerusalén para tratar de hallar *in situ* el rastro de la descendencia de Jesús, si es que verdaderamente la hubo. Unos, pues, buscan el rastro en Oriente y otros en Occidente, en Occitania. Antes de la aparición de los templarios, los cátaros buscaban a su vez aquella misteriosa «sang real» más al sur de los Pirineos, tratando de decelar pistas y desvelar símbolos en las escuelas cabalísticas de Gerona.

Dos siglos antes de que esto sucediera, la nutrida colonia judía de Gerona había contribuido decisivamente a hacer que la expedición de Guillem de Gellone hasta Barcelona fuese un paseo triunfal. Y según parece, a su vez Guillem contribuyó generosamente a mantener la escuela cabalística de Gerona, famosa en toda la Europa de la época pero languideciente a causa de la intransigencia del clero cristiano.

Casi un siglo antes, en el año 711, coincidiendo con el asesinato de Dagoberto, se había producido la invasión de España por los árabes y las colonias judías de la península no podían sino recibirlos con los brazos abiertos, dada la opresión a que estaban sometidas. Su alborozo estaba perfectamente justificado puesto que, mucho más tolerantes que los cristianos, los árabes respetaban las creencias de los judíos. En Gerona, ya antes de la invasión, a los judíos se les llamaba comúnmente godos, como sinónimo de visigodos, tal vez por confundir sus doctrinas arrianas con las creencias judaicas o, más simplemente, para dulcificar una situación penosa o para desviar la furia persecutoria del clero romano. Gerona, junto con Occitania, fue ciertamente una excepción de esta norma ya que mientras en toda Europa se desarrollaba un clima de declarado antisemitismo –arraigada en la conciencia popular la idea de que los judíos fueron los únicos culpables del martirio de Cristo–, en Gerona nunca se llegó a situaciones extremas, tal vez porque en ella, dada la peculiaridad de su fundación por el trío formado por Félix, Narciso y Afra,[3] tradicionalmente el judío nunca fue perseguido con la furia con que lo fuera en el resto de la península, ni siquiera después de la conversión de Recaredo.

Tal vez fuera ésta también la razón de que en esta parte de Europa arraigara con más fuerza el mito de la presencia viva de Cristo. Si en las demás tierras europeas Cristo se había convertido ya en un arquetipo dentro del subsconciente colectivo, en

Occitania, gracias al símbolo del Grial y a la presencia cátara, Cristo seguía siendo no sólo una esperanza de redención sino también la esperanza de su presencia mística, mediante el Parakletos o el Cristo de nuevo encarnado, y también la esperanza del establecimiento de una realeza de origen divino. En el resto del territorio franco, en la España visigoda, en Alemania, Cristo era ya sólo una bandera de dominio temporal que no solamente no impedía el antisemitismo sino que incluso lo alentaba. Una terrible paradoja si se piensa que aquellos mismos reyes que como mano secular del clero perseguían a los judíos, se jactaban de llevar en sus venas la sangre judía de Cristo.

Al ser vencidos en Poitiers, los árabes consiguen mantenerse en Septimania, donde se forma un curioso reino moro-judío. Durante cuarenta años, hasta el 759, Narbona es su capital y su bastión ante las acometidas de Carlos Martel, quien durante siete años le pone sitio infructuoso. Pero lo que no pudo conseguir por la fuerza de las armas, su hijo Pipino lo conseguiría mediante la astucia política.

El reino judío de Occitania

Pipino no podía tolerar la acusación que se le hacía de haber usurpado el trono merovingio. Para legitimarse y para consolidar su posición política, no vaciló siquiera en hacerse coronar siguiendo el rito judío del ungimiento. Se ha interpretado este hecho como el mero afán por parte de Pipino por legitimar su monarquía, pero el ungimiento constituía también «un intento deliberado de sugerir que la monarquía franca era una copia exacta, si no una verdadera continuación, de la monarquía judaica del Antiguo Testamento».[4] Pero de nada servía esta patraña si los rabinos narbonenses no la sancionaban a su vez.

Revelándose como un maestro en el arte de la política, Pipino estableció un pacto con los judíos de Narbona, en virtud del cual les concedía un principado y un rey propio si ellos se prestaban a levantarse contra los árabes. Ante tamaña promesa, los judíos no vacilaron en traicionar a los árabes y abrieron las puertas de Narbona a los sitiadores de Pipino. Siete años después, en 768, el reino judío de Septimania ya estaba establecido y, pese a rendir vasallaje a Pipino, en realidad era independiente. Tan independiente que no vaciló en extender sus límites hasta más allá de Rodez y Nimes, al Norte y al Este, mientras que por el Sur llegaba hasta el Ebro y por el Oeste hasta Pamplona. Este nuevo rey, según los romances, fue Aymery o Aymerich, el cual, para ser mejor aceptado por la nobleza franca, cambió su nombre –siguiendo el ritual del «bautismo» real– por el de Teodorico o Thierry, el cual sería, como dijimos, el padre de Guillem de Gellone.

Tan legendario el padre como el hijo, Aymerich y Guillem son los personajes protagonistas de multitud de romances. Lo curioso también, en este caso, es que Guillem, tan vinculado a Cataluña como a la misma Occitania –en la crónicas se le llama a veces Guillem de Gerone, y no en balde, pues entre sus títulos destaca el de conde de Besalú-Gerona y Barcelona–, arraiga en la literatura occitana con el nombre de Guillaume de Orange, mientras que su padre lo hace en los cantos de frontera hispánicos con el nombre del rey moro Aymerich, seguramente porque hablaba el árabe y el hebreo, lo mismo que su hijo.

Pero si Aymerich es un personaje de leyenda, no es menos cierto que como personaje histórico fuera reconocido como rey no sólo por Pipino, sino también por el califa de Bagdad y por el papa, aceptándole como portador de «la semilla de la real casa de David». En algunas crónicas se considera a Teodorico como al «exilarca» de Bagdad, pero en otras el supuesto «exilarca» es un dignatario que viene de Bagdad para consagrar a Teodorico. Y venía de Bagdad por una doble razón: en el siglo VIII Israel no existía y el núcleo judío más estable de Oriente correspondía a las colonias residuales del exilio babilónico. Pero resulta también curioso que tuviese que venir de Bagdad un alto dignatario del califa para consagrar la coronación de Teodorico-Aymerich cuando en toda Europa se consideraba que los «exilarcas occidentales» eran de «sangre más pura» que los exilarcas orientales.[5] ¿Confirmaría esta opinión que realmente en Occitania residían los verdaderos herederos de Cristo?

Aymerich parece asumir esta convicción en su propia persona, pues, si bien no vacila en casarse con la princesa cristiana doña Alda, la hermana de Pipino y tía de Carlomagno, toma el sobrenombre de «nariz ganchuda» y adopta como escudo de armas el emblema del León de Judá. Y esta alusión a sus orígenes no es gratuita, pues, como rey de los judíos de Occitania, Ayme-rich practica el sábado y los demás ritos judaicos.

Esta estricta vinculación a la observancia religiosa judía no parece que afectara mucho a doña Alda ni tampoco a su sobri-no Carlomagno, pues cuando su hijo Luis fue investido empera-dor, sus padrinos fueron Alda y Aymerich: «Señor, es tu linaje el que ha levantado al mío», cuentan que le dijo Luis a Teodorico en el momento de su coronación. Pero sin duda sí debía chocar en la época que el hijo de Aymerich, Guillem de Gellone, sostuviese con sus subsidios la escuela cabalística de Gerona, de la cual sur-giría Flegatanis, el legendario cabalista que según la tradición del *Parsifal* de von Eschembach reveló el secreto del Santo Grial al no menos misterioso Kyot de Provenza, el cual, seguramente, no sería otro que el trovador Giot de Provins.

Guillem de Gellone, en su vejez, se retiró no a la escuela de Gerona sino a otra academia que había fundado en el monasterio de Saint-Guilhelm-le-Désert, claustro donde, lo mismo que en la ciudad de Gerona, se desarrolló un importante culto a la Magda-lena. Y este culto a la Magdalena, sin duda, sería el «motivador» de las leyendas siempre vivas y renovadas de la presencia occita-na de la sangre de Cristo, pues en diversas crónicas medievales hay alusiones a Narbona como ciudad «donde mora la semilla de David». El viajero Benjamín de Tudela precisa más incluso al afirmar que en Narbona «hay un descendiente de la casa de Da-vid, según consta en su árbol genealógico».

Pero si hasta el siglo XII se habla de este *descendiente* de Je-sús, a partir de la desaparición de los cátaros las crónicas enmu-decen al respecto. ¿Se pierde definitivamente la estirpe? Con la fuga de los cuatro caballeros de Montsegur, a tres de ellos se les sigue fácilmente el rastro, pero no sucede lo mismo con el cuarto, con el misterioso Poitevin –que no sería alguien oriundo del Poitu sino alguien apodado, en languedociano, «Cuenco de vino»–, el cual desaparece para siempre. Señalemos, una vez más, que si el Grial es el símbolo vivo del descendiente o de los descendien-tes de Jesús, los portadores de su sangre, Poitevin o Potavin (pot à vin) indica lo mismo que indica el Grial, pues el popular pichel o «jarra de vino» es a su vez el símbolo popular, desenfadado, y hasta irrespetuoso, del santo Grial.

El triángulo catalán

El triángulo formado por Narbona, Foix y Gerona bien podríamos denominarlo *triángulo catalán*. Este territorio así delimitado, dividido ahora por fronteras políticas y dos lenguas distintas, hasta hace un milenio formaba una entidad única y propia en la cual tuvieron lugar episodios oscuros que la historia oficial apenas ha tenido en cuenta. Pero antes de que albigenses y templarios buscasen refugio en tierras catalanas, un milenio antes se habían sucedido hechos en este mismo triángulo que la tradición sí recoge. A las playas de la costa *vermeille* –denominada así por el color de sus viñedos, recogiendo el eco del color de la sangre– del Rosellón vino a varar la barca que transportaba a María Magdalena y a las otras dos Marías. Las santas mujeres podrían haber hallado refugio en el mismo lugar de su arribada, Port Veneris o Port Vendres, pero la luminosidad del puerto bajo la advocación de la Estrella de la Mañana que les había guiado durante su navegación se entenebrecía con la presencia próxima del cabo que lleva el nombre del perro que custodia la entrada a los infiernos: Cerbero.

Decididas a marchar hacia el interior, donde la presencia romana no era tan agobiante, emprendieron camino siguiendo los senderos de los últimos montes pirenaicos. Pero no pudieron llegar muy lejos puesto que, dos días después, al arribar a lo que hoy es Ceret, Magdalena tuvo los primeros dolores y debió refugiarse en una cueva del monte que domina la plana de los cerezos, en la gruta de Fontfreda, junto al manantial de aguas heladas que surge de las entrañas de la montaña. Lo mismo que su padre había nacido en un establo, entre un asno y un buey, según la tradición posterior el hijo de Jesús bar Nagara nació también en un lugar aislado, en el interior de una gruta umbría, arrullado sin duda por el canto de los pájaros que descienden del imponente Canigó –tema que inspiraría a Pau Casals en el «Cant dels ocells», recogiendo un antiguo aire de la música popular catalana– para buscar su alimento en las rojas cerezas del llano.[6]

Esta gruta oscura, situada en el centro del triángulo catalán, es la «bisagra del mundo». De ella partirán la Magdalena y su hijo, alejándose siempre de la amenazante presencia romana. Su primer refugio, tal vez, lo hallarán en las proximidades de Figueras. De este primitivo asentamiento se dirigirían a lo que luego, con la presencia de los visigodos, sería Razès o, más propiamente en su origen, Rhedae, palabra goda en la cual se halla el eco de Rethia, capital de la provincia romana de Augsburgo, a donde fue a parar el chipriota san Narciso antes de asentarse en Gerona. Y en ese condado perdido entre los montes, a la vista de la majestuosidad de los Pirineos, moriría Magdalena. Su tumba está allí y los iniciados siempre lo han sabido.

Este triángulo fue el centro de la política de los reyes catalanes durante dos siglos. Estos reyes estaban emparentados en su origen con Humberto III de Saboya, en el otro extremo del Ardéche, que fue el padre de Beatriz de Saboya, quien se casaría con Raymond Berenguer V, conde de Provenza, y cuyas cuatro hijas se casarían respectivamente con los reyes de Francia, de Inglaterra, de Nápoles-Sicilia y de Cornualles. Pero no sería ninguno de estos reinos el que pasaría a manos de Raymond Berenguer, sino, de rebote, el que heredaría de su padre sería el de Aragón.

El retablo de Pubol, en la catedral de Gerona, estaba situado frente al sarcófago donde reposan los restos de Raymond Berenguer V, en la capilla de San Pedro. Esta obra cumbre del gótico catalán debida a Bertrand Martorell, el «Mestre de Sant Jordi», fue pintada no en Pubol sino en el castillo de Recassens, en mitad de los Alberes, muy cerca de Fontfreda. Bertrand Martorell lo pintó por encargo del barón Bernat de Corbera (catalanización del topónimo Corbières, cuyo castillo aparece como una de las sedes del rey Arturo), quien figura con su esposa y su hijo en el frontispicio del retablo, arrodillados frente a san Pedro. Pintado en 1437, las claves del retablo de Pubol están ya sin embargo muy difuminadas por el paso del tiempo. Sorprende la preeminencia de la figura de san Pedro, lo cual supone un absoluto acatamiento al credo vaticano, y sorprende también que fuera pintado en el torreón de Recassens, dominando el llano marismeño de los cátaros condes de Ampurias, pero fuera de la vista de Llansá, la Lanza de Longinos, a un lado, y fuera de la vista de Bellecaire, al pie del Montgrí, al otro lado. Pero frente, eso sí, a la ortodoxa catedral de Castelló y frente a la villa de San Pedro Pescador, en la desembocadura del Fluviá. Y entre ambas, Figueras, con sus paganizantes ecos de los rituales de la fertilidad, y las góticas torres de Perelada, cuyo señor defendiera Montsegur.

De cualquier modo, el retablo una vez pintado fue instalado en Pubol, castillo de los señores de Corbera en el cual poco después se instalarían los Requessens, de cuya familia surgiría, un siglo después, don Luis de Requessens, el glorioso almirante vencedor de los turcos en Lepanto.

Carlos de Anjou, hermano de san Luis, rey de Francia con el nombre de Luis IX, se casó con Beatriz de Provenza, la hija menor de Raymond Berenguer V. Después de la conquista del reino de Nápoles, Carlos de Anjou se apoderó de Sicilia, expedición que desbarató todos los planes urdidos por la política aragonesa. Unos años después, Felipe III el Osado, hijo de san Luis, se casó con Isabel de Aragón, hija de Jaime I. En el ínterin, la Segunda Cruzada, dirigida por san Luis y su hermano Carlos de Anjou, fue un verdadero desastre. San Luis murió en Túnez y la esposa de su hermano, inesperadamente reina de Francia, murió en Calabria durante el viaje de regreso por culpa de un banal accidente.

El hijo de Jaime I el Conquistador, Pedro III de Aragón, sucedió a su padre en el año 1275. Hermano de Isabel, la fugaz y desdichada reina de Francia, Pedro no soportaba a su hermano mayor, Jaime II, el rey de Mallorca que frívolamente había instalado una corte fastuosa en Perpiñán con ánimo de arrebatar a Barcelona su prestigio cortesano, un prestigio bien merecido que posteriormente Cervantes definiría como «archivo de cortesía».

Pero Pedro III tampoco soportaba a su cuñado, el rey de Francia, pues no había podido digerir su victoria en Sicilia frente a sus huestes. La conspiración, alentada por Pedro III, obtuvo al fin sus frutos y la oprimida población siciliana se alzó en armas contra sus nuevos amos los franceses. La carnicería fue espantosa. Murieron 8.000 soldados franceses, pero Pedro III redondeaba la cifra jactándose de haber recibido de Sicilia «10.000 falos en salazón».

Estas «vísperas sicilianas» o «venganza catalana», indignaron al papa Martín IV, quien con toda energía se apresuró a excomulgar a Pedro III y, con él, a todos los catalanes y aragoneses, medida que por cierto no ha sido levantada todavía. Al mismo tiempo, el papa decretaba el embargo del reino de Aragón, el cual pasaba a manos del rey de Francia. Ambas medidas, igualmente inoperantes, no impidieron sin embargo que se pusiera en marcha un hecho muchas veces silenciado: la cruzada contra los catalanes.

La cruzada contra los catalanes

Sobre esta tierra donde se escuchan los ecos de profundas resonancias telúricas, la cristiandad enviaría un ejército de 100.000 hombres para vengar cumplidamente la afrenta catalana. Tal vez Jaime II de Mallorca hubiera podido cortar el paso a los Cien Mil Hijos de San Luis en el desfiladero de Salses, pero la amenaza era demasiado seria como para poner en peligro su apacible refugio de Perpiñán. Sin oponerse pues el paso de los expedicionarios, los franceses cruzaron por los Alberes para alcanzar un par de días después la fortificada ciudad de Gerona, la cual, pese a su heroica resistencia, el 10 de agosto del año 1285 cayó en manos de los cruzados, quienes desmitiendo el espíritu cristiano que proclamaban se entregaron a toda clase de pillajes y violaciones, profanando incluso las iglesias.

Por esas ironías que tiene el destino, el rey de Francia Felipe el Osado, nieto de Raymond Berenguer V, es el primero en irrumpir en la catedral de Gerona. Blandiendo la espada con furia, destroza los ornamentos sagrados y no se detiene siquiera ante el sarcófago donde reposa Raymond Berenguer II, uno de sus antepasados, depositado en la catedral desde que cien años antes, el 5 de diciembre del 1082, fuera asesinado por su hermano en Hostalrich, durante el transcurso de una cacería. Mientras el Osado vacila, sin atreverse a seguir golpeando los huesos de su ancestro, sus soldados no contienen su furia y, en unos instantes, destrozan el sepulcro de san Narciso el Africano, patrono de la ciudad, y rompen todos sus huesos. ¡Y entonces se produce el milagro! De la tumba del santo surgen grandes enjambres de moscas, bandadas que se multiplican al instante y atacan a caballos y hombres con furia inexplicable. Hombres y caballos enloquecen, envueltos en nubes de insectos. Se retiran de la catedral y cruzan el Ter, pero las moscas les siguen hasta el otro lado del cauce y continúan azotándoles con sus insaciables aguijones. Todos los caballos han muerto, enloquecidos por las moscas que se les meten en los belfos y en las orejas. La expedición francesa, maltrecha y aterrorizada, emprende rápida fuga hasta pasar al otro lado de los Pirineos. La derrota ha sido tan humillante, ¡a manos de las moscas!, que los franceses prefieren silenciar en sus páginas de historia el descalabro tan vergonzoso de este episodio que, sólo pocas semanas antes, había sido denominado pomposamente como «cruzada contra los catalanes».

A cuestas siempre con la contradicción histórica, resulta curioso que en aquel tiempo, cuando el papa no vacila en enviar los Cien Mil Hijos de San Luis contra los catalanes, tolere la heterodoxia de Ramón Llull y su ligereza entrometiéndose en temas genuinamente religiosos. No lo condena y en cambio se ve como una tendencia de la Iglesia de su tiempo hacia la canonización del alquimista mallorquín incluso cuando éste, rizando el rizo de las ricas alegorías de los Padres de la Iglesia, añade cantidad de nuevas alegorías impregnadas todas ellas de simbolismo alquímico y gnóstico y las vierte en los ritos de la misa y el bautismo.

Antes de que la escuela alquímica de Paracelso y Böhme identificara a Cristo con la piedra –el cubo gnóstico–, Llull ya se sirve en el *Codicilio* de esta alegoría alquímica, recogida tal vez de las tradiciones occitanas y españolas:

> Y así como Jesucristo, de la estirpe de David, asumió voluntariamente la naturaleza humana para redimir a los hombres, prisioneros en el pecado a causa de la desobediencia de Adán, así también en nuestro arte, lo que ha sido mandado por uno es absuelto, lavado y liberado de su mácula por otro, su contrario.

Influenciado probablemente por los suñes mallorquines y por los alquimistas árabes, Llull recoge la esencia del gnosticismo y plantea unas concepciones verdaderamente heterodoxas que, sorprendentemente, la Iglesia de su tiempo no discute. Tal vez porque la Iglesia, en aquel tiempo, está demasiado perturbada no ya por la herejía cátara, sino por la posibilidad de que verdaderamente pueda surgir un Rey de Israel que eche al traste con una institución que se ha mantenido en el candelero durante un milenio.

El Cristo de la alquimia

En la inconografía alquímica hay constantes referencias a Cristo y a la cruz, tanto como árbol de la alquimia como símbolo de la transformación de la materia. En el lenguaje de los símbolos, Cristo también es el rey que se nutre bajo las alas del sol, tal como Malaquías profetiza anunciando al Salvador: «Mas para vosotros, los que teméis mi nombre, nacerá el Sol de justicia y en sus alas traerá salud y saldréis a su encuentro y saltaréis como los becerros de la manada». Las «alas del sol», por supuesto, deben entroncarse con las alas del Ave Fénix, que daban nacimiento al rey o, mejor dicho, que hacían renacer al rey después de su muerte a través del árbol de la sabiduría o de la cruz redentora.

En la obra alquímica, el *árbol filosófico* es representado por la virgen Pandora, coronada y desnuda, pero este árbol simboliza a su vez la propia figura de Cristo, quien realiza el milagro divino de hacer que su madre, después de su muerte, se reúna de nuevo con su alma y ascienda al cielo, tal como lo entiende también la Iglesia con la celebración de la Asunción. En la alegoría alquímica, como *filius philosophorum*, Cristo sale de su tumba libre de toda mancha.

Así como Cristo volverá a integrarse en el Padre, pues el uno y el otro son la misma persona, en el simbolismo de la alquimia se produce primero la disociación de los dos principios, el espíritu y el alma, que luego volverán a unirse en una *coniunctio* o coito que producirá la muerte del producto de la unión. Pero lavado este cuerpo muerto por el agua (*baptisma*), el alma regresa a él y lo revitaliza para que pueda alcanzar el estado solar o de enrojecimiento, la *rubedo*. A partir del estado solar se producen las *bodas químicas* del rey (el color rojo) y de la reina (el color blanco), bodas de las cuales surgirá el *filius macrocosmi* o hijo del cosmos, figura comparable al *Antrophos* de los gnósticos o al hombre de origen divino. El ántropos, como imagen de Dios, es también la imagen del Sol (el oro) que el hombre busca en la tierra y los alquimistas, a través de la gran obra, buscan en el *anima aurea*, en el corazón, puesto que éste es la imagen de Dios en el hombre y puesto que en el oro, símbolo de la realeza, se reconoce a Dios.

El ántropos, como *anima mundi*, contiene como Cristo los cuatro elementos de la naturaleza y representa la perfección del número 10, así descompuesto: $1 + 2 + 3 + 4$. Si la descomposición del número 10 se realizara en forma inversa, es decir: $4 + 3 + 2 + 1$, tendríamos la proporción descendente de las cuatro *yugas*, o sea la *prima materia*, opuesta al alma y a Cristo. De dos de los elementos, el agua y su contrario el fuego, se origina la piedra que es también el mismo Cristo, pues el fuego sólo es *como* Cristo. La piedra es asimismo la piedra angular de la Iglesia. Y de la piedra, si se la golpea con el sílex, salta la chispa, la cual es a su vez otra imagen de Cristo. La piedra contiene asimismo el *pneuma* o espíritu. Y de dentro de la piedra, detrás de la piedra de la tumba donde yace Cristo, resurge (del *mundo subterráneo*) el Salvador, al tercer día, como *nuevo fuego*.

La alquimia, sin embargo, se detiene en el *mundo intermedio* o cosmológico y no penetra en el *mundo subterráneo*. Su materia de trabajo son los metales y, a todo lo largo de su historia, la alquimia no consigue zafarse de la ancestral maldición que se atribuía a todo aquel que trabajase con metales. Recuérdese hasta épocas recientes el desprecio social que inspiraban los «caldereros» gitanos, y no por su etnia sino por su dedicación a «batir el cobre». Y es que el *mundo subterráneo* se ha asociado siempre al *mundo infernal*, al *fuego de los infiernos*». El mismo Vulcano en su fragua, recuerda al personaje bíblico de Tubalcán, tanto por su nombre (Vul-caín, Tubal-caín) como por su oficio, oficio por otra parte que, sin ningún marbete denigrante, practicaban también los cabirios relacionando los metales con sus siete planetas correspondientes.

«En la piedra duerme para mí una imagen», dice el Zaratustra de Nietzsche recreando sin duda las palabras de Ostano, el alquimista gnóstico: «Ve a las aguas del Nilo y allí encontrarás una piedra que tiene un espíritu. Toma esa piedra, hazla pedazos, penetra con tu mano en su interior y sácale su corazón: en verdad te digo que su alma es su corazón». Raimundo Lulio, en su *Arte alquímica*, reitera el mismo concepto respecto al espíritu (*pneuma*) de la piedra.

En la *opus magnum* (gran obra o búsqueda de la piedra filosofal) se realiza el prodigio de la superación de la muerte o, dicho con otras palabras, el misterio de la liberación del *anima mundi* ligada a la materia. Simultáneamente a la transformación de la materia, el alquimista se transformaba a sí mismo siguiendo los arcanos del cristianismo. El hombre, en efecto, tiene su alma sumida en el mundo de la materia (en la carne), pero, lo mismo que el Hijo de Dios entró en María (la *virgo terra*) y se redime al salir de la muerte y ascender hasta el Padre, el hombre también puede participar del sacrificio y redención del Salvador si sabe, a través de la *obra*, liberarse de la materia.

Toda la simbología de este misterio se basa obviamente en el culto de Osiris y en otros diversos mitos precristianos, que se reflejan asimismo tanto en el cabalismo como en el mesianismo de las profecías judías. Entre los mitos de Orfeo, de Dionisios y de Hércules, con sus doce trabajos, se consuma también la *sublimatio* alquímica para llegar al estado divino a través de la *imitatio* de Cristo. Este mismo mensaje místico lo transmite la Iglesia mediante la misa, en la cual se repite imitativamente el sacrificio de Cristo. Pero, al igual que en la alquimia, donde el filósofo jamás se ve a sí mismo como un Cristo, en la misa el sacerdote hace evidente que quien oficia no es él sino el propio Cristo, pues como señala Jung citando a santo Tomás de Aquino, «el sacrificio de la misa no es una real *inmolatio* del cuerpo de Cristo sino una imagen representativa del sacrificio de su muerte».

11. Símbolo y misterio

Los misterios de Figueras

Salvador Dalí pinta el «Cristo cósmico» y hace de la cúpula de la estación de Perpiñán el centro del universo. En su ciudad de Figueras entroniza el alimento sacro del pan en la Torre Galatea. La intuición del artista, buceando en el alma de la historia, verdadero inconsciente colectivo, le hace sentir todo el peso del entorno mágico-religioso que rodea a su ciudad natal. Porque Figueras, donde se percibe aún la respiración de la tierra, está rodeada de centros de profunda vibración telúrica cuyos topónimos recuerdan aún su primigenia función, entre ellos Vilasacra, sin vestigios ya del antiguo templo pagano, y Vilanfant (Villa del Niño) donde afortunadamente se conserva el roble druida de entre cuyas raíces, abrazadas a la peña de la que brota el cristalino manantial, dirige sus aguas hacia el vecino río Manol. Topónimos todos ellos que conservan la profunda memoria de los orígenes, especialmente Manol, de clara evocación: «Y le llamarás de nombre Emmanuel, que significa Dios está con nosotros». La presencia del Dios de los judíos en la comarca debió ser intensa, pues la sinagoga más antigua de la geografía española dio nombre a la villa que la alberga: Vilajuiga.

¿Pasaría Magdalena también por Figueras? Esposa de Cristo y hermana de Lázaro, ¿dedicaría Magdalena una villa a su infante y daría al río cercano a la fuente el nombre de su hijo? ¿Consagraría a su vez la ciudad al árbol cuyo fruto simbolizaba la fertilidad femenina y la virilidad masculina, fruto que a la vez recoge el «eco» de la configuración externa de los genitales femeninos? En el Nuevo Testamento se asocia Betania, la localidad donde vivían Lázaro y sus hermanas, con un templo de la vecindad llamado *Bethphage*, nombre que literalmente significa «Casa del higo» o «Templo del higo».

Es cierto que Voltaire afirmaba que jugando con la etimología podemos hacerles decir a las palabras todo lo que queramos, pero no es menos cierto que a veces el significado de los nombres es tan evidente que sería estúpido desdeñarlo. En Oriente Próximo, uno de los cultos más importantes de la Antigüedad era precisamente el de la fertilidad. Su símbolo no podía ser otro que el del fruto de la higuera, pues este árbol crece sin cuidado alguno, incluso a veces sin tierra apenas, entre las peñas o arraigando en la grieta de una roca. El culto árabe al «Higo Divino» era llamado *Faga* en arameo. ¿Qué mejor símbolo que este fruto tan nutritivo para hacer de él la analogía de la fertilidad?

En el episodio de la maldición que Jesús hace a la higuera por tener hambre y hallarla sin frutos, Marcos recoge una tradición y la incorpora sin demasiada convicción a su relato, pues no parece concordar ni cronológica ni geográficamente con la escena principal que relata. Tal vez esta anomalía narrativa fuera consecuencia de alguna interpolación posterior, en cuyo caso el copista seguramente también se sentiría autorizado para eliminar cualquier referencia a la fertilidad asociada a la higuera, pues deja sólo la referencia negativa de privar al árbol de su función de dar fruto. Este comportamiento tan subjetivo de Jesús no concuerda tampoco con la dulzura que Marcos trata de imprimir a su figura durante todo su evangelio. En su relato, Jesús sale del Templo de Jerusalén para dirigirse a Betania. Tiene hambre, se detiene bajo una higuera que «sólo tiene hojas y no higos» y, furioso, la maldice secándola para siempre. A continuación da media vuelta, entra otra vez en el Templo, y echa del mismo a patadas a los cambistas y mercaderes.

Relatando la misma escena, Mateo cuida más el aspecto cronológico y la situación, pero de su texto parece también eliminado cualquier nexo que pueda relacionar la fertilidad de la higuera con la facultad prolífica del hombre y la mujer: «Y viendo una higuera cerca del camino, fue a ella y no hallando más que hojas solamente, le dijo: "Nunca más para siempre nazca de ti fruto". Y luego se secó la higuera».

Es evidente que en Figueras no aparecen del todo claros los símbolos que hemos tratado de asociar. Sin embargo, esta dificultad no desvirtúa nuestro razonamiento sino que, contrariamente, lo reafirma. Tengamos en cuenta que, aceptado como cierto el hecho de que Magdalena desembarcara en Port Vendres y que transcurrieran algunos años de su vida entre lo que hoy es el Rosellón y el Ampurdán, la presencia férrea de Roma primero y de los distintos invasores después –vándalos, visigodos, árabes y franceses de *oil*–, supondría un verdadero genocidio cultural respecto a las ideas y tradiciones de la época. Si tenemos en cuenta también que en todas las culturas, y más especialmente en las antiguas, muchas ideas y conceptos sólo podían transmitirse mediante símbolos –dada la precariedad del lenguaje y su escasez de términos abstractos–, comprenderemos la necesidad de Jesús, por ejemplo, de recurrir a las «parábolas» para hacerse entender por sus oyentes.

Hoy, cuando para la mayoría de la gente el símbolo es letra muerta, resulta difícil hacer comprender el sentido y la necesidad que tenía el ser humano de otras épocas para transmitir su pensamiento. Hay cuestiones, además, cuyo único modo de expresarlas es simbólicamente. Y si hoy el sentido del símbolo resulta difícil para la mayoría de la gente –no habituada a su uso–, lo era también para el europeo de hace dos mil años, cuando el símbolo era el lenguaje reservado para toda enseñanza de orden iniciático. La incomprensión del mundo profano hacia aquel lenguaje de símbolos era del todo natural. No podían entenderlo hace dos mil años pero sí lo entendían al fin del primer milenio, en el apogeo del catarismo. Incluso hoy, para el lector medio, le resulta difícil comprender los «símbolos» iniciáticos (modelos de meditación) que las sectas modernas proponen a sus miembros, y ello pese a la desvirtualizada carga que tales «símbolos» llevan actualmente.

Si tenemos en cuenta, por otra parte, que el nacimiento de Jesús marcó el fin de una era zodiacal –con todo lo que ello implica respecto a la involución, entendida ésta como el fin una fase del devenir cósmico–, comprenderemos mejor por qué al final de este segundo milenio, cuando entramos de nuevo en la fase que la tradición hindú designa como el período extremo del *kaliyuga*, al hacerse más profunda la involución, los símbolos pierden el escaso significado que todavía conservaban. Si por involución entendemos también que se pierde la comprensión respecto a lo que constituía «un orden universal» –«lo que ates en la tierra será atado en el cielo, lo que desates en la tierra será desatado en el cielo»–, entenderemos también por qué el pensamiento hindú, por ejemplo, considera al mundo moderno como una anomalía del universo, como una especie de monstruosidad donde el hombre ha perdido la facultad de comunicarse mediante los símbolos.

La Casa del Eco

Como ya vimos, en la mitología árabe el culto a Al 'Adhr o «dios de la virginidad» estaba asociado al culto Al Issa, como réplica de Jesús en la tradición islámica. Al 'Adhr significa literalmente «agua de vida», entendido este concepto como la «vida del semen del varón». En la tradición evangélica, el lugar donde se sitúa el milagro de la resurrección de Lázaro se identifica como Betania, población al norte de Jerusalén a la que acuden hoy los peregrinos para visitar la tumba de Lázaro.

Betania o Bethania es la transliteración de la forma aramea *Beth 'Anya* y, literalmente, significa «Casa del Eco» y, como vimos, coïncide con la forma árabe de «Bethany», siendo en una población del mismo nombre, en la península arábiga, donde se asentaba el culto a Al Issa o dios de la fertilidad, junto a su dios subsidiario Al 'Adhar, nombre que al pasar al arameo daría Eliazar y que al ser transcrito al griego lo haría como *Lazaros*. El símbolo de este culto árabe a la fertilidad era el higo o faga, el fruto de la higuera, árbol que a su vez daría nombre a Figueras, la capital ampurdanesa que no toma el nombre del olivo, el árbol más abundante de la comarca, sino de la higuera, un árbol que es común en toda la cuenca mediterránea.

La función de ambas deidades dedicadas a la fertilidad-virginidad no era obviamente conservar el estado virginal masculino tal como habitualmente lo entendemos sino mantener este estado durante el período que precede al matrimonio, plausiblemente después de que el novio se hubiera hecho circuncidar. Este rito de la circuncisión, que la ortodoxia judía practica nada más nacer el niño, según Estrabón los árabes lo practicaban cuando el hombre iba a casarse y la operación se hacía ceremoniosamente en santuarios dedicados al efecto.[1]

Y sería en uno de estos templos o «Casa del Eco» donde tendría lugar el supuesto milagro de la resurrección de Lázaro que nos relatan los Evangelios. Y la «resurrección», en este caso, habría que entenderla como «la recuperación» de la potencia viril –la gloria– de Lázaro después de que Jesús le «desanudara» sus vestiduras. De esta forma el enfermo (pues sus hermanas cuando van en busca de Jesús le dicen que Lázaro está «enfermo», no muerto) recobraría la facultad de «dar vida», lo cual, en cierto modo, es como si él mismo «volviera a la vida». La magia recoge esta tradición cuando desata el «nudo» o «enclavijamiento» que un brujo ha hecho para privar de la erección a su víctima. En árabe también se llama «nudo» a la impotencia pasajera que puede sufrir el joven que sexualmente se enfrenta por primera vez a la mujer. Y también en la tradición árabe, los higos que se ofrecían a los recién casados como obligado presente en el festín de bodas, ya fueran frescos o secos, simbolizaban tanto la fertilidad femenina como la virilidad masculina, concordando aquí el símbolo no sólo con la virilidad o *eco* sino también con la fertilidad de la *faga*.

Lázaro como evolución del mito de Al 'Adhr y Jesús como evolución asimismo del mito de Al Issa, ya no son evocados en sus respectivos templos de Betania («Casa del Eco») y de Betfaga («Casa del Higo») sino que superpuestos los dos mitos, se presentan en la tradición evangélica sin apenas una resonancia que recuerde las antiguas y diferenciadas funciones de ambas divinidades. Es lo que normalmente sucede, como dijimos, al llegar en cada ciclo a la fase del *kaliyuga*: el hombre pierde sus símbolos.

En la tradición cristiana, Lázaro ya no aparece con las connotaciones divinas que posee en la tradición árabe, sino que es solamente «un amigo de Jesús» al cual el Maestro arranca de los brazos de la muerte. Pero Jesús, en este contexto del milagro de Lázaro, sí continúa siendo el dios «de la resurrección y la vida», símbolo supremo de su divinidad.

El Rey del Mundo

En el mítico Rey del Mundo, título de realeza que los condes-reyes catalanes Berenguer asocian a su patronímico de Raymond, debe conjugarse la *esencia* y la *sustancia*, siendo a través de estos dos símbolos –o través de la doble faz de un único simbolismo– donde se manifiestan asimismo los dos atributos de la realeza –el acto y la potencia–, atributos a su vez que en la Cábala se asocian a Dios puesto que es Dios, mediante el «acto» y la «potencia», el creador de los mundos. Aquí, sobre la tierra, el rey sólo sería su delegado temporal, su *representante*, concepto que, con la pérdida de significación del símbolo y con la degradación que sufre el mismo por culpa de la ambición humana, deja de representar tanto la esencia como la sustancia de Dios. Pese a su origen divino el rey no es absolutamente el «gran geómetra» del universo. Y, en un escalón inferior, el título que se otorgan los altos grados de la masonería con la denominación de «Gran Arquitecto», suena, en un mundo desacralizado, verdaderamente ridículo.

Lo mismo que resultaba ridículo el título de Rey Sol que se daba a sí mismo Luis XV, sobre todo después de que uno de sus antepasados asesinara a Dagoberto II, rey que, de ser cierta la hipótesis de que descendiera del linaje de Jesús Bar Nagara, sí podía arrogarse en justicia el título de rey solar puesto que Jesús era, simbólicamente, una deidad solar cuyo Padre había mensurado los confines de los Cielos y de la Tierra, como podría hacerlo, en efecto, un «Gran Arquitecto» con su compás, con ese compás en cuyo extremo luce un sol deslumbrante, como muestra el emblema de algunos grados de la masonería. Pero ese espíritu que lleva en sí el símbolo de la realeza, esa «encarnación» de la esencia a que alude, ¿qué rey lo lleva?

Autores tan serios como el trío formado por Baigent, Leigh y Lincoln no vacilan en reconocer, aunque sea entre líneas, la existencia de un «rey perdido» que es el que dirigiría sinárquicamente el mundo. Un rey que, perpetuándose a través de las edades, emboscado en las sombras, tiraría de los hilos de la política internacional. Para sostener su tesis se apoyan en los «Documentos Secretos» del Priorato de Sión, documentos que no tienen nada de secretos puesto que la misma Orden se ha encargado de difundirlos poco a poco, dosificando su aparición para hacer aumentar la atención mediante el establecimiento previo de crear una atmósfera propicia de «credibilidad, de engendrar interés, crear un clima psicológico que mantuviese a la gente esperando, con el aliento contenido, nuevas revelaciones» en torno a los *documents Prieuré*.[2]

La Orden de Sión, en efecto, persigue el reconocimiento universal de un rey de origen divino. Jamás ha disimulado este objetivo y, todo lo contrario, ha llegado a afirmar que «sin los merovingios, la Priuré de Sion no existiría, del mismo modo que sin la Priuré de Sion la dinastía merovingia se extinguiría». Esto implica, como reconocen los autores de *El enigma sagrado*, que durante el transcurso de los siglos ha gobernando el mundo un rey del que nadie sabe nada, pero del cual iniciados tales como René de Anjou, Gilles de Rais, Leonardo da Vinci, los duques de Nevers y Gonzaga, no ignoraban la realidad puesto que su «estela va envuelta en un perfume mágico en el cual el azufre se mezcla con el incienso: el perfume de la Magdalena».[3]

Según Juan el Evangelista, Jesús declara a Pilatos: «Mi reino no es de este mundo. Si de este mundo fuera mi reino, mis seguidores pelearían para que yo no fuera entregado a los judíos. Pero ahora mi reino no es de aquí». Son palabras ambiguas y oscuras que lo mismo pueden decirlo todo como pueden no decir nada si las ponemos en boca de un hombre que se sabe condenado y que acaba de ser torturado. ¿Cuál era el hipotético reino a que podía aspirar Jesús en el contexto histórico de su vida? El sacerdocio judío no acababa de admitirlo y se desinteresaba de la unidad política de Israel que los celotes propugnaban. El antiguo reino de Judá estaba desmembrado. Las tetrarquías y el impuesto protectorado romano mal podían definir lo que debía ser un reino. ¿Se refería con sus palabras «no es de este mundo» a que su reino no tenía cabida dentro de la *pax romana* o a que su reino pertenecía en realidad a una dimensión que no era la terrestre? Sin duda en esta frase se superponen una vez más los símbolos y ambas interpretaciones serían válidas si supiéramos cuál era verdaderamente la significación que le daban Jesús y sus escasos iniciados. La mayoría de ellos, incluidos casi todos los apóstoles, sin duda lo ignoraban.

Jesús, sin pretender establecer una nueva religión, pues no viene a modificar la ley sino a hacerla cumplir, sí es cierto que de alguna manera está dando una nueva dimensión al pensamiento religioso tradicional tal como lo entendía la ortodoxia rabínica. Él aspira a que con su predicación, en el *corazón del hombre* reine la presencia viva de Dios, su verdadero rey trascendente. Pero también aspira, como descendiente de David y por lo tanto de la realeza judaica, a reinar en el territorio que le es propio.

Sabe que esta última vertiente de su pensamiento, por el momento, es imposible que se materialice. Su estrategia política ha fracasado. O, al menos, ha fracasado de puertas para fuera. Tal vez, en el sacrificio que de su vida se impone a sí mismo esté la clave de todo. La presencia de Jesús en Jerusalén haciéndose proclamar rey es una provocación política de la cual él no ignora el alcance. Sabe que tanto el sacerdocio como el poder romano aprovecharán la ocasión para aplastarle. Su actitud, incluso, podría interpretarse como un suicidio.

Pero sabe también que en aquel momento de la historia del mundo, en pleno cenit del ciclo de involución determinado por los astros, su realeza o divinidad debe mostrarla mediante el *acto* y la *potencia*. Su autoinmolación debe entenderse como el símbolo de trasladar su realeza a otra dimensión. El rey, con su muerte simbólica, renace en la siguiente fase de la obra alquímica. Para alcanzar la plenitud de la vida es menester pasar por las puertas de la muerte, por el estado de *nigredo* que igualmente exige el simbolismo de la alquimia. Todos los dioses de la Antigüedad, igualmente, renacían después de su muerte figurada. Él también era un dios y el mito debía perpetuarse.

Sin duda, la aventura de la Magdalena echándose a cruzar el mar en compañía de una reducida compañía estaba urdida por el propio Jesús. Como rey, una de cuyas obligaciones es trazar con rigor sus estrategias, Jesús no podía olvidarse de establecer los planes necesarios para que su familia quedase a salvo. La reacción que seguiría en Palestina después de su muerte era del todo imprevisible, pero cabía imaginar su dramatismo. Sus previsiones se confirmarían con la revuelta del año 66. Con Magdalena y su hijo puestos a salvo al otro lado del Mediterráneo, su estirpe no se extinguía. Había constatado hasta la saciedad que su mensaje de renovación religiosa sólo era entendido por los nazarenos, mientras el resto de los grupos religiosos judíos lo ignoraba. Por lo tanto, si su reino no era de este mundo, es decir, de su mundo inmediato, de Israel, ¿qué otra tierra mejor que la del Mediodía de las Galias, donde había prósperas colonias nazarenas asentadas desde setecientos años antes, para entender su mensaje?

El abate Saunière

Y en las Galias meridionales, precisamente, en la antigua tierra de Occitania, ya sólo a un centenar de años de la siguiente fase involutiva del *kaliyuga*, se daría un curioso personaje que, sin proponérselo, tal vez descubrió, o estuvo a punto de descubrir, uno de los secretos históricos más celosamente guardados: el del linaje de Cristo.

La vida de Berenguer Saunière es una verdadera novela. «Soldado de Cristo enrolado bajo la bandera de León XIII», este joven sacerdote rural de porte recio y atlético que siempre había soñado con la gloria de las armas y el perfume de las mujeres, sus padres lo dedicaron al sacerdocio. Tras salir del seminario de Carcasona, y después de una breve estancia en Alet, fue destinado por su obispo a Rennes-le-Château, centro del antiguo enclave visigodo de Razès. Sus medios de vida, tanto en su primera rectoría como en la segunda, eran miserables. Sus feligreses eran pastores ignorantes. Las mujeres, renegridas por los rudos trabajos del campo, más parecían medio moras que francesas. Y los alcaldes, en pleno furor de republicanismo laico, le hacían la vida imposible.

Marginado en su parroquia en ruinas, con sólo treinta francos al mes para sobrevivir en aquel medio hostil que le rodeaba, a sus treinta y tres años, era natural que se volviera hacia aquellas viejas piedras de Rennes que los celtas habían hecho vibrar con sus pasos, antes de que los romanos les sucedieran y de que éstos fueran a su vez sucedidos por los visigodos, quienes hicieron de Rennes su primitiva capital. Berenguer Saunière, que pese a su profesión religiosa llevaba como patronímico no el nombre de un santo sino el de unos reyes catalanes, estaba predestinado. Y sin duda debió sentir el alcance de su predestinación cuando, al entrar por primera vez en las ruinas de su iglesia, encontró destrozada la estatua de santa María Magdalena.

Berenguer Saunière ignoraba aún que cada uno de sus pasos estaba siendo cuidadosamente vigilado por su obispo y por Boudet, su vecino rector de Rennes-les-Bains, vigilado por los dirigentes de las sectas ocultistas (que habían tenido la sabia precaución de enmascararse bajo el manto del movimiento simbolista) de París y por sus adversarios, más ocultos todavía: los juanistas.

202

Tanto la Iglesia como los grupos que se movían en la sombra habían estudiado cuidadosamente la personalidad de Berenguer Saunière. Todos coincidían en considerarlo como una personalidad contradictoria, duro y violento e inconsecuente y ambicioso, tentado constantemente por el oro y por la carne, es decir, perfectamente manipulable.

Apostados en la vecina Rennes-les-Bains, el grupo dirigido por el doctor Encause y el cabalista Elias Yesolot esperaban pacientemente a que Berenguer Saunière hiciera sus primeros movimientos. Los juanistas, a su vez, vigilaban a los ocultistas. No se fiaban en absoluto de los hombres de Papus y, mucho menos, de Yesolot, quien antes de abandonar Moscú había fundado un movimiento para promover la emigración de los judíos rusos a Palestina. Ni los propios ocultistas, entre los que se mezclaban varias tendencias, se fiaban de ellos mismos. Tras ellos sabían sólo que estaba la poderosa Prieuré de Sion y la Masonería e, incluso, tal vez el Vaticano. El más receloso era el enfermizo Yesolot, al que agotaban aquellos interminables merodeos por el monte.

Berenguer Saunière muerde el anzuelo de la carne en la primera visita que le hace Marie Denarnaud, quien a partir de entonces pasa por su rectoría cada vez que sale de su casa en Espéraza (¡intrigante nombre del caserío vecino!) para ir a buscar agua sulfurosa a la fuente milagrosa de la Magdalena, en Rennes-les-Bains. Y será el cura de Rennes-les-Bains, el misterioso Henri Boudet, con su biblioteca atestada de libros herméticos, de tratados sobre las ciencias ocultas, el que arreglará las cosas para que la pequeña Marie, que apenas tiene entonces quince años, vaya a servir al presbiterio de Rennes-le-Château. Con esta promesa y con un libro maravilloso que le ha prestado Boudet, *Las piedras grabadas del Languedoc*, Berenguer Saunière abandona la lujosa residencia de su colega, que en nada se parece a las ruinas miserable de su iglesia y rectoría. Durante su camino de regreso, absorto en el recuerdo de aquellos libros heréticos que sus manos han acariciado, las obras de Agrippa, de Eliphas Levi, de De Guaita, Berenguer Saunière no advierte las miradas que le siguen a todo lo largo del camino.

En pocos días la vida de Berenguer Saunière ha cambiado. La alegría vital que imprime la presencia de la joven Marie ha transformado el marco miserable de su vida. La pasión sin embargo no se limita sólo a la muchacha, pues le atrae cada vez más la arqueología y el libro que le prestara Boudet le ha abierto los ojos hacia unos nuevos horizontes. De pronto toma conciencia de estar ejerciendo su apostolado en un centro neurálgico del mundo. Allí, encima y entre aquellas piedras de su iglesia, flota todavía la atmósfera maravillosa de la historia pasada. No solamente entre aquellas piedras vivieron los visigodos y los nazarenos edificaron una primitiva iglesia sobre los restos de un templo celta más antiguo, sino que allí se refugiaron los primeros juanistas, el grupúsculo clerical disidente de la política y del pensamiento de Clemente III, terciando en la querella entre Enrique II de Inglaterra y Felipe II de Francia. Allí, en Rennes, se refugiaron los escasos obispos y sacerdotes disidentes que, metidos en el mismo saco, sobrevivieron a la masacre cátara. Todos ellos, pese a sus diferencias, tenían algo en común: preferían la pobre Iglesia mística de san Juan a la poderosa pero corrupta Iglesia de san Pedro. Pese a sus diferencia esenciales, los refugiados de Rennes se agrupaban a la sombra del Priorato de Sión, fundado en el año 1070 por Ursus, quien era el protegido de Matilde de Toscana, la madre adoptiva de Godofredo de Bouillon. De la Orden de Sión surgiría asimismo el Temple, orden paralela pero cuya separación se consuma cuando Gérard de Ridefort, Gran Mestre de la Orden del Temple, se alía con el rey de Inglaterra y estigmatiza a los hermanos de Sión, quienes, marginados pero independientes, nombran a su primer gran Nautonier: Jean de Gisors. Y de esta primera escisión, determinada por la preferencia respectiva hacia las dos ramas dinásticas de los reyes merovingios, supuestos descendientes de Cristo, los Plantard de Francia y los Plantagenet de Inglaterra, dejaba completamente al margen a los juanistas.

Los juanistas

Los juanistas, seguidores de la Glesia cátara y de los reyes visigodos como los más probables descendientes de Cristo, con la escisión de templarios y sionistas, quedaban al fin marginados históricamente. Así como es posible seguir las huellas tanto del

Temple como del Priorato de Sión, los juanistas enmudecen para siempre en la historia. Sólo en tradiciones tardías es posible encontrar algún eco de su presencia. Su presencia se trasluce también a veces en episodios que, como los de Berenguer Saunière, pese a su trascendencia en relación a un tema determinado, son excluidos de cualquier crónica histórica seria. Cualquier investigación que se haga sobre ellos, por lo tanto, obliga necesariamente a aventurarse por los caminos de la tradición, de la poseía popular o de la novela. Desde un punto de vista científico, por supuesto, la investigación partiendo de esas bases es descabellada. Pero no lo sería tanto si consideráramos que el novelista o el poeta, recogen y expresan el subconsciente colectivo del hombre al evocar estos temas.

De cualquier modo, y en lo que se refiere a la cuestión de la posible descendencia de Cristo, estas hipótesis no nos llevan a ninguna parte. Es más, todas ellas inspiran desconfianza, sea cual sea el punto del que partan. ¿Qué el padre de Jesús muriera y fuera enterrado en Alemania, como afirma la tradición judía? Esto no probaría en absoluto ni que Jesús hubiera nacido en lo que luego sería la tierra primera de los visigodos ni que allí hubiera tenido descendencia. ¿Qué lo lógico hubiera sido que la descendencia de Jesús naciera y se multiplicara en Palestina o en los territorios vecinos? Si aceptáramos esta posibilidad, por esas tierras habría leyendas que señalarían tal hecho. Y no las hay. Y no las hay tampoco en la primitiva Alemania. Y sí las hay en cambio en Occitania, donde la tradición religiosa cristiana no llegó nunca a exterminarlas del todo. La tradición del Hijo de la Viuda nace y se desarrolla en Occitania. Solamente con Parsifal es trasplantada la tradición a Alemania, donde el Perlesvau de Wolfram von Eschembach se «cristianiza» respecto los héroes de Chrétien de Troyes y de Robert de Boron.

La clave, tal vez, habría que buscarla en el respeto y admiración que los pueblos bárbaros sentían hacia la obra civilizadora de Roma y, especialmente, hacia su Iglesia oficial. Si los godos iban a suplantar al caído imperio romano, ¿qué mejor baza política que pretender que la sangre del hijo de Cristo corría por las venas de sus reyes? Tras los visigodos, los merovingios, antecesores de los francos, utilizan la misma argucia. Cabría dentro de lo posible, es cierto, que la primera descendencia occitana –si es que la hubo– emigrara hacia el Norte y mezclara su estirpe con sangre bárbara, en cuyo caso todo sería plausible. De cualquier modo, no se explica el pánico cerval de la Iglesia hacia la mítica posibilidad de que apareciera un descendiente de Cristo, pero el hecho es que no vaciló en sacrificar a Dagoberto y en traspasar la esencia de la realeza a Carlomagno.

Implícitamente, al traicionar la Iglesia sus compromisos con Meroveo, admitía la existencia de un Rey del Mundo que en absoluto encajaba dentro de sus planes de dominio temporal. Del mismo modo que la Iglesia había asimilado la tradición de que Herodes hizo asesinar a todos los niños de Judea para librarse de su rey, pues su nacimiento había sido anunciado por los oráculos, Roma, pese a su racionalidad, muestra en el episodio del asesinato de Dagoberto la misma actitud esquizoide, pues mata al rey pero deja con vida a Segisberto, su heredero. Y si respeta la vida al hijo del rey merovingio, ¿es que solamente se trata de una acción política de corto alcance, de un plan que no ha de trastocar los grandes rasgos ya trazados?

Los dispersos grupos seguidores del catarismo, los juanistas, no parecen interesarse demasiado por ese supuesto hijo de Jesús que sería Segisberto, el cual se refugia con su madre en Razès. Los juanistas, en cambio, sí parecen siempre interesados por la eventualidad de que la estirpe de Jesús arraigara en Occitania, se mezclara luego o no con los reyes visigodos. Choca sin embargo el hecho de que Jesús reivindicara su condición de rey alegando su estirpe davídica. Esta exigencia de hacer la monarquía hereditaria, presente en los reyes merovingios y en sus descendientes los Capetos, no aparece sin embargo entre los primeros reyes visigodos, pues para ellos la monarquía no es hereditaria sino electiva. ¿Qué sentido tendría entonces la búsqueda de los juanistas? ¿Tal vez para los seguidores del evangelio esotérico de Juan lo importante no era quién ocupaba o dejaba de ocupar el trono, sino lo que éste simbólicamente significaba? El símbolo, en efecto, no se hereda como si fuera un bien material, pero sí se transmite de generación en generación: es algo inalterable, inmutable, puesto que procede de Dios.

La cabeza de lobo

De los juanistas se sabe que vigilaron de cerca toda la aventura de Berenguer Saunière y que llegaron incluso a atentar contra su vida, sin duda al ver que los secretos que ellos esperaban recuperar corrían el riesgo de pasar a manos de grupúsculos rivales y profanos.

Por el testimonio del propio Saunières sabemos que el hombre que dirigía a los juanistas era un desconocido para cuya identificación la única pista conocida era que lucía siempre un bastón cuyo pomo era una cabeza de lobo. Entre todos los ocultistas de finales del siglo pasado no hay sin embargo nada que pueda evocar al lobo. Lo mismo ocurre con las sectas y sociedades secretas de la época, entre las cuales el anagrama del lobo no adquiere ningún relieve particular.

Como ya demostrara Edgard Allan Poe, a veces la verdad más evidente la tenemos frente a nuestros ojos y no sabemos verla. No es cierto, en efecto, que nada de la época evocara al lobo (o al perro), uno de los símbolos habituales de san Juan. La cabeza visible de uno de los movimientos espiritualistas más discretos de finales del siglo XIX fue precisamente Yvon le Loup, joven y brillante politécnico empleado en la Banque de France, quien con su gris seudónimo de Paul Sédir se dedicaba a frecuentar a Papus y a Stanislas de Guaïta –plausiblemente quienes tiraban de los hilos en el caso Saunières– y a escribir artículos espiritualistas en las revistas de la época. Su libro *Initiation* recoge la esencia del juanismo y evoca entre líneas, lo mismo que su nombre y apellido, sus verdaderas vinculaciones.

Tal vez Le Loup, con su proximidad a las sectas de Papus y de De Guaïta, trabajando como un «topo» en su seno, fuera el hombre enigmático que Saunière identificó como el misterioso asaltante que llevaba un bastón rematado por una cabeza de lobo. Sin ser Saunière mitómano, nadie fue testigo de los tiros que le dispararon en un camino aislado ni del asalto que sufrió una noche en París, cuando le robaron una carta de recomendación para Papus.

Si es curioso que en el movimiento espiritualista de Yvon Le Loup aparezca el anagrama de la constelación del Can Mayor, curioso es también que uno de sus amigos, Saint-Ives d'Alveydre, luzca también en su apellido el nombre de San Juan y divulgue en sus escritos el'espíritu de las doctrinas juanistas. Pero resulta curioso también observar como, durante el tiempo que se mantiene en candelero la historia de Berenguer Saunière, Saint-Yves d'Alveydre incorpora a sus escritos un matiz social que, sin ninguna duda, trata de sembrar la confusión tanto entre los políticos como entre los esoteristas. En efecto, Saint-Yves d'Alveydre preconiza una idealizada «espiritualización social» que deberá ejercerse en la práctica elaborando la «sinarquía», es decir, una forma de gobierno opuesto a la autocracia o a la anarquía. Con esta jugada, oficiando la ceremonia de la confusión, Saint-Yves d'Alveydre ponía al descubierto los planes secretos de los distintos grupos de la época apoyando la sinarquía (entendida como un gobierno del mundo en las sombras) y desactivaba los planes de dominio mundial que preconizaban los iniciados de la Orden de Sión y de sus sectas afines.

Mientras todas estas operaciones de alta estrategia se cocían en las sombras, mientras Saint-Yves d'Alveydre carbonizaba su futuro como divulgador espiritualista, en pocas semanas, Berenguer Saunière se había convertido en el amante de la joven Marie, tras llegar a un acuerdo con sus padres para salvar las apariencias. Oficialmente Marie será siempre su gobernanta. Pero si su lujuria queda colmada, no lo será por mucho tiempo, pues le atrae también Julie, el ama del abate Boudet, a la que ha sorprendido en el río, desnuda, incrustándose un canto fálico en el sexo mientras recitaba extrañas jaculatorias pidiendo fertilidad a las oscuras potencias de la tierra y del río.

La vida de Berenguer Saunière, durante estas semanas en que comparte a las dos mujeres y devora los libros de su amigo Boudet, no puede poseer plenitud más exaltante. Está prendido, y bien prendido, en la red que le han tendido y sigue sin enterarse de nada. Ignora absolutamente que él es el centro de la atención de las ambiciones del Priorato de Sión y de los oscuros designios de los juanistas.

El artífice

Pero nadie tiene prisa en tirar de los hilos. Lleva ya cuatro años en Rennes-le-Château y su vida es ahora holgada, pues el

Ministerio le ha acordado una subvención –caso insólito en los anales– que redondea generosamente su sueldo. Todo el mundo finge ignorar sus relaciones con Marie y con Julie. Nadie se escandaliza. El abate Boudet, sutilmente, le ha empujado hacia el estudio y Berenguer Saunière se ha convertido ya en 1885 en un experto arqueólogo que pasa la mayor parte de su tiempo revolviendo entre las piedras celtas y godas de su feligresía. De tarde en tarde acompaña a Buodet a Carcasona, se instalan en un buen un hotel y se reúnen con un grupo de hombres venidos de París y Barcelona. Empieza finalmente a recelar que algo se cuece a sus espaldas, pero no reacciona todavía. En realidad las charlas con aquellos hombres, la mayoría de ellos representantes de las sectas esotéricas parisienses, y con Antonio Gaudí, el místico arquitecto catalán, le apasionan. Saunière se ha abstraído del mundo que le rodea. Ni comunardo ni realista, ni de izquierdas ni de derechas, la política no tiene ningún sentido para él. A veces grandes remordimientos le atenazan el alma, cuando piensa que no hace todo el caso que debiera a su religión. Sus feligreses sin embargo, que tanto desdén le mostraron al principio, le aprecian ahora. Se dan cuenta perfectamente de lo que Saunière está haciendo por el pueblo. Incluso el alcalde, republicano confeso y anticlerical declarado, lo respeta ahora viendo la pasión del cura por la arqueología y su afán incansable de recuperar la historia de Rennes-le-Château.

Pero si en su pueblo de adopción le estiman, en París le detestan. El Ministerio de la Instrucción Pública, de las Bellas Artes y de los Cultos, tras enterarse de la escasa fidelidad que Berenguer Saunière mostrara hacia la III República en las recientes elecciones, se dirige el 2 de diciembre de 1885 al obispo de Carcasona para notificarle que, a partir de esa fecha, el Estado retira su subvención al abate Saunière. Pero ese incidente no preocupa a Berenguer, pues ahora tiene otras fuentes de ingresos y, por él, el Estado puede guardarse su miserable dádiva. A su obispo, sin embargo, le incómoda el incidente y ordena a Saunière que se recluya en el seminario de Narbona. El espíritu inquieto de Saunière le hacía sentir el seminario como una cárcel y, cada noche, vestido de paisano, salía de matute para rondar por los cafés de la ciudad. Es precisamente en uno de esos cafés donde conoce al orondo monsieur De Fignac, que a partir de entonces va ser el generoso patrocinador de sus actividades arqueológicas. Su exilio, por otra parte, no dura mucho, pues sus relaciones parisienses influyen lo suficiente para que sea nuevamente destinado a su parroquia. Lo que Berenguer ignora es que precisamente ha sido el judío Yesolot quien ha intervenido cerca del ministro de los Cultos para que puede reintegrarse a su parroquia. E ignora también que el banquero De Fignac actúa por cuenta de Yesolot y su grupo.

A su regreso a Rennes, Berenguer recibe la visita de un misterioso austriaco que se dirige a Paray-le-Monial, donde el padre Drévon ha constituido un centro de esoterismo cristiano. Su visitante no es otro que el archiduque Juan Esteban de Habsburgo, primo del emperador de Austria-Hungría. La visita del gran preboste del A.O.R.[4] es breve y Berenguer prosigue los trabajos de reconstrucción de su iglesia. Los abundantes fondos que ha puesto a su disposición el banquero narbonés no se agotan y los trabajos se realizan ininterrumpidamente pese a que, de vez en cuando, aparezca un lunático hablándole de cosas incomprensibles.

Como incomprensible es también la misteriosa nota que Boudet acaba de hacerle llegar por Julie:

> Mañana, a la hora segunda, desplazará usted el altar. Sobre todo no olvide que debe ser a la segunda hora. Ni antes ni después. Por el binario, los peces del Zodíaco cantan alabanzas a Dios, las serpientes de fuego se enlazan alrededor del caduceo y el rayo deviene armonioso.[5]

Pese a que nada comprenda, Berenguer no vacila en seguir la orden y junto con sus obreros, a las dos de la tarde del día 21 de julio de 1889 quita la pesada tabla de piedra del altar mayor. De la hornacina que se forma debajo del altar, Berenguer Saunière extrae tres tubos de madera sellados con cera.

Los pergaminos

La noticia del hallazgo de Berenguer Saunière, por supuesto, no iba a pasar desapercibida. Todos los periódicos del Midi se hacen eco del insólito hallazgo y se preguntan cuál es la clave de aquellos misteriosos pergaminos, de los cuales sólo ha trascendido su número y contenido, pero no el texto de los mismos. Tres de ellos son misteriosas genealogías sobre una familia real que no reina, dos más son unos textos escritos en un latín incomprensible y los restantes, extractos del Nuevo Testamento dispuestos de forma tan extraña que resultan igual de enrevesados que los otros documentos.

Los documentos los estudia Boudet, quien pronto descubre que el supuesto latín de los textos es en realidad un germánico arcaico. «Providencialmente», Elías Yesolot pasa a visitar a Boudet y el judío, versado en lenguas arcaicas, se ofrece para colaborar en su interpretación. Durante unos días, Boudet, Yesolot y Berenguer trabajan codo con codo. Más que traducir deben interpretar, deducir quién pudo ser aquel misterioso Jean Vie (Juan Vida) que transcribe los documentos. A Jean Vie, que según las leyendas locales vivió como un «perfecto» antes de que aparecieran los cátaros en aquellas tierras, le acompañaba siempre una mujer llamada María Magdalena. A Jean Vie le llaman también las leyendas el Iluminado.

Pero la coincidencia es que Jean Vie era también el nombre del cura que precedió a Henri Boudet en la iglesia de Rennes-les-Bains. Pero de ninguna forma este segundo Jean Vie pudo ser el autor de aquellos manuscritos que, sin ninguna duda, se remontan a más de diez siglos atrás. Del párroco Jean Vie, los ancianos del lugar dicen que no era un iluminado sino un lunático que siempre hablaba de mitología, que estaba tan perdido en sus ensoñaciones que confundía Hiperbórea con el Paraíso.

La tumba

Los pergaminos hallados bajo el altar de la iglesia de Rennes-le-Château fueron todo lo reveladores que en un principio se había supuesto, pues documentaban unas genealogías que, aunque conocidas, no terminaban de admitirse. La interpretación de la totalidad de los pergaminos era laboriosa, pero una pista marginal y en apariencia insignificante les llevó a curiosear en la tumba de Marie de Nègre Darles, la señora d'Hautpoul de Blanchefort, en cuya losa Berenguer y Yesolot descubrieron una extraña leyenda, REDDIS REGIS CELLIS ARCIS, enmarcada entre las patas de un pulpo, debajo las cuales aparecía una cifra: LIXLIXL.

Por fin sus averiguaciones apuntaban hacia algo concreto. Marie Nègre de Dables pasó a ser la señora de Hautpoul de Blanchefort cuando se desposó con el marqués del mismo nombre, descendiente de Bertrand de Blanchefort, séptimo y último gran maestre de los templarios. La incógnita, sin embargo, residía en saber por qué, en el siglo XVII, el barón Henri d'Hautpoul adoptó de nuevo el título familiar de señor de Blanchefort.

En la losa de la tumba, además, figuraban dos letras mayúsculas, PS, anagrama sin duda del Priorato de Sión, la sociedad paralela a los templarios. Y a partir de aquí la leyenda anterior comenzaba a adquirir sentido, pues a la muerte de René de Anjou, noveno gran maestre del Priorato de Sión, existían diversos centros vinculados a la orden, comandancias que debían obediencia a un ARCA o comandancia mayor situada, precisamente, en la casa de Rennes-le-Château conocida como Betania («Beth-Annia», Casa de Ana, o en su acepción más arcaica, «Casa del Eco»). Y entre las leyendas, tanto de Rennes-le-Château como de Rennes-les-Bains, figuraba aquella de que el Arca, el Arca de la Alianza bíblica, estaba enterrada en algún lugar ignoto de aquellas tierras del condado de Razès.

¡De nuevo los símbolos! El Arca mítica y misteriosa que contiene el caduceo florido de Moisés, la copa de sangre, el gomor conteniendo el maná y las dos tablas de la Ley. Custodiada en sus cuatro esquinas exteriores por las cuatro esfinges que la protegen con sus alas. Quien posea el Arca poseerá el universo puesto que ella encierra la potencia absoluta, los tres mundos de la Cábala hermética, cada uno de ellos custodiado por los demonios Aziluth, Jezirah y Briah. Pero aquí de nuevo los símbolos se superponen porque Arca es también la embarcación de Noé, en la cual salva a la estirpe de los hombres y de las bestias. Con el Arca Noé cruza los más procelosos mares. Y el Priorato de Sión confiere a su más alto grado el rango de *Grand Nautonier*, es decir, Gran Navegante.

Queremos insistir de nuevo sobre la trascendencia del símbolo y sobre la dificultad para comprenderlo en una época que coincide con la involución del pensamiento, involución debida a los ciclos cósmicos. René Guénon define esta fase como la del «reino de la cantidad», durante la cual el hombre pierde su componente espiritual para afirmarse mediante, entre otras cosas, la posesión de bienes materiales. Situación que podría traducirse mejor como el tránsito del hombre desde unos valores esenciales o positivos hacia unos valores sustanciales o negativos. Sin duda, si insertáramos cada período de la historia no en su contexto sino en el «momento cósmico» en que se desarrolla, veríamos con claridad muchas cosas puesto que se nos haría patente la estrecha relación que hay entre un hecho determinado y su condicionamiento cósmico. Lo mismo que las mareas, determinadas por la atracción planetaria, son un fenómeno evidente para todos los ribereños, se nos haría también evidente la estrecha correlación existente entre el macrocosmos y el microcosmos, entre el conjunto del medio terrestre, que es el medio de la humanidad, y las fuerzas cósmicas que en determinados momentos se ejercen sobre él.

Añadiremos que la ignorancia total de estas modificaciones de orden cósmico no es una de las menores causas de la incomprensión de la ciencia profana frente a todo aquello que se encuentra más allá de determinados límites. Nacida ella misma de las condiciones muy especiales de la época actual, esta ciencia es del todo incapaz de concebir otras condiciones distintas a aquellas e, incluso, es incapaz de admitir simplemente que puedan existir otras condiciones distintas a las que conoce... y, de hecho, la mentalidad moderna y «científica» se caracteriza efectivamente, a todos los respectos, por una ser verdadera «miopía intelectual».[6]

Evidentemente, en una situación semejante, cuando la ciencia profana se muestra ciega o miope frente a todo lo que no sea mensurable, la sociedad tiende a «nivelar» al hombre por abajo. Con el argumento del igualitarismo, se estandariza todo, se sacrifica todo al Moloch de la producción industrial o del rendimiento del capital. Y en este sacrificio universal, desde luego, el primer inmolado es el hombre. *Ars sine scientia nihil*, tenían como axioma los constructores de la Edad Media. Ellos sabían que el arte, sin la ciencia tradicional, no es nada. El trabajo, el «arte», para el hombre medieval revestía un carácter sagrado y ritual. Este carácter se advierte tanto en la civilización europea medieval como en la civilización árabe durante el mismo período. En ambos mundos, en efecto, el factor dominante es más sagrado que religioso. Es una necesidad imperiosa del hombre el tender hacia lo «sagrado» cuando la fuerza social se hace tanto más religiosa para encubrir su carencia de valores espirituales. Los cristianos en Europa, viendo las tropelías del clero, no se «descristianizan» sino que exigen que su vida se sacralice más. De ahí, por ejemplo, el auge del catarismo frente a una Iglesia cada día más corrupta, más «religiosa» y a la vez menos sagrada, frente a una Iglesia que ha renunciado al símbolo, es decir, al lenguaje de lo sagrado.

Entre dos fuegos

Acosado por un lado por los misteriosos agentes de la Orden de Sión y por otro lado por los no menos misteriosos juanistas, el abate Saunière se debate corroído por una serie de fuerzas contradictorias. Por un lado siente que debería confesarse a su obispo, con quien le ha unido siempre un decidido cariño no exento de complicidad, y, por otro lado, desea confiar ciegamente en sus amigos de la Orden, que son en definitiva quienes le están financiando. Pero, durante esas semanas de labor conjunta, Saunière se ha unido a Yesolot con una profunda amistad y sabe que el sabio cabalista desconfía a su vez de la dirección de aquel grupo que le ha nombrado jefe del equipo de investigación. Por otra parte, teme también a los elusivos juanistas, de los cuales, por el momento, sabe sólo que han atentado contra su vida y que su jefe es un hombre enigmático al que sus pistoleros sólo conocen con el mote de «Cabeza de Lobo», pues la cabeza de este animal es la que adorna el pomo de su bastón.

Berenguer Saunière sabe que, por debajo de la tierra que pisa a diario, yace el secreto que está buscando. Un secreto que representa el poder y la inmortalidad para aquel que consiga descubrirlo. Pero no todos, parece, desean descubrirlo. Hasta el propio Yesolot, a veces, parece desinteresado por su trabajo. La agresión que sufrió el propio Berenguer, a su vez, podría interpretarse como un intento de abortar su labor. Mientras tanto, sin embargo, su trabajo avanza. Los viejos pergaminos han sido descifrados. Uno de ellos es una genealogía de los condes de Rhedae y, además del sello de Blanca de Castilla, lleva la firma y rúbrica del legendario Raymond d'Alfaro-Niort, cuyo apellido, de no ser por el añadido de Niort, coincidiría plenamente con el de uno de los cuatro misteriosos caballeros que huyeron de Montsegur. Según se desprende de la genealogía, este Alfaro-Niort fue el encargado de negociar la rendición de la fortaleza de Montsegur. No puede sin embargo deducirse con certeza que fuera hijo o pariente del Alfaro huido.

Berenguer languidece con sus trabajos de investigación, que parecen no progresar. Sus ocultos mentores deciden estimularle y le sugieren que un cambio de aires le será provechoso. El párroco de Rennes-les-Bains, miembro también de la Orden de Sión, como Berenguer ha terminado por descubrir, le envía a París con dos cartas de presentación. Una de ellas es para el abate Bieil, director del seminario de Saint-Sulpice, y la otra para el doctor Gérard Encausse, más conocido en los ambientes herméticos con el nombre de Papus.

Saint-Sulpice no es absolutamente una cárcel para Saunières, como lo fue el seminario de Narbona unos años atrás. Todo lo contrario, Bieil posee un verdadero equipo de especialistas en lenguas muertas con el cual Berenguer podrá trabajar y ayudarse en su investigación. El director del seminario, incluso, le presenta a Ané, un conocido editor cuyo sobrino, Emile Hoffet, le podrá orientar en la búsqueda de los especialistas a los que Berenguer pueda recurrir en caso de necesidad. Bajo el patrocinio de su nuevo mentor, Berenguer Saunière es introducido en *La plume*, el cenáculo literario más importante del París de la época, y en el que se reúnen Deschamps, Verlaine, Oscar Wilde, Pierre Louïs, Maurice Maeterlinck y otros artistas famosos. Aquella vida le deslumbra, con sus luces y sus mujeres de belleza rasgada, con las palabras extravagantes de los poetas, con las ideas osadas de los intelectuales, con las declaraciones insólitas de las hermetistas. Una noche, antes de que se cumpla una semana de su llegada, Berenguer sufre un asalto en la calle y unos merodeadores le roban la carta de presentación para Papus. Sabe que no ha sido un incidente fortuito. En París también le vigilan.

Saunière cambia pronto la sotana por la levita seglar y su vida nocturna se hace más intensa. En su primera visita al Teatro de la Ópera, el cielo se le cae encima. Anonadado por su belleza, atravesado por la flecha de Cupido, a la primera mirada que le dirige se enamora de la diva que canta sobre el escenario. Durante toda la velada no presta atención a la ópera que se representa. Sólo tiene oídos para la voz de esa mujer rubia y de formas generosas, sólo tiene ojos para su embriagadora belleza, una hermosura que en nada se parece a la de las dos mujeres que él ha dejado en el pueblo. Berenguer pregunta a Ané y a Hoffet quién esa mujer maravillosa que ha hecho enloquecer el teatro con su voz. Sus anfitriones se ríen, pero es lógico que el abate no pueda conocer a la divina Emma Calvé, la mujer de moda en el París de finales del pasado siglo.

Aquella noche Saunière termina la velada en el salón de Claude Debussy. Durante el camino se ha enterado de que Emma es la amante de Jules Bois, el autor de temas ocultistas. Se ha enterado también de que Emma está invitada a la velada y responde distraído a los saludos de los demás invitados del músico. Berenguer tiembla y se agita. Sabe que está a punto de conocer a la mujer más tentadora que haya visto jamás. Duda si la tentación de Adán ante Eva fue mayor que la suya, y eso que todavía no conoce a Emma. Está confundido. Siente que debería estar en su iglesia, cerca de sus feligreses, estudiando con Yesolot los viejos documentos, buscando ese rastro impalpable de Jesús en tierras occitanas y no permanecer en ese brillante salón escuchando música y frivolidades. Pero sabe también que Cristo es la exaltación del amor. Ésta es una convicción que ha abrigado a lo largo de su vida. Y, desde tres horas antes, tiene asimismo la convicción de que Emma es también la exaltación del amor. ¿Qué puede hacer él, pobre pecador, ante aquel fuego que le abrasa?

12. Las claves

Secretos y sociedades secretas

Claude Debussy, como primer dignatario del Priorato de Sión por aquellas fechas, iba a revelarle algunas cosas a Berenguer Saunière, entre ellas que la clave que estaba buscando se hallaba en el antiguo condado de Razès, lo cual Saunière no ignoraba; que los templarios detentaban aquel secreto, lo mismo que los cátaros lo habían detentado antes también, extremos ambos que Saunnière intuía, si bien albergaba algunas dudas respecto a que los templarios lo hubieran poseído realmente. Por el momento el Priorato no sabía exactamente de qué secreto se trataba, pero aunque Berenguer lo ignorara también, su intuición le decía hacia dónde apuntaba el tal secreto, pero, en contra de lo que Debussy parecía sugerirle, él no creía que se tratara de un tesoro. Cierto que los visigodos habían desvalijado Roma arramblando con todas las riquezas que la capital del Imperio acumulaba. Un tesoro inmenso que reunía los respectivos tesoros que Roma había pillado a los galos, a los anglos, a los partos, a los hispanos, a los egipcios, a los nubios y a los judíos. La tradición decía que Alarico enterró su tesoro en el cauce de un río ignorado cuya corriente hizo desviar. La leyenda decía también que después de restablecer el curso de las aguas por su cauce primitivo, Alarico hizo decapitar a todos los esclavos y soldados que habían intervenido en la operación. El tesoro estaba así bien guardado.

A Saunière también le interesaba el oro. Por el momento, las sumas que la Orden había puesto a su disposición eran considerables, pero insuficientes todavía para acometer la construcción de Torre Magdala, la obra con la que soñaba desde hacía unos meses. No es que el dinero le importara demasiado, pero si conseguía una buena cantidad –y no tuviera que dar cuentas a nadie del empleo que hiciera de la misma– podría materializar sus sueños.

La historia de María Magdalena, de la cual había escudriñado hasta sus más recónditos vestigios en la tradición occitana, le seguía apasionando. Conseguía, además, establecer una sólida barrera entre lo que era la tradición eclesiástica y la tradición popular, con lo cual la fuerza de sus convicciones religiosas no se veía mermada por el análisis de aquellas leyendas que, en última instancia, sabía se trataban sólo de aspectos del folklore de su tierra. Tal vez, por otro lado, esta misma barrera era la que no le permitía ver algunos aspectos de la realidad, impidiéndole percatarse de que estaba jugando con fuego.

Según algunos investigadores, la presencia de Saunières en esta historia es mucho menos accidental de lo que se supone. Berenguer Saunière, según estas fuentes, habría accedido a cumplir los planes de la Priuré de Sion a cambio de dinero. Los pergaminos ocultos en el altar de su iglesia habían sido colocados allí por él mismo y, unos días después, no tuvo más que «descubrirlos» en presencia de testigos. Sea cual fuera la verdad de lo ocurrido, lo que parece cierto es que a finales de 1916 se enemistó definitivamente con sus mentores parisienses y que sólo unos días después, el 17 de enero de 1917, gozando de una extraordinaria salud, murió fulminantemente. Y más curioso todavía es que Marie Denarnaud, el 12 de enero, cuando nada hacia presagiar la muerte de Berenguer, encargó un ataúd para él.[1] Y pese a que el recibo de la funeraria estuviese a nombre de Marie, no puede verse en la devota gobernanta a la persona que realmente hizo el encargo.

Otros sostienen que Berenguer Saunière fue sólo un instrumento en manos del párroco Boudet, que fue éste realmente quien llevó a cabo todos los trabajos de investigación y búsqueda, trabajos en los cuales Saunière era sólo el testaferro visible. Otros más sostienen que Emile Hoffet, su tío el editor Ané, el abate Boudet y monseñor Billard, el obispo de Carcasona, estaban afiliados a la Masonería de «rito escocés» y que era ésta y no la Priuré la que movía los hilos. Según estas fuentes, los miembros de la Priuré de Sion serían sólo los grados inferiores de esta rama de la Masonería, la cual, por otra parte, sería la patrocinadora de las reuniones de Berna que darían paso a los controvertidos *Protocolos de los sabios de Sión*.

Específicamente –según Baigent, Leigh y Lincoln–, quien movía los hilos de esta ambiciosa maniobra de dominio universal era realmente una sociedad secreta llamada Hieron du Val d'Or, fundada en 1873, y en cuyos estatutos se preconizaba la búsqueda del dominio mundial a través del esoterismo cristiano y la teosofía. Jenofonte escribió un tratado sobre la tiranía y lo tituló precisamente *Hierón*, evocando el nombre del príncipe de Siracusa que se alió con los cartagineses y después con sus enemigos los romanos. Y debía ser pues «Hierón del Valle de Oro» la sociedad que propiciaría, mediante una alianza con sus enemigos potenciales, el poder temporal y el poder espiritual, el advenimiento de una nueva era marcada por una «geopolítica esotérica» y un «orden mundial etnárquico». Se trataba de reinstaurar un renovado Sacro Imperio Romano que sería, en realidad

una teocracia donde las naciones no serían más que provincias, sus líderes no serían otra cosa que procónsules al servicio de un gobierno mundial oculto integrado por una élite. Para Europa, este régimen del Gran Rey entrañaba una doble hegemonía del pontificado y del imperio, del Vaticano y de los Habsburgo, los cuales serían el brazo derecho del Vaticano.[2]

El archiduque Juan de Habsburgo, ciertamente, visitó a Berenguer Saunière en diversas ocasiones, pero el proyecto de dominio por parte del Hieron du Val d'Or, si es que un día existió –y persisten las dudas, pues presentado así tiene todos los visos de un delirio absolutamente irrealizable en la práctica– quedaría deshecho con la Primera Guerra Mundial y la ulterior desaparición del imperio de los Habsburgos. Con el hundimiento de esta casa real desaparecían también todas las aspiraciones de la casa de Lorena y se extinguía, antes de ver la luz, la nueva dinastía de «reyes-sacerdotes» que se preveía alumbrar.

Este proyecto secreto, que ha sido una constante a lo largo de la historia, pues han sido muchos los que han ambicionado dominar el mundo, no fue el último. El 13 de febrero de 1973, *Midi Libre* publicaba un artículo sobre los orígenes de Alain Poher –por dos veces presidente provisional de Francia, al morir De Gaulle y Pompidou, respectivamente–, vinculando al presidente del Senado francés con la estirpe real merovingia, lo cual, según el citado artículo, le daría derecho a reclamar el trono de Francia. En la misma situación de «Rey Perdido» estaría Jean Plantard, descendiente de la misma familia merovingia y actual cabeza suprema del Priuré de Sion.

El que algo se cociera en tiempos de Berenguer Saunière y que algo se cueza en la actualidad parece bastante plausible. Por ejemplo, en el trasfondo político –y no sólo en el Vaticano– se ha insinuado que el ultraconservador monseñor Lefebvre trabaja para algo o para alguien que permanece oculto, que su disidencia no es todo lo autónoma que pudiera parecer. Por otra parte, un artículo publicado en *The Guardian* el 30 de agosto de 1976 incidía en un aspecto inédito de la cuestión. Según esta fuente, la Iglesia Anglicana disponía de un arma poderosísima para enfrentarse al Vaticano. Nadie conocía la naturaleza de aquella arma terrible, pero todo apuntaba, por el tono del artículo, a que se trataba de una revelación capaz de «conmocionar» al mundo. Y, muy plausiblemente, si se trataba de unos documentos «escandalosamente reveladores» que procedían de Francia, sólo podía tratarse de los pergaminos genealógicos de Blanca de Castilla, descubiertos por Berenguer Saunière en su iglesia de Rennes-le-Château.

Emma Calvé

Ignorante sin duda de los proyectos que se cocían a su alrededor, Berenguer Saunière conoce a Emma Calvé en casa de Debussy. Este encuentro había de ser determinante en la vida de nuestro cura. Inmediatamente subyugado por la belleza de aquella mujer que, nada más acercarse a él, le dijo que la noche antes un ruiseñor le había revelado en sueños que iba a conocer a un hombre que sería *la gracia de mon cor e de mon ama.*[3] Estas palabras arrebataron más aún a Berenguer, seducido asimismo por el hecho de que Emma hablase el languedociano tan bien como él.

Y, efectivamente, durante los siguientes meses, Berenguer fue para Emma «la gracia de su corazón y de su alma». Pero también la gracia de algo más que su alma, pues en la intimidad le llamaba «Brau», mas no como toro sino como al gigante de las leyendas occitanas que venció al malvado Bacú. Pero Berenguer es también un toro cuya sangre apasionada le hace entrar al trapo que Emma le tiende. No vacila en abandonar París y a sus nuevos amigos, entre ellos a Stanislas de Guaïta, fundador de la Orden Cabalística de la Rosacruz, a Mathers, la cabeza visible de la londinense Golden Dawn, y al doctor Gérard Encause, que firma sus libros ocultistas con el seudónimo de Papus. Pero Berenguer no regresa a Rennes-le-Château, como ha dicho a sus amigos, sino que, en compañía de Emma Calvé, hace una furtiva escapada a España mientras Papus y los demás se ocupan de hacer el balance de los descubrimientos de Saunière.

La pasión que le une a Emma no le impide ver, sin embargo, todo lo que le separa de ella. Para Berenguer, Emma es la representación ideal del nomadismo. Un día cantando en Londres, al día siguiente en París y, una semana después, sobre los escenarios de Berlín. Él no puede entenderlo pero sí entiende que ésa es la vida de Emma y la respeta. Berenguer, que conoce los mitos, sabe que los símbolos se bifurcan cuando el hombre pasa del nomadismo al sedentarismo, cuando aparece la sociedad urbana. Él se siente un hombre de la urbe, pese a que viva en el campo. No encuentra en su alma ningún eco ancestral de un pasado orientado al pastoreo. Su función de pastor de almas es sólo un símil que entiende en Jesús, pero que no ve ni en su propia personalidad ni en su condición sacerdotal. Ni siquiera se identifica con la imagen de un Jesús itinerante que en ocasiones dan los Evangelios. Para él, Jesús es lo inmutable, lo eterno, instalado para siempre como centro de los doce soles de nuestro sistema zodiacal. Jesús es la esencia y Magdalena es la sustancia que le aleja del centro. Pero la trayectoria de Magdalena, en su alejamiento constante, es también el devenir del Eterno Retorno, que a veces Berenguer confunde con el Eterno Femenino en presencia de Emma.

Le encona que Emma siga ligada a Jules Bois, pero sabe muy bien que él no puede ofrecerle nada. ¿Qué podría darle si colgaba los hábitos y se instalaba en París? ¿O, por contra, se avendría ella a instalarse en la sacristía de Rennes-le-Château, suponiendo que él tuviese las fuerzas suficientes para despedir a su fiel Marie? En esta situación, frente a estas dudas que le acosan, encuentra consuelo sin embargo en la sabiduría popular del terruño, donde la mujer es siempre un símbolo de admiración: «La mujer que quiere a dos no es tonta sino entendida, si una vela se le apaga tiene la otra encendida».

Del símbolo al simbolismo

Hacia el fin de la era de Piscis, entrados en la última fase de la involución, artistas y ocultistas crean la corriente del simbolismo para representar su carencia de símbolos. Del figurativismo pictórico se pasa sin transición al simbolismo. Deja de representarse al hombre y a la mujer para representar el artista a personajes ideales, míticos o metafísicos, que entroncan con la leyenda. Exótericamente, el movimiento es una reacción contra el realismo imperante. El artista trata de buscar su salvación decelando símbolos no en las brumas del pasado sino en las tinieblas del porvenir. Nietzsche y su superhombre son condenados. El hombre no tiene salvación, pues es sólo un «elemental», una «larva» perdida en el camino de los dioses que jamás podrá alcanzar la luz a no ser que descienda a los infiernos, pues desde allí, sólo renegando de Cristo, podrá acceder a cada una de las esferas que le darán la iluminación.

Pero aquel descenso a los infiernos no atrae a Berenguer Saunière. La atmósfera de París le ahoga. No cree en todo aquello que le rodea y en absoluto está dispuesto a renegar de su fe. Cristo sigue siendo la única razón de su vida. Nadie podrá separarle de él. Ninguno de los ocultistas, ningún miembro de la Orden, ni siquiera la divina Emma podrá separarle de Cristo. Le ahoga la compañía de aquellos hombres que, rodeándose de un aura de misterio, sólo pretenden rescatar un fabuloso tesoro que les ayudará a consumar sus planes de control político y económico del planeta. Pero la reticencia de Berenguer Saunière es vencida con el mejor de los argumentos: el dinero. Han puesto a su disposición dos cuentas bancarias, una en Bruselas y la otra en Nueva York, con fondos ilimitados. Antes de abandonar París, Emile Hoffet le encarga que compre en el Louvre las reproducciones de tres cuadros: el retrato anónimo del papa Celestino V, el san Antonio de Teniers y *Les bergers d'Arcadie* de Nicolas Poussin.

Las tres pinturas son parte de las claves. Y Berenguer deberá descifrarlas, lo mismo que ya ha hecho con los pergaminos que encontrara en la tumba. Como deberá descifrar también las tres frases que Hoffet le propone, anotadas en una hoja de papel:

PASTOR NO TENTACIÓN QUE POUSSIN TENIERS GUAR-
DEN LA CLAVE PAX DCLXXXI POR LA CRUZ Y ESTE CA-
BALLO DE DIOS ACABÓ ESTE DEMONIO DE GUARDIÁN
A MEDIODÍA MANZANAS AZULES

A DAGOBERTO II REY Y A SIÓN ESTE TESORO Y ÉL ES LA
MUERTE

XXXV PASTOR NO TIENTES LA REINA DE LA CRESTA SIN
LA SAL Y LA CRUZ EL DEMONIO DEL BAILE TENSA EL
ARCO[4]

Durante su viaje de regreso a Rennes-le-Château, Berenguer
Saunière no para de estudiar las frases que Emile Hoffet le diera
antes de salir de París. Su significado real se le escapa, pero sabe
que en cuanto encuentre la primera pista, el resto será más fácil.
El traqueteo del tren que le lleva hacia el Midi acuna sus pensamientos. Evoca la historia de su tierra, una historia donde se en-
tremezcla la tradición y la leyenda. Mientras en el mundo exterior se desata una oleada de furioso antisemitismo, Berenguer
Saunière sabe que las claves que busca están precisamente en la
tradición de Israel. Yesolot así se lo ha reiterado en diversas ocasiones. Según la tradición conservada por el pueblo de Israel, muchos judíos abandonaron Palestina en el año 70, después del saqueo
del Templo de Jerusalén por las legiones de Tito. La mayoría de
ellos se dirigieron a España y a África, pero algunos se quedaron
en Occitania. La amargura les abrumaba. Ellos habían tenido que
huir, casi sin recursos, mientras Tito se llevaba a Roma todos los
tesoros del templo. Toneladas de oro y plata que durante cuatro siglos se conservaron en los sótanos del palacio imperial. Y mientras los judíos del exilio occitano organizaban sus vidas en Tolosa, Carcasona y Narbona, conquistando un espacio social privile-
giado, los nuevos invasores venidos del Norte saqueaban Roma y
aniquilaban el imperio.

Berenguer no ignoraba que uno de los consejeros de Alarico,
el rabino Halevy, cabalista y magistrado de Narbona, participó
con el rey visigodo en el saqueo de Roma, en el año 410. Halevy
fue el que identificó el tesoro de Israel, tesoro que primeramente fue llevado a Carcasona y luego oculto entre las abundantes
grutas de la región, cavernas que habían servido de refugio a los

celtas y en las cuales posteriormente hallarían también refugio los cátaros. Su escondrijo en las cavernas era sólo provisional, pues Alarico había decidido instalar la capital de su reino en el lugar donde se cruzaban dos importantes vías romanas, al sur de Carcasona. Allí se construyó Rhedae, la primitiva Rennes-le-Château, y cuyo nombre primitivo daría origen a la región y al posterior condado de Razès. Alarico y Halevy hicieron circular la especie de que el tesoro había sido escondido bajo el lecho de un río y que todos los esclavos habían sido muertos una vez finalizados los trabajos. Como en todas las mentiras, se partía también en ésta de una parte de verdad. El tesoro no había sido sepultado bajo las aguas de un río sino en diversos lugares de la propia Rhedae, lugares protegidos por diversas trampas naturales y mágicas. Pero sí era cierto que todos los hombres que habían trabajado en aquella obra fueron ejecutados. Solamente Alarico y el rabino Halevy detentaban el conocimiento de los lugares secretos donde había sido enterrado el tesoro.

No ignoraba tampoco Berenguer las tradiciones de su tierra. El secreto de Alarico fue transmitido de uno a otro por los distintos reyes visigodos. Pero cuando Recaredo se convirtió al cristianismo, el secreto pasó de la familia real a la Iglesia. A partir de ahí, el secreto se hizo más oscuro todavía. En el año 711, cuando los árabes invaden Rhedae, parece que ellos también saben que allí se oculta un tesoro legendario, pues se obstinan en buscar y excavar por todas partes. Cuando son vencidos en Poitiers, consiguen permanecer en Septimania, el pequeño reino sobre Rheadae que durante otros dos siglos les permitirá mantener su presencia en Occitania. Desaparecidos finalmente los árabes, los iniciados se transmiten el secreto de padres a hijos, pero nadie lo busca pues saben que no es a ellos a quien pertenece sino al descendiente de Jesús, al Parakletos o Consolador que un día aparecerá ante ellos. Pues estaba escrito (Juan 15, 26-27) que «cuando viniere el Consolador, el cual yo os enviaré del Padre, el Espíritu de Verdad, el cual procede del Padre, dará testimonio de mí. Y vosotros daréis testimonio porque estáis conmigo desde el principio».

Para que el mito siga vivo, los occitanos inventan leyendas. No sólo esperan al Consolador sino que saben que la sangre del Grial y de la Lanza no está seca sino viva y que en cualquier instante puede encarnarse. El poder profano conoce también las leyendas e intuye su significado. Le resulta además altamente revelador que los árabes de Septimania fortificaran tan cuidadosamente, con dos murallas, su capital Rhedae. El rey de Aragón, conocedor del mito, la ataca infructuosamente en el año 1170. Apenas cincuenta años después, en el año 1212, Simón de Monfort consigue penetrar en ella y masacra a la mayor parte de la población. Siglo y medio después, en el año 1362, el conde de Trastamara se apodera de Rhedae, pulveriza sus murallas y extermina a la totalidad de sus ya escasos habitantes.

Mientras el tren le llevaba hacia su parroquia, hacia aquel pueblo mágico de Rennes que había vuelto a resurgir de las ruinas, el abate Saunières reflexionaba también, con amargura, sobre la contradictoria condición del hombre, movido siempre a lo largo de su vida por la atracción de dos polos opuestos. Y veía, aunque solo pensar en ello le parecía el más terrible de los sacrilegios, que el propio Dios era también contradictorio. En este punto Berenguer sentía una repugnancia instintiva para admitir que Dios y Satán eran las dos caras de un único simbolismo. Pese a que racionalmente lo comprendiera, visceralmente lo negaba. No importaba que sus admirados cátaros vieran en Satán solamente al adversario, a la complementariedad de Dios. Se negaba a admitir la existencia necesaria de Satán pese a que sus manifestaciones en el mundo fueran más evidentes y frecuentes que las del propio Dios. ¿Y si Dios era una imagen contradictoria, por qué no debía serlo también el hombre, si Él lo había creado a su imagen? Los mundos habían sido formados a partir del caos, es decir, de la sustancia. Con el acto de la creación, Dios se sitúa en el otro polo, en el de la esencia. Y la «esencia» es la Luz primordial, el «espíritu puro» de los cátaros. Estos sí eran símbolos vivos, espirituales, mucho más apasionantes que los símbolos profanos, materiales, que sus amigos parisienses le habían encargado descifrar.

Berenguer suspiró profundamente, exhalando su cansancio. Acababa de dejar atrás Montelimar y el sol del Midi resplandecía. Allí si estaba la verdadera Luz y la iluminación interior a la que aspiraba. Pero su alivio era sólo momentáneo. En la luz estaban también las tinieblas. Días atrás, en una discusión con el doctor Encause, el mismo Papus pareció escandalizado cuando él le explicó que la palabra *Shatan*, en hebreo, significa literalmente «adversario», no «enemigo», como se empecinaba el esoterista en nombrar al diablo. Fue un diálogo de sordos en el que Papus no quiso escuchar su exposición sobre la «geografía sacra» de Occitania, pues negaba esta tesis con la afirmación de que el verdadero secreto iniciático puede transmitirse no en punto determinado sino en cualquier lugar del mundo. Mientras Berenguer escuchaba la interminable perorata de Papus, llegó a la conclusión de que éste, lo mismo que los demás esoteristas de moda, no eran sino unos «agentes del adversario» destinados no a descubrir los secretos sino a confundir las pistas. Además, su afán de vulgarización desvirtuaba de entrada las condiciones que debe reunir el secreto iniciático, tal como lo entendían los cátaros, por ejemplo. La naturaleza «inefable» del secreto lo hace «incomunicable», y es esta misma naturaleza la que lo mantiene al amparo de toda investigación indiscreta. Pero, realista, Berenguer Saunière no ignoraba los poderes del «adversario».

Renacer sobre las ruinas

Siguiendo la alegoría del ave Fénix, de las cenizas de la antigua Rheade surge un pueblecito que se llama Rennes-le-Château, nombre con el que evoca a su primitiva denominación y al gran castillo que antaño custodiaba la desaparecida ciudad. Pero mientras proseguía su viaje, las dudas atenazaban a Berenguer. Había conseguido apartar de su pensamiento la imagen de Emma, la evocación de su discusión con Papus, y se enfrascaba en ocupar su mente con el valor de los símbolos. Evidentemente, la significación de los mismos se le escapaba, pero estaba convencido de que tarde o temprano conseguiría desentrañar sus secretos. Sin embargo, ¿era real su convencimiento de conseguirlo? ¿No trataba de engañarse a sí mismo? Sabía que el verdadero secreto no es posible desentrañarlo. Sacar a la luz el secreto sería traicionarlo.

Pero nadie puede traicionar al secreto porque, precisamente, el secreto es inexpresable. Es sólo un símbolo. Y el significado profundo del mismo sólo puede transmitirse mediante el secreto iniciático. ¿Y quién podía iniciarle a él, anónimo cura de un pueblo perdido, miserable pecador arrastrado por la lujuria y la ambición que, momentáneamente, había salido del anonimato gracias a los buenos oficios de Emma Calvé –sólo un espejismo fugaz en su vida, lo sabía– y de sus amigos parisienses? ¿Acaso podía creer en la charlatanería de aquellos ocultistas de la capital, celosos los unos de los otros, y asegurando todos ellos poseer el verdadero secreto de la iniciación? ¿Es que aquellos petulantes que se llamaban a sí mismos humanistas o agnósticos podían aportarle alguna luz? Para él, que respetaba y entendía el gnosticimo como una búsqueda de la verdad, el que uno de aquellos engreídos se declarara agnóstico le sonaba lo mismo que si estuviera haciendo profesión de fe de su ignorancia. El mismo esoterismo chato que predicaban las sectas que pululaban en París, se le antojaba de una pobreza extrema. Todos seguían las enseñanzas de madame Helena Petrovna Blavastsky y, proclamándose espiritualistas, aplaudían las ideas de la joven rusa venida de América. Disimulaban su materialismo hablando de fluidos, como si el fluido no formara parte de la materia. Para ellos las influencias psíquicas eran «ondas» o «radiaciones» que se propagaban desde el cerebro. A la pretendida manifestación del espíritu de los muertos, evidenciando la mayor torpeza en el uso del lenguaje, la llamaban «materialización», palabra que desmentía la naturaleza supuestamente espiritual del fenómeno.

¡Clarividentes! ¿Qué podían ver de claro aquellos que estaban cegados por la ignorancia y por la pomposidad de sus propias palabras? Unos días antes, una tarde, se había adormilado en el salón de Stanislas de Guaïta escuchando a un conferenciante que trataba de convencerles de que el «Huevo del Mundo» es el símbolo capital del cosmos. ¡Qué forma de degradar el concepto! ¡Como si la esfera no fuera el símbolo perfecto! Claro que los cuerpos celestes se mueven según una órbita que no es un círculo perfecto, pero la cruz griega de Cristo sí engendra un círculo perfecto si se la hace girar sobre su centro. Y en la esfera yace el espíritu, pese a que su amigo Yesolot asegurara que el espíritu no está en la esfera sino en el cubo de la Cábala.

¡Yesolot! Dentro de unos días habían convenido que se reunirían en Rennes para proseguir su trabajo. ¡Su trabajo! ¿A quién beneficiaría finalmente el fruto de sus investigaciones? A sus financiadores, por supuesto. Esto no lo ignoraba, pero aquellos que en realidad le financiaban, ¿pertenecían realmente al Priorato de Sión o eran tal vez de una sociedad todavía más oculta?

Aquellos pensamientos le atormentaban. Lo mejor era entregarse al trabajo. El trabajo era el mejor recurso para salir del marasmo en que se hallaba. El trabajo y la compañía de Julie y Marie le apaciguaban el espíritu. Les había traído una chucherías y ambas estaban encantadas con sus regalos de París. A Berenguer, no obstante, le remordía la conciencia. Le había regalado a Emma una verdadera joya. Se había gastado una fortuna mientras que a aquellas dos pobres inocentes las contentaba con una bisutería de tres al cuarto.

La recobrada felicidad de estar de nuevo en su tierra, sin embargo, se troca en amargura a su primera visita al párroco de Rennes-les-Bains. El abate Boudet está furioso. Tiene en sus manos las anotaciones del banco donde está depositada la cuenta de Saunière. ¡Quince mil francos dilapidados en un regalo para la cantante! Berenguer contiene su furia. ¿Por qué recibe Boudet los extractos de su cuenta y no él, puesto que está a su nombre? ¿Cómo se permiten fiscalizarle hasta ese punto? Boudet le pasa cuentas. Lo tiene todo anotado. El importe de las tres reproducciones del Louvre, el importe del anillo para Emma Calvé, la medalla y la cadenita de oro para Marie, la cuenta de su lavandera en París, el importe del viaje en tren hasta Carcasona. El bochorno se alivia cuando Boudet, tal vez por pudor, no hace alusión a los seis francos gastados en los pendientes de Julie. Sus orejas se ponen el rojo vivo sin embargo cuando Boudet le reconviene su larga... con un dinero que no es estrictamente suyo. Pero lo que más le duele es que estén al corriente de todos sus movimientos, de todos sus pensamientos.

Finalmente, Berenguer Saunière toma conciencia de que está verdaderamente atrapado. Se somete y acepta los planes que Boudet le expone, planes que deberán justificar a los ojos de la gente del pueblo su repentina fortuna. El plan consistía en ofrecer una modesta suma al alcalde diciéndole que era el importe que obtuvo Saunière por la venta en París de los manuscritos. En cuanto a los gastos que se disponía a hacer en la renovación de la iglesia y en el proyecto de construcción de Torre Magdala, las facturas correspondientes, de acuerdo con los artesanos, serían muy inferiores al precio real. Esta medida tenía por objeto acallar futuras murmuraciones, atajar las previsibles acusaciones de prevaricación, de tráfico de misas, de todo cuanto se les ocurriera a los envidiosos. El coste de ambas obras no debían nunca rebasar los ingresos y posibilidades de los padres y hermanos de Marie, quienes aparecerían a la luz como los promotores de la restauración de la iglesia y de la futura construcción de Torre Magdala.

Poniendo a mal tiempo buena cara, sabiendo que no tiene escapatoria, sabiendo también que la aprobación del proyecto de construcción de Torre Magdala es sólo una zanahoria que le han puesto ante los ojos, pues «ellos» jamás llegarán a facilitarle la fortuna que necesita para su construcción, Berenguer se somete a la férula de Boudet. Al menos aparenta sumisión mientras reemprenden·el trabajo interrumpido. Secretamente está decidido –si consigue descubrir el tesoro– a construir Torre Magdala y Torre Babel, sin necesidad de tener que esperar las migajas del pastel. Ya se ocuparía él de cortarse un buen pedazo.

Uno y otro no entienden la relación que puede haber entre las tres frases –las tres «puertas» que dan acceso al tesoro– que Emile Hoffet entregara a Berenguer. No entienden tampoco la relación que puedan tener con las tres reproducciones de los cuadros del Louvre. La segunda de las frases suena como una advertencia. Expresada con un lenguaje más comprensible daría: «Para Dagoberto II rey y para Sión es este tesoro, y él es la muerte». El tesoro, pues, si se halla, corresponde a los descendientes de Dagoberto y a la orden del Priorato de Sión. Para cualquier otro que lo codicie, es la muerte. Ni Boudet ni Saunière ven todavía, empero, la relación que pueda tener con alguno de los cuadros, cuyos temas son los pastores de la Arcadia, san Antonio y el papa Celestino V.

A mediodía manzanas azules

Pasan los días, y pese a que Saunière se esfuerce en establecer las misteriosas relaciones entre las pinturas y las frases, su sentido se le escapa. Al fin, una luz se hace en su cerebro. ¡La tumba!

La evidencia le deja anonadado. Porque con la luz otras cosas se le hacen también evidentes. El secreto pasa por la tumba de la esposa de Hautpoul de Blanchefort, sin duda. Y pasa también por él. Él ha sido sin saberlo el instrumento del secreto. Ignorando que con su nombramiento en Rennes-le-Château todo un engranaje misterioso se ponía en marcha, siguió inocentemente todos los pasos que le marcaron. Le conocían bien, habían estudiado a fondo su personalidad. Sus buenas notas en latín y hebreo durante sus estudios en el seminario, su fe inquebrantable pese a que le dominara el demonio de la carne, su conocimiento de las leyendas del país, su perfecto dominio del languedociano le harían moverse como pez en el agua allá donde le enviaban. Una tras otra había ido cayendo en las trampas que le tendieron. Primero Marie, Julie después y ahora Emma, la divina Emma a quien había prometido acompañarla de nuevo secretamente a España. ¿Tendría fuerzas, ahora que sabía, para llevar a cabo su escapada?

Le reconforta al menos una idea. Durante su estancia en París, todos hablaban del espiritualismo o bien de la industrialización. ¡El paraíso del hombre pasaba por la mecanización de los medios de producción, como preconizaba Marx! Esta fase de la evolución social era tan necesaria para unos como para otros. Todos estaban de acuerdo, menos él, pese a que no manifestara su oposición. Le hablaban y se encogía de hombros, como si aquel asunto no le concerniera. «¡Claro, es sólo un cura rural!», debían pensar los demás. Y era ciertamente un cura, un cura rural. Pero era también un arqueólogo, un obrero, un artesano que removía piedras, que manejaba el pico y la pala sin desdoro alguno, que no vacilaba en manejar la escoba o el pincel para limpiar de tierra los fragmentos. Se sentía obrero, pero de la misma forma que podían sentirse los maestros constructores de la Edad Media, es decir, sabiendo que ellos desempeñaban un oficio *sagrado*. El pico o la pala en el extremo de la mano no era un mero instrumento de trabajo, sino una prolongación de su brazo. ¿Cómo hoy los obreros se dejan convencer tan fácilmente de que la máquina va a liberarles de la esclavitud del trabajo cuando ya se ha previsto que serán ellos los esclavos de la máquina?

La euforia que siente con su hallazgo es fugaz. La relación con la tumba, que en un momento dado le pareció tan evidente, fue solo un espejismo. En la tumba no ha hallado nada nuevo. Y las otras frases le siguen siendo tan incomprensibles como el primer día. «A mediodía manzanas azules»... «El demonio del baile ha tensado el arco»... La figura del pastor, evidentemente, había que asociarla a *Les bergers d'Arcadie*. Y en el cuadro de

Poussin, cuatro personajes examinan la tumba. ¿Tiene algún sentido la representación de la muerte en el paraíso griego de la Arcadia? ¿Qué puede indicar aquella inscripción latina al pie de la tumba? «*Et in Arcadia ego*». «Y yo en Arcadia», muy bien. Pero ¿qué más? En la pintura de san Antonio, el santo intenta concentrarse en la lectura del libro piadoso que tiene en las manos, mientras a su alrededor diablos y diablesas bailan danzas obscenas intentando distraerle. ¿Y la gruta que se insinúa en segundo plano del retrato de Celestino V, el papa que sólo reinó cinco años, pues decidió renunciar al pontificado para retirarse como eremita a una gruta?

Hay miles de grutas en los alrededores de·Rennes-le-Château. Explorarlas todas ellas a fondo llevaría decenas de años a diversos equipos. Es la tumba que pinta Poussin la que le obsesiona. Y, más que la tumba, el paisaje en sí que la circunda. Sabe que él ha visto ese mismo paisaje en alguna otra parte, pero, por más que se esfuerza, no consigue recordar. Una noche decide volver a la tumba de la dama de Blanchefort. Marie se empeña en acompañarle. Berenguer, en la oscuridad, no vacila en violar la tumba. Su audacia no era desacertada, pues dentro hay algo más que unos huesos. Un medallón brilla entre los despojos. Berenguer se apodera de él. Luego, metódico, vuelve a colocar la losa sobre la tumba. De vuelta a casa, examina el medallón. Es una pieza de bronce que data de la época romana. Sobre una de sus caras lleva le efigie de Maximino II. En la otra, rascando el óxido, descubre un triángulo y, sobre él, la inscripción ARCADIA. A la derecha del triángulo, la leyenda AD LAPIDEME CUREBAT OLIM REGINA: «Hacia la piedra antaño corría la reina». Y en el ángulo de la izquierda, ninguna palabra, sólo unos signos: una cruz, el sol y *samech*, la decimoquinta letra del alfabeto hebreo.

Durante los siguientes días, con la ayuda de Boudet, quien además de sus conocimiento del celta es también un experto geómetra, van trasladando a un mapa de estado mayor las medidas de los ángulos que toman del medallón. Poco a poco, el plano se va esbozando. La esquina del ángulo superior corresponde a la fuente de la Magdalena, en Rennes-les-Bains. Desde allí, tomando el ángulo de 35 grados indicado en el medallón, se traza una línea que debe coincidir con el siguiente ángulo. Pero esta línea no indica nada. No hay ningún elemento en el mapa que constituya una pista. A no ser que... ¡Sí! Sobre esa línea, cerca del arroyo que corre junto a la salida de Serres hay una tumba... Pero esa tumba es reciente... Sin embargo... Pensándolo bien, el paisaje que rodea esa tumba es idéntico al pintado por Poussin... ¡Allí está la tumba de Arcadia!

Saunières y Boudet fijan su situación en el mapa. Trazando desde allí una perpendicular, busca la convergencia con el otro lado del triángulo. La coincidencia con el triángulo del medallón es exacta. Y ese punto, que coincide con la cresta del Pique, forzosamente, es una de las puertas secretas que da acceso al tesoro. Sobre el terreno, sin embargo, el área que encierra el triángulo es considerable. Aquélla es además una zona salvaje, llena de zarzales y espinas que impiden el paso hacia el interior de los barrancos... Los visigodos no iban a dejar su tesoro sobre un terreno que se pudiera recorrer fácilmente. En sus largas caminatas, Berenguer ha pasado alguna vez cerca de allí y, verdaderamente, la zona es tan inhóspita como salvaje.

Durante los días siguientes, solo, explora los alrededores del Pique. Comoquiera que no encuentra nada, decide trepar hasta la aguda cresta del pico. A mitad de camino se vuelve y no puede creer lo que ven sus ojos. Frente a él, al otro lado del barranco, cinco rocas redondas se mantienen en equilibrio sobre una escarpadura. La estampa de esas rocas redondas tiene algo de insólito... Es mucha casualidad que el paso de los siglos las haya redondeado hasta darles aquella forma de esfera casi perfecta... La esfera como símbolo del Cristo cósmico... Pero lo más insólito es que aquellas piedras, a la luz del mediodía, ¡lucen como gigantescas manzanas azules! ¡Allí está la Arcadia!

La Arcadia

Impaciente, Berenguer desciende la escarpada ladera del Pique para acercarse a las redondas piedras del otro lado del barranco. Pero, conforme va bajando, se producen dos fenómenos. Por un lado, el suave color azul de las piedras se difumina para dar paso a un gris apagado. Por otro lado, su forma esférica, vistas las piedras desde arriba, se pierde también para dar paso a una forma más bien cúbica. Sin embargo...

El cubo y la esfera se relacionan. Berenguer lo sabe perfectamente, pues si bien no ha estudiado mucha geometría, su profundo conocimiento del hebreo y de la cábala hermética le ha enseñado que hay una relación estrecha entre ambas formas. Y no solamente respecto a las analogías. La piedra angular sobre la que se edifica la Iglesia no sólo es angular sino cúbica también, lo mismo que la primera piedra de todas las construcciones. La Iglesia, edificada sobre un cubo, es el símbolo del espíritu. Para la tradición islámica, el espíritu en cambio está simbolizado por la esfera. También en la cábala hebraica, la forma cúbica corresponde al fundamento, es decir, a la síntesis. Idea que recoge a su vez la tradición hindú, donde el chakra básico del hombre adquiere también la forma cúbica. En la tradición esotérica cristiana, además, los tres ejes formados a partir de la expansión de una cruz de brazos iguales engendran la esfera que ocupa la totalidad del espacio. Puesto que los brazos de la cruz cósmica determinan los ejes de los planos que forman, esta relación, además de ser el origen del sistema de coordenadas en la geometría profana, establece el nexo que une las dos formas extremas de la esfera y el cubo. En la geometría plana se establece una relación similar, pues si se consideran los lados de un cuadrado como paralelos a dos diámetros rectangulares del círculo inscrito dentro del cuadrado, tendremos la simbolización de lo que en la tradición hermética se conoce como «la cuadratura del círculo».

El cubo, a su vez, en el esoterismo, representa la tierra, mientras que la esfera representa el cielo. Para los antiguos griegos, su paraíso era la Arcadia. En la tradición cristiana, el cubo es el «Paraíso terrestre» mientras la esfera es la «Jerusalén celeste». Ligados estos conceptos al esoterismo zodiacal, aquí se invierten las formas y el paraíso se simboliza por el cuadrado y la tierra por la esfera, lo cual astronómicamente es más justo. En la tradición astrológica, el paraíso que corresponde al inicio de cada ciclo es circular, mientras que la Jerusalén celeste es cuadrada al final del ciclo. Trazando un corte horizontal del «Paraíso terrestre» se obtiene la forma esférica universal y primordial, es decir, lo que los alquimistas llamaban el «Huevo del Mundo», el cual venía a expresar que la forma esférica se había cambiado a cúbica. Y es este cubo el que, al finalizar cada ciclo, interrumpe su movimiento y se detiene al quedar situado entre los confines del cielo y de la tierra, en la «esfera de la luna» o «Primer cielo» de san Juan.

¡La Arcadia! ¡La puerta del paraíso! Berenguer Saunière, pese a sus metafísicas elucubraciones, ha terminado por descubrirla en una angosta grieta que abre el acceso a una sima profunda. De noche, con la sola compañía de Marie, que acarrea las cuerdas y la linterna, Berenguer carga con las herramientas y se dirigen ambos hacia la boca de la sima. Cada día necesita más cuerda y más implementos para ir reforzando la frágil oquedad de la sima. A veces el paso es tan angosto que debe desmenuzar la tierra con las manos para que su cuerpo pueda seguir descendiendo. No tira la tierra abajo, pues teme cegar el angosto paso por el que se descuelga. Llena pues medio saco y, atándolo a una cuerda, Marie se encarga de izarlo hasta la grieta exterior. Luego, palmo a palmo, despellejándose las manos, consigue descender un metro más. Lleva apenas diez metros de descenso, por una grieta por la que apenas pasaría un gato, y por la piedra que deja caer, calcula que al menos le quedan otros veinte metros para llegar abajo. Extenuados, de madrugada, regresan a casa procurando que nadie les vea. Al fin, una noche, alcanza el piso de una caverna y, desde ella, descubre un túnel excavado por la mano del hombre que da paso a otra gruta más profunda. Descubre dos esqueletos y, a su alrededor, fragmentos de vestiduras. Ambos esqueletos, en la inmovilidad de la muerte, parecen guardar lo que es una puerta, el acceso a otra cueva. Allí, son veinte los esqueletos que cuenta, sin duda de soldados visigodos, a juzgar por sus harapos carcomidos y por las armas que hay entre ellos. La luz de la linterna parpadea en su mano temblorosa. La otra mano, la que sostiene el crucifijo, tiembla también. Pero, ahora que está a un paso del tesoro, no puede flaquear.

Esta cuestión del tesoro visigodo o judío, presumiblemente hallado por Saunière, parece más una leyenda urdida con el ánimo de reforzar determinados elementos que no un hallazgo verdaderamente real. Nadie vio las supuestas monedas de oro ni éstas llegaron jamás al mercado numismático. Lo que parece fuera de toda duda es que Berenguer Saunière, en distintas fases de su vida, manejó mucho dinero, pero ello no implica necesariamente que este dinero se debiera al hallazgo de un «tesoro». La novelesca leyenda tejida en torno a su hallazgo tal vez sirviera para justificar unos medios de financiación que de pronto entraban a disposición del Priorato de Sión. El tesoro, de alguna manera, podía ser una forma de «blanquear» un dinero o, mejor dicho, de darle opacidad a su real procedencia.

Lo que también es presumible, dada la muerte súbita de Saunière y dado que éste dispusiera frecuentemente de mucho dinero, es que el abate se prestó de buen grado a la superchería, a cambio de cobrar un buen dinero, y que cuando éste se le agotó para seguir adelante con sus proyectos, no vaciló en presionar a sus patrocinadores secretos para que siguieran financiándole. Y, tal vez, estas presiones determinaron su muerte súbita y misteriosa.

Magdala y Betania

A finales de 1895, Berenguer y Marie han interrumpido sus cotidianas expediciones nocturnas. De cada una de ellas, según la leyenda, Berenguer volvía a casa con el zurrón lleno de monedas de oro. No ha podido extraer de la cueva la *menorah*, el gran candelero de siete brazos, ni las Tablas de la Ley, que dice haber encontrado. Pero ése no ha sido su único hallazgo. Casualmente, en su primera incursión, descubrió la trampa mortal disimulada en la escalera que daba acceso a la cámara del tesoro. Luego, en días sucesivos, descubrió otras ingeniosas trampas, igualmente mortales. Boudet empieza a recelar algo y se impacienta. No cree en esa historia de las trampas que le cuenta Berenguer. Sospecha, además, que su colega no le entrega todas las monedas que recoge. El zurrón está lleno, es cierto, ¿pero quién le asegura a Boudet que Berenguer no se llena también los bolsillos?

Una noche, al pie la puerta de la cámara del tesoro, Berenguer descubre dos cadáveres, atrapados en la trampa mortal de la escalera. Eso significa que ya otros han descubierto también la sima. No parecen hombres del Priorato, pues aquella misma mañana ha visto a Boudet y no ha advertido en él ningún signo que le hiciera sospechar que otros agentes del Prieuré hubiesen sido destinados también a vaciar el tesoro. Decide comunicarle a Boudet que desde ese momento desiste de bajar a la cueva, pero no tiene necesidad de hacerlo. Antes de que él hable, Boudet le anuncia que las expediciones han terminado. Lo que equivale a decir que eran más de dos los expedicionarios y que ya no le necesitan a él.

Fuera ya del ámbito de la leyenda, en 1896 Berenguer Saunière emprende la restauración de su iglesia y, en unos terrenos que compra y pone a nombre de Marie Denarnaud, acomete la construcción de Torre Magdala y de una lujosa mansión a la que pone el nombre de Betania. Será en esta residencia donde dará grandes recepciones y fiestas suntuosas en honor de Emma Calvé y de las personalidades de la época. Uno de sus invitados más asiduos es el archiduque Juan de Habsburgo. Los lugareños de Rennes-le-Château cerraban los ojos a aquellas excentricidades. En realidad les divertía ver a su cura, que atendía con su dinero a todas las necesidades del pueblo, rodeado de sus amantes, de su fotógrafo, que le seguía a todas partes, lo mismo que sus dos mastines, Fausto y Pomponnius.

En 1902, a la muerte de su protector monseñor Billard, el nuevo obispo de Carcasona le empieza a hacer la vida imposible. Berenguer recurre a Boudet para que el poderoso Priuré de Sion intervenga a su favor. Pero Boudet se desinteresa olímpicamente. Ya hace tiempo que la Orden, sintiéndose traicionada, le ha abandonado a su suerte. Berenguer se creía inmensamente rico, pero en 1912 está completamente arruinado. ¿Qué ha sido de su supuesto e inagotable tesoro? En Betania dejan de celebrarse fiestas. Ya por el pueblo no aparecen forasteros y los habitantes de Rennes-le-Château, sobre todo aquellos que vivían a expensas del cura, comienzan a manifestarle su desdén. La Gran Guerra complica aún más las cosas, pues su modesto negocio de cría y venta de cachorros deja de funcionar. Ya a nadie le interesan los perros de raza. No es hasta un año después cuando, sintiéndose morir, Boudet pide a Saunière que le vaya a confesar. Berenguer atiende su ruego y acude a dar los últimos sacramentos a su antiguo amigo, quien expira en sus brazos. Tras el entierro, Berenguer aprovecha la ocasión para poner orden entre los papeles del abate. Sabe que el destinatario de todos los legajos es el Priorato de Sión y, por lo tanto, no siente ningún empacho por curiosear los papeles de Boudet. Y encuentra lo que oscuramente esperaba: lo que parecen ser las claves de las otras dos puertas del tesoro que faltaban por descubrir.

La leyenda insiste que Berenguer Saunière descubrió nuevos escondrijos, pues su fortuna se restablece espectacularmente. Terminada la guerra, emprende la construcción de su nuevo proyecto: la torre de Babel. Pretende construir un edificio circular de setenta metros de altura que dará albergue a la biblioteca más importante del mundo. Esta nueva locura, sin embargo, apenas la verá materializarse. Comenzadas las obras el 5 de enero de 1917, quince días después Berenguer Saunière fallece misteriosamente. La muerte le fulmina en plenitud de facultades, cuando nada hacía prever, viéndole tan vital y tan recio como siempre, un fin tan inesperado. En los años que siguieron hasta la ocupación del sur de Francia por las tropas alemanas, durante la Segunda Guerra Mundial, los habitantes de la comarca no se sorprendían a la vista de los equipos de merodeadores que seguían buscando los misteriosos tesoros. Nadie, al parecer, encontraba nada, pero el interés no disminuía. Los habitantes de Rennes-le-Château, a partir de 1920, dejaron sin embargo de buscar. Aquella labor la dejaban para los forasteros, a quienes contemplaban con mal disimulada socarronería.

¿Ya se habían agotado todos los tesoros? ¿Eran realmente aquellos tesoros los procedentes de Roma, expoliada dieciséis siglos antes por los visigodos de Alarico? ¿Eran los tesoros que sostenían la próspera economía occitana, dirigida por los *puros*? ¿O eran los tesoros que, verosímilmente, poseían los templarios y que jamás llegaron a hallarse? ¿Podían tener alguna relación aquellos misteriosos tesoros con la estirpe real de David? Si llegaba a demostrarse un día que, efectivamente, existía un heredero directo de Jesús, ¿acabaría el tesoro por llegar a sus manos? ¿Cuántos procesos, cuántas iniquidades se cometerían para impedirlo? ¿Cuántos hombres, cuántas instituciones tratarían por todos los medios de que no llegase a plantearse ni siquiera la eventualidad de tener que admitir la existencia de un heredero de Jesús?

En la rueda del tiempo, un ciclo de dos mil años no es nada. Apenas un fragmento insignificante en la dimensión infinita del tiempo. ¿Cuántas generaciones de una misma rama familiar pueden sucederse en el transcurso de veinte siglos? ¿Cuarenta? ¿Sesenta? Una cantidad fácilmente rastreable a través de la historia, si se aportaran datos suficientemente probatorios.

La rueda del tiempo, símbolo de la esfera, al girar interminablemente en el espacio durante toda la duración del ciclo que va entre uno y otro signo del Zodíaco, llega un momento en que su curvatura se deforma, se aplana, hasta hacerse cuadrada, y se detiene pues ya no puede girar. Al alcanzar el punto extremo del *kaliyuga*, la esfera se ha transformado en cubo y el movimiento se interrumpe, un instante en el tiempo, antes de reemprender de nuevo su marcha con el nuevo signo que presidirá el renovado ciclo zodiacal, el cual durará otros dos mil años. ¿Será el hombre capaz de ver nuevos signos de Cristo en el milenio que ya se anuncia?

Todas estas preguntas sin embargo son ociosas para los agnósticos. ¿Cómo admitir la existencia de un tesoro procedente de la casa real de Jesús si el agnosticismo no admite siquiera la historicidad del propio Jesús? Y sin embargo la historicidad de Jesús es cierta. Lo que no puede afirmarse con la misma rotundidad es que el hallazgo del tesoro –judío, visigodo, cátaro o templario– por parte de Berenguer Saunière, fuera real. Pero aunque no se admita la existencia de este tesoro seguiría teniendo sentido la imagen, con prueba fotográfica incluida, de Marie Denarnaud quemando cuatro grandes sacos de billetes de banco en su jardín de Villa Betania en 1947, cuando con el advenimiento de la IV República francesa quedaba extinguido el curso legal de la moneda anterior.

Los doce soles

Si la «rueda» deja de girar al finalizar el ciclo, si con su casi infinito rodar llega un momento en que se aplana tanto que se hace cuadrada y ya no gira, llega un momento que se detiene. Ha alcanzado el «fin del tiempo», momento en el cual, según la tradición hindú, los «doce soles» brillan simultáneamente en el cielo del Zodíaco.

Si la rotación zodiacal anual se detuviera un instante, efectivamente, «los doce aspectos correspondientes se fundirían por así decirlo en uno solo y volverían por tanto a la unidad esencial y primordial de su naturaleza común puesto que no diferirían más que sobre la relación de la manifestación cíclica, la cual habría entonces terminado».[5] Esto equivale a decir, como añade Guénon, que los doce signos del Zodíaco, en lugar de seguir dispuestos circularmente, se convierten en las doce puertas de la «Jerusalén celeste», situadas por grupos de a tres a cada uno de los lados del cuadrado, de tal modo que los «doce soles» aparecen en el centro de la «ciudad» como los doce frutos del «Árbol de la Vida».

Esta idealización corresponde al mismo símbolo de la cuadratura del círculo, el cual, en su verdadero sentido, solamente podrá ser realizado al final del ciclo solar, es decir, cuando la «materialidad» de los tiempos se haya «solidificado» de tal modo que haga ya imposible la manifestación de toda «espiritualidad» entre los hombres, que es lo que sucede cuando se consuma el ciclo de los *yugas*. Pero la amenaza entraña en sí misma la esperanza, pues al fijarse en el tiempo el instante de detención cósmica con su representación simbólica de la «Jerusalén celeste», se anuncia la inminencia del ciclo que se reemprende, el paso al siguiente signo del Zodíaco que, durante los próximos dos milenios, habrá de presidir el destino de la humanidad. Crucificado Cristo en los albores de Piscis y desmoronado el comunismo en el ocaso de la misma era, cabe preguntarse sin embargo cuál será la esencia «primordial» de la humanidad por venir.

La esencia de esa «otra» humanidad que se avecina sin duda va a ser distinta de la que le ha precedido. El tiempo se contrae de forma decreciente en la fase del *kaliyuga* y esta contracción acelera el ritmo. Hoy se vive más deprisa que antaño y la imagen simbólica de Saturno devorando a sus propios hijos ya carece de significado, puesto que su verdadera significación estaría en ver a Saturno devorándose a sí mismo, la cual sería una imagen coherente para representar el «fin del mundo». «*Aquí el tiempo se cambia en espacio*», dice gráficamente Parsifal al llegar al «centro del mundo» que es Montsalvatge. Si como dice la física moderna el tiempo es la cuarta dimensión, podríamos llegar a imaginarnos, admitiendo la simbología védica, que se si expande el espacio –al achatarse la rueda cósmica, que de su forma esférica iría hacia el cubo– simultáneamente el tiempo se contrae, o, dicho de otra forma, que el espacio absorbe o «devora» al tiempo.

Se habla siempre del «fin de los tiempos», no del «fin del espacio». Si admitimos que al finalizar los tiempos, en ese instante simbólico de detención cósmica que marca el inicio de una nueva era, la imagen o el símbolo que primero se nos ocurre es la del tiempo anulado por el espacio. Y si seguimos imaginando, por la ley de las analogías, por la duplicidad que todo símbolo posee, veremos que el fin del ciclo es *intemporal*.

El hombre pierde el paraíso cuando se aleja del centro. La pérdida del paraíso, la «caída», simboliza precisamente el ritmo descendente del ciclo. El comer los frutos materiales del árbol metafísico implica que el hombre se aleja del centro y pierde su comunicación con los estados superiores del alma. Se aleja de la esencia para acercarse a la sustancia. Alcanza la «región lejana» y pierde de vista la «región suprema». Llega al «fin del mundo» con ese instante de intemporalidad en que la «Jerusalén celeste» desciende sobre la tierra indicando al hombre cuál es verdaderamente su centro: «Estad en mí y yo estaré en vosotros», dice Jesús por boca de san Juan.

Y es precisamente esta condición de intemporalidad –cuando hasta el espacio se confunde puesto que «estando en él le tenemos a él en nosotros»– la que hace posible, con la correlación y ambivalencia de los símbolos, que se restaure el «estado primordial» del hombre, es decir, un estado tal que le permita nuevamente contemplar el árbol axial que enlaza la «Jerusalén celestial» con el «Paraíso terrenal». Verdadero «Árbol de Vida» plantado en el «centro del mundo». Y es desde ese centro vital del universo donde Cristo, como símbolo primordial, va a permanecer vivo en el corazón del hombre durante el desarrollo de la próxima era.

Notas

Capítulo 1

1. Vinculado al Soplo o anima como sinónimo del Viento o del Espíritu Santo, tal como muestra el milagro de Pentecostés, y vinculado también al espíritu, el cual no se transmite por medio del viento sino que se desprende del disco del sol para infundirnos *animus*. Jung asocia ambos conceptos a los arquetipos del hombre y de la mujer: *anima* es el arquetipo femenino en el hombre y *animus* es el arquetipo masculino en la mujer. El espíritu, soplo o fuego solar, es, lo mismo que la idea de Dios, un objeto de experiencia psíquica que no se puede comprender racionalmente y, por lo tanto, cuando queremos explicitar estos conceptos nos vemos obligados a hacerlo mediante símbolos o parábolas, entendiendo como símbolo no una simple alegoría (las lenguas de fuego del Espíritu Santo iluminando a los apóstoles) sino como una imagen propia que trata de designar lo más exactamente posible aquello a lo que alude. La mentalidad primitiva personificaba en estos símbolos todo aquello que le resultaba extraño o misterioso, ya fuesen dioses, diablos o meros fenómenos espirituales o psíquicos. La evolución de la humanidad dejó de lado demonios, dragones y trasgos, pero no podía renunciar a todo el contenido simbólico y esotérico de sus religiones, pues, de hacerlo, hubiese caído en el más chato de los racionalismos.

2. Edmundo González-Blanco, *Los Evangelios apócrifos, II*, p. 369.

3. En esta analogía del Espíritu Santo, se le atribuye obviamente el sexo masculino. En la línea de la misma tradición, el Dios Padre y su Hijo se consideran inmutablemente masculinos. Si en los misterios de los cristianos egipcios la paloma del Espíritu Santo es femenina, para la ortodoxia cristiana es masculina pese a que su antecesor, el «Shekinah» o Espíritu Sagrado de Dios de los hebreos, era de naturaleza femenina. Pero *spiritus* en latín es masculino, lo cual, si bien en la gnosis la Paloma es femenina, demuestra lo poco inclinados que estaban los primitivos cristianos a reconocer la igualdad de la mujer. «He venido a destruir los trabajos de la Hembra», dice Jesús en el Evangelio Apócrifo de los

Egipcios, aludiendo a lo perturbadora que podía ser la mujer en el seno de una cultura patriarcal.

4. Edmundo González-Blanco, op. cit., p. 367-368, añade que «la única representación autorizada de Jesús era una alegórica representación del *Buen Pastor*, que no constituía ningún retrato, sino la figura de un hombre con cabeza de chacal, como el dios egipcio Anubis... lleva en sus hombros a la oveja perdida. Aparenta tener una cabeza humana sobre los hombros, pero únicamente parece ser así al ojo no iniciado... Esta figura encerraba dos significaciones, una manifiesta para el vulgo y otra mística e inteligible solamente para el iniciado...».

Capítulo 2

1. En el primitivo esoterismo cristiano, la primera mujer de Adán no fue Eva sino Lilit o Haisha, la mujer que Adán ya llevaba en su interior. Según la tradición cristiana, cuando Adán está dormido, le quitan una costilla para hacer de ella Eva, su compañera de afuera. Al salir de *adentro*, Eva carecerá de alma, que queda como patrimonio de Adán, y por lo tanto será corruptible y conocerá la muerte. En otras tradiciones, el primer hombre es Evenor y su mujer es Leucipe. Estos primeros padres tendrán una hija, Clito, de la cual se enamorará Poseidón (personaje acuático que entronca con el Pez primordial) y dará nacimiento a una estirpe semidivina en la cual las mujeres, contrariamente a la tradición cristiana, sí tendrán alma. Estas mujeres son autónomas del hombre, lo mismo que Haisha, y poseen, según Goethe, «el eterno femenino que conduce al cielo». Para los esoteristas, estas mujeres son las magas hiperbóreas, las druidesas, las damas de los caballeros del Grial que enseñaban el Amor Mágico, sin acoplamiento físico ni orgasmo, en una interpenetración espiritual de sus cuerpos astrales más gozosa que la que pueda ofrecer el más depurado erotismo de los simples mortales. Esta Mujer Absoluta es la Bella Durmiente de las leyendas estelares, una mujer cuyo sueño se mece en una dimensión cósmica y que sólo despertará en el *Unus Mundi* cuando el caballero deposite en ella un beso espiritual.

2. *Cephas*, del arameo *kifa*, significa la roca, la piedra, lo mismo que el griego *petros*. Pero este nombre no lo debía Simón al hecho de ser la ulterior «piedra sobre la cual se edificaría la Iglesia», sino que se lo daban sus compañeros a causa de su rudeza y de su fuerte complexión física, lo cual le permitió ser un eficaz guardaespaldas de Jesús ya que nada conmovía su corazón, «duro como una piedra».

3. En los Hechos de los Apóstoles (7.58-59 y 8.1-3) leemos: «Dando grandes voces, se taparon los oídos y arremetieron contra él. Y echán-

dole fuȩra de la ciudad, le apedrearon, y los testigos pusieron sus vestidos a los pies de un mancebo que se llamaba Saulo. Y apedrearon a Estaban... Y Saulo consentía su muerte. Y en aquel día se hizo una grande persecución en la Iglesia que estaba en Jerusalén... Entonces Saulo asolaba la Iglesia entrando por las casas y trayendo hombres y mujeres los entregaba en la cárcel...».

4. Kamal Salibi, *Conspiracy in Jerusalem*, pp. 98-99.

5. Michael Baigent, Richard Leigh y Henry Lincoln, *El enigma sagrado*, p. 93.

Capítulo 3

1. Edmundo·González-Blanco, introducción a *Los Evangelios apócrifos*, p. 37.

2. Estos pasajes en que se nombra a Pedro cabeza universal de la Iglesia tienen todos los visos de ser una interpolación tardía, pues según se desprende de los Evangelios, Jesús –aparte claro está de lo manifestado en este pasaje– no muestra ninguna predisposición favorable hacia Pedro. Por otra parte, en vida de Jesús, el concepto de «Iglesia» tal como lo entendemos ahora todavía no se había establecido, limitándose su significado al de «reunión de hermanos», siendo aquí «hermano» sinónimo de creyente.

3. Kamal Salibi, *Conspiracy in Jerusalem*, p. 99.

Capítulo 4

1. Kamal Salibi, *Conspiracy in Jerusalem*, p. 91.

2. Parece que con toda probabilidad Juan dictó su evangelio a su discípulo Prócoro, durante el exilio del apóstol en Patmos. Juan se hizo cargo de la madre de Jesús, tras la crucifixión de su hijo, y María fue con Juan a Patmos, donde murió años después. Prócoro fue testigo de la muerte de María y, por lo tanto, si hubiera conocido la leyenda de que María, una de sus hijas y María Magdalena se exiliaron a Occitania tras el drama del Gólgota, no la habría admitido. Por lo tanto, de admitir la leyenda de las Tres Marías, es obvio que ninguna de estas tres santas mujeres que arribaron a Occitania era la madre real de Jesús. Y por lo tanto, también, la confusión sólo puede originarse por el hecho de que una de las Tres Marías fuera efectivamente la madre «simbólica» de Jesús, es decir, la Magdalena: madrina de Jesús en su ungimiento real y, según la tradición esotérica del cristianismo primitivo, madre del hijo de Jesús.

3. Kamal Salibi. *Conspiracy in Jerusalem*, p. 145.

4. Robert Graves, *Los dos nacimientos de Dionisios*, p. 87.

5. Robert Ambelain, *Jesús o el secreto mortal de los templarios*, p. 48.

6. Michael Baigent, Richard Leigh y Henry Lincoln, *El enigma sagrado*, pp. 335-336.

7. Miguel Serrano, *El cordón dorado*, p. 83.

Capítulo 5

1. Michael Baigent y Richard Leigh, *The Dead sea scrolls deception*, p. 138.

2. Kamal Salibi, *Conspiracy in Jerusalem*, p. 145.

3. Op. cit., p. 168.

4. La tradición nos dice que desde la muerte del Imán VIII, hijo de Ismael, los ismaelitas habían pasado a la clandestinidad. Su sucesor, Ahmad, bisnieto de Ismael, es el autor de la *Risalat al-Jamia*, «suma del esoterismo ismaelita» que recoge todas las tradiciones históricas y religiosas de los pueblos del Próximo Oriente. Pero los ismaelitas no se organizan como sociedad secreta hasta el siglo IX, mas, como ocurre frecuentemente con las corrientes de pensamiento en el mundo árabe, la secta se desgaja pronto en numerosas ramas rivales: fatimitas, asesinos, drusos, etc.

5. «Por más que esta leyenda –dice Jean-Charles Pichon– fuera de origen ismaelita, ha sufrido interpolaciones cristianas demasiado visibles para ser aceptada como tal. Sin embargo, no es menos necesaria para esclarecer muchas alusiones posteriores (desde la *búsqueda del Grial* hasta Milton). En ella advertimos el odio a la Serpiente, primordial en el ismaelismo. Este odio pudo implicar la repudiación del Pez (según la sura XVIII), otro signo de Agua, pero no la del genio de las Tinieblas, personificado en Seth, querubín de la Inteligencia Primera.»

6. Michael Baigent y Richard Leigh, *The Dead sea scrolls deception*, p. 61.

7. Prólogo de Octavio Paz al libro de Carlos Castaneda *Las enseñanzas de don Juan*, pp. 16-17.

8. Op. cit., p. 22.

Capítulo 6

1. André Dupont-Sommer, profesor de Lengua y Civilización Semítica en la Sorbona, hizo en 1950 una comunicación explosiva sobre

uno de los textos de Qumrán que acababa de traducirse. Describía a una autodenominada «Secta de la Nueva Alianza», cuyo pastor, conocido como el «Maestro de Justicia», y el cual había sido esperado como mesías, fue «perseguido, torturado y martirizado».

2. Michael Baigent y Richard Leigh, *The Dead sea scrolls deception*, p. 40.

3. Kamal Salibi, *Conspiracy in Jerusalem*, p. 4, afirma: «El cuidadoso estudio de los textos (bíblicos) me convenció de que la historia de los israelitas no tiene nada que ver con Palestina, como tradicionalmente se cree, sino que en realidad pertenecen a las provincias del oeste de Arabia, Hijaz y Asir, a orillas del mar Rojo... Mi proposición suscitó agrias e indignadas condenas por parte de los especialistas del Antiguo Testamento, pero ninguno de esos especialistas ha adelantado ni un solo argumento ni una sola evidencia que probara mi error...».

4. Flavio Josefo, *Antigüedades judaicas*, XVII, 10.

5. Op. cit., XVIII, 1, dice: «La cuarta secta filosófica tuvo como autor a ese Judas el Galileo. Sus sectarios concuerdan en general con la doctrina de los fariseos, pero sienten un invencible amor por la libertad ya que para ellos Dios es el único jefe y el único señor...».

Capítulo 7

1. Algunos autores sostienen que los habirus eran los componentes de una de las diez tribus de Israel desaparecidas en el desierto durante el Éxodo. Según ciertas tradiciones, los habirus poseían la piedra robada por Ossaryph-Moisés a los sacerdotes egipcios de la decadencia faraónica, los cuales a su vez la habían robado a los sacerdotes de la precedente civilización perdida egipcia, anterior a la de los faraones y muy superior a ésta pues, entre otras cosas, utilizaban la escritura lineal y no la jeroglífica, no embalsamaban a sus muertos y usaban el bronce y no el hierro. La *piedra*, que simbolizaría tanto en las tablas como en el caduceo, sería el talismán que haría brotar agua de las peñas, proporcionaría el maná al pueblo hambriento y separaría las aguas del mar para que los habirus huyeran. Esta piedra simbólica se asocia también a un robo, como ocurre siempre en los mitos. Ni Moisés ni Jasón son los únicos «ladrones». Pero cuando Moisés desciende del Sinaí rompe las tablas de piedra furioso al ver que su pueblo se ha puesto a adorar al Becerro de Oro. Dios no se las renueva y tendrá que ser Esdrás y sus ciento veinte levitas los que compongan el nuevo código por el que regirá a partir de entonces el pueblo de Israel.

Los habirus eran altos y recios, casi tan gigastescos como Ossaryph, el rey-sacerdote egipcio que luego adoptaría el nombre de Moisés, el «salvado de las aguas». Pero, perdida su *piedra*, de nada le serviría su gigantismo para enfrentarse a las huestes de sus enemigos. Moisés y los suyos hallan refugio en Asia Menor, pero de aquí, con el tiempo, serán desalojados por los ejércitos de Ramsés II y no tendrán más opción que buscar refugio entre los pelasgos o proto-griegos del Egeo. Entre los isleños son bien recibidos, pues traen consigo las antiquísimas tradiciones egipcias, la ciencia y los mitos que hablan de pueblos de gigantes y de semidioses que lucen largas melenas, ya sean hombres o mujeres.

Contrariamente, en la tradición bíblica, el «cabelludo» está muy mal visto: Goliat es vencido por David; Sansón, cortados sus cabellos por Dalila, perderá con ellos su fuerza y quedará en ridículo. El cabello largo, expresión de fuerza y de virilidad en el hombre o de plenitud sexual en la mujer en determinadas culturas, no podía ser bien visto tampoco en el cristianismo, donde el sacerdote debe desvirilizarse a través de la tonsura y la novicia tener el cabello rapado bajo el velo.

Pero lo importante para el poder es que nada en un mundo pequeño debe recordar a aquella raza de gigantes que adoraba a Aries, el carnero solar, y cuyo dios Baal al empequeñecerse se transforma en Baalcebu o Belcebú, señor de todos los demonios. Para los templarios, retomando la imagen del bifronte Aries, lo mismo que para los cátaros, Baal será Beleno y su complementaria femenina Belicena: el dios solar dual. Beleno es al mismo tiempo el *Lucibel* cátaro, conjunción de Apolo y Lucifer: el sol y el portador de la luz.

2. Yves Roqueta, *Istòria dels països de lenga occitana*, p. 68.

3. Ricci, *La documentación de los orígenes del cristianismo*, pp. 151-153. Citado por Edmundo González-Blanco en su introducción a *Los Evangelios apócrifos*.

4. El Evangelio Cátaro del Pseudo Juan, III, 4-7-19.

5. *Los Evangelios apócrifos*, introducción de Edmundo González-Blanco, p. 53.

Capítulo 8

1. Carl G. Jung, *El hombre y sus símbolos*, p. 94.

2. Chrétien de Troyes, *Perceval ou le roman du Graal*, en «Continuations de "Perceval"», pp. 267-269.

3. Michael Baigent, Richard Leigh y Henry Lincoln, *El enigma sagrado*, p. 275.

4. Op. cit., p. 277.

5. Op. cit., p. 274.

Capítulo 9

1. Armand Hoog, prefacio al *Perceval* de Chrétien de Troyes, p. 22.
2. Michael Baigent, Richard Leigh y Henry Lincoln, op. cit., p. 57.
3. Robert Graves, *Los dos nacimientos de Dionisios*, p. 145.

Capítulo 10

1. Robert Graves, *Los dos nacimientos de Dionisios*, p. 46.
2. Edgar Quinet, *Merlin l'Enchanteur*, I, p. 197.
3. San Narciso, san Félix y santa Afra fueron los fundadores de la primera iglesia cristiana gerundense, pero la presencia de Afra en la ciudad del Ter no está del todo probada. Según la leyenda alemana, Narciso el Africano y su diácono Félix, haciendo caso omiso del decreto de Diocleciano, llegaron el año 303 a Alemania para evangelizarla. Una tarde, al llegar a Ausburgo, como desconocían la ciudad, llamaron pidiendo posada a la primera puerta que vieron, puerta que resultó ser la de una joven prostituta a la que llamaban Afra, si bien no procedía de África sino de Chipre, lo mismo que llamaban africanos también a Narciso y Félix, siendo ellos igualmente chipriotas. Al conocerlos, la bella Afra abrazó fulminantemente el cristianismo y, abandonando su pecaminosa profesión, se puso a servir a los dos santos varones. Por abandonar su profesión y el culto de los ídolos paganos, según la tradición bávara Afra fue atada a un poste y quemada viva. Según la tradición piadosa catalana, sin embargo, Afra escapó con sus dos compañeros y, a bordo de un barco, llegaron a Barcelona. En la montaña de Montjuich se relacionaron con el ermitaño Cucufate, quien luego fundaría en el Vallés la ciudad que lleva su nombre, San Cugat, mientras que Narciso, Félix y Afra se trasladaban hasta Gerona, ciudad en la que finalmente, en el año 307, alcanzarían los tres la palma del martirio.
4. Michael Baigent, Richard Leigh y Henry Lincoln, *El enigma sagrado*, p. 359.
5. Op. cit., p. 360.
6. El espíritu del romance popular catalán en que se inspiró Casals para su «Cant del ocells» es del todo opuesto al que recoge el romance paralelo castellano de Fonte-frida, lo cual, sin embargo, no puede sorprender demasiado puesto que el sentido del símbolo es siempre dual, «maléfico» o «benéfico», según se aplique:

Fonte-frida, fonte-frida, fonte-frida y con amor,
do todas las avecicas van tomar consolación,

sino es la tortolica que esta viuda y con dolor.
Por allí fue a pasar el traidor del ruiseñor...

No es necesario añadir que el amor en este caso es el Niño, a cuya fuente ceretana de Fontfreda van «las avecillas del campo» en busca de consuelo, ni que la «viuda desconsolada» es el trasunto de su madre Magdalena, tortolica requerida en amores –que desdeña– por el apuesto, pero profano, ruiseñor. Recuérdese también que la figura del pájaro está siempre presente en los Evangelios Apócrifos de la Infancia de Jesús.

Capítulo 11

1. Kamal Salibi, *Conspiracy in Jerusalem*, p. 170.
2. Michael Baigent, Richard Leigh y Henry Lincoln, *El enigma sagrado*, p. 189.
3. Op. cit., p. 189, citando a Myriam, «Les bergers d'Arcadie», en la revista *Le Charivari*, n. 18, pp. 49 y ss.
4. La sociedad secreta del A.O.R. tuvo cierto auge durante las dos últimas décadas del pasado siglo. De esta sociedad, mucho más cerrada que la O.T.O. (Orden del Templo de Oriente) o que la Societas Rosicruciana in Anglia (S.R.I.A.), apenas se tiene noticia. La voz AOR corresponde a la primera palabra del Génesis, y el anagrama de la sociedad estaba formado por un círculo de cobre que encerraba la letra Tau, la esvástica levógira, una copa, la media luna árabe y la letra S. Vinculada al efímero centro de esoterismo cristiano establecido en Paray-le-Monial, donde pretendía establecer la capital del Sagrado Corazón, su divisa era: «Al reino de Jesucristo en la Eucaristía y por la Eucaristía».
5. Jean-Michel Thibaux, *Les tentations de l'abbé Saunière*, p. 99. Esta nota, escrita por el párroco Henri Boudet, está fechada el 20 de junio de 1889 en Rennes-le-Château.
6. René Guénon, *Le regne de la quantité*, pp. 64-65.

Capítulo 12

1. Michael Baigent, Richard Leigh y Henry Lincoln, *El enigma sagrado*, p. 180.
2. Op. cit., p. 182, citando a Jean-Luc Chaumeil.
3. Jean-Michel Thibaux, *Les tentations de l'abbé Saunière*, p. 210. El relato que hacemos de la aventura del abate Berenguer Saunière, globalmente, está basado en la obra de Thibaux.

4. El texto descifrado de las dos primeras frases es el normalmente admitido. Respecto a la tercera, el descifrado es el efectuado por Jean-Michel Thibaux con la ayuda de especialistas en decodificación de la Defensa Nacional francesa.

5. René Guénon, *Le règne de la quantité et les signes des temps*, p. 193.

Bibliografía

ALLEGRO, John, *Dead sea scrolls*, Penguin Book, Londres, 1990.

AMBELAIN, Robert, *Jesús o el secreto mortal de los templarios*, Martínez Roca, Barcelona, 1982.

BAIGENT, Michael, y LEIGH, Richard, *The Dead sea scrolls deception*, Jonathan Cape, Londres, 1991.

BAIGENT, Michael, LEIGH, Richard, y LINCOLN, Henry, *El enigma sagrado*, Martínez Roca, Barcelona, 1987.

—, *El legado mesiánico*, Martínez Roca, Barcelona, 1987.

BAILEY, James, *Los dioses reyes y los titanes*, Noguer, Barcelona, 1973.

BATIFFOL, Pierre, *Anciennes litératures chrétiennes*, Librairie Victor Lecoffre, París, 1901.

BAYARD, Jean-Pierre, *La espiritualidad de la Rosacruz*, RobinBook, Barcelona, 1992.

BEIGBEDER, Olivier, *La simbolique*, PUF, París, 1961.

BOUDET, Henri, *La vraie langue celtique et le cromleck de Rennes-les-Bains*, 1886.

BOUISSON, Maurice, *La magia*, Luis de Caralt, Barcelona, 1962.

BEC, Pierre, *Lyrique occitane du Moyen Age*, Aubanel, Avignon, 1972.

CASTANEDA, Carlos, *Las enseñanzas de don Juan*, Fondo de Cultura Económica, México, 1974.

CARDÓ, Carles, *Histoire spirituelle des Espagnes*, Aux Portes de France, París, 1945.

COURAU, Robert, *Historia pintoresca de Alemania*, Luis de Caralt, Barcelona, 1966.

DESCHNER, Karlheinz, *Historia criminal del cristianismo* (3 volúmenes publicados), Martínez Roca, Barcelona, 1990-1992.

EVSING, Emmanuel, *La gran impostura*, Martínez Roca, Barcelona, 1981.

FABER-KAISER, Andreas, *Jesús vivió y murió en Cachemira*, ATE, Barcelona, 1976.

GONZÁLEZ-BLANCO, Edmundo, *Los Evangelios apócrifos*, Librería Bergua, Madrid, 1930.

GUÉNON, René, *Le règne de la quantité et les signes des temps*, Gallimard, París, 1945.

251

HAINCHELIN, Charles, *Orígenes de la religión*, Platina, Buenos Aires, 1961.

HUTIN, Serge, *Gouvernants invisibles et societés secrètes*, J'ai lu, París, 1971.

JUNG, C. G., *El hombre y sus símbolos*, Luis de Caralt, Barcelona, 1977.

—, *Psicología y alquimia*, Santiago Rueda, Buenos Aires, 1957.

—, *Problèmes de l'ame moderne*, Buchet/Chastel, París, 1960.

JÜNGER, Ernest, *Approches, drogues et ivresse*, Gallimard, París, 1970.

LACARRIÈRE, Jacques, *Les gnostiques*, Gallimard, París, 1973.

MACKENZIE, Norman, *Sociedades secretas*, Luis de Caralt, Barcelona, 1971.

MAGRE, Maurice, *Le trésor des albigeois*, Philippe Schrauben Éditeur, Rennes le Chateau, 1985.

MOMMSEN, Th., *Histoire romaine*, Flammarion, París, 1914.

MESSADIÉ, Gerald, *El hombre que se convirtió en Dios*, Martínez Roca, Barcelona, 1988.

QUINET, Edgar, *Merlin l'Enchanteur*, Pagnerre, Libraire-Éditeur, París, 1860.

ROQUETA, Ives, *Istòria dels països de lenga occitana*, Lo Centre Internacional de Documentacion Occitana e la Liga Francesa de l'Ensenhament e de l'Educacion Permanenta, Montpellier, 1990.

SALIBI, Kamal, *Conspiracy in Jerusalem*, I. B. Tauris & Co., Ltd., Londres, 1988.

SCHONFIELD, Hugh J., *Jesús: ¿Mesías o Dios?*, Martínez Roca, Barcelona, 1987.

—, *El complot de Pascua*, Martínez Roca, Barcelona, 1987.

—, *El partido de Jesús*, Martínez Roca, Barcelona, 1988.

—, *El Nuevo Testamento original*, Martínez Roca, Barcelona, 1990.

SCHREIBER, Hermann, *Los diez mandamientos*, Luis de Caralt, Barcelona, 1973.

SEDE, Gérard de, *Le trésor maudit de Rennes-le-Chateau*, J'ai lu, París, 1969.

SERRANO, Miguel, *El cordón dorado*, Edicioneself, Santiago de Chile, 1975.

SMITH, Morton, *Jesús el mago*, Martínez Roca, Barcelona, 1985.

SPRAGUE DE CAMP, L., y LEY, Willy, *De la Atlántida a El Dorado*, Luis de Caralt, Barcelona, 1960.

THIBAUX, Jean-Michel, *Les tentations de l'abbé Saunière*, France Loisirs, París, 1986.

TRAVERS HERFORD, R., *Les Pharisiens*, Payot, París, 1928.

TROYES, Chrétien de, *Perceval ou le roman du Graal*, Gallimard, París, 1974.

WILHELM, Richard, *The secret of the Golden Flower*, Routledge & Kegan Paul, Londres, 1962.

WILSON, Ian, *Jesus: The evidence*, Pan Books, Londres, 1984.

YADIN, Yigael, *Masada*, Destino, Barcelona, 1969.

Índice

Jesús o el gran secreto de la Iglesia, de Ramón Hervás, fue impreso en septiembre de 2004, en Acabados Editoriales Tauro, Margarita 84, 09830, México, D.F.

El último secreto de Da Vinci
David Zurdo y Ángel Gutiérrez

Una novela apasionante que descubre la relación entre Leonardo da Vinci y la Sábana Santa, la más inquietante reliquia de la Cristiandad.

La Jerusalén de Cristo, la Constantinopla de las cruzadas, la Florencia de Leonardo da Vinci, el París de las luces, el Madrid actual, el monasterio cistercense y secretamente templario de Poblet… son escenarios de este trepidante relato, una historia a caballo entre los hechos históricos y la ficción que propone una aguda e inteligente solución al enigma de la autenticidad de la Sábana Santa.

EL ÚLTIMO SECRETO DE DA VINCI no es sólo una apasionante novela de intriga histórica; sus autores, conjugando realidad y ficción, consiguen que el lector no abandone nunca la duda sobre si los hechos pudieron suceder realmente así, y le inducen a que se sumerja por completo en su lectura